U0682472

CT AND COORDINATION
rs' Rights and Interests in China's Rural Land System Reform

突与协调

土地制度变革中农民权益的保障

周秋琴 著

江苏大学出版社
JIANGSU UNIVERSITY PRESS

图书在版编目(CIP)数据

冲突与协调：我国农村土地制度变革中农民权益的
保障 / 周秋琴著. —镇江：江苏大学出版社,2011.11
ISBN 978-7-81130-280-6

Ⅰ.①冲… Ⅱ.①周… Ⅲ.①农村－土地制度－关系
－农民－权益保护－研究－中国 Ⅳ.①F321.1
②D922.3

中国版本图书馆 CIP 数据核字(2011)第 239436 号

冲突与协调：我国农村土地制度变革中农民权益的保障

著　者/周秋琴
责任编辑/张　平
出版发行/江苏大学出版社
地　址/江苏省镇江市梦溪园巷 30 号(邮编:212003)
电　话/0511-84440890
传　真/0511-84446464
排　版/镇江文苑制版印刷有限责任公司
印　刷/丹阳市教育印刷厂
经　销/江苏省新华书店
开　本/890 mm×1 240 mm　1/32
印　张/8.375
字　数/230 千字
版　次/2011 年 11 月第 1 版　2011 年 11 月第 1 次印刷
书　号/ISBN 978-7-81130-280-6
定　价/36.00 元

如有印装质量问题请与本社发行部联系(电话:0511-84440882)

目　录

绪 论
我国农村土地制度的历史沿革与现实特征

第一节 我国农村土地制度的历史沿革

　　土地是人类社会最重要的生产资料和生活资料。随着社会主义市场经济体制的建立和完善,以市场机制配置土地、劳动力、资本等生产要素成为市场经济发展的客观要求。国有土地已有了一套比较完整的流转制度,可以依法有序流转,而农村集体土地流转尚处于起步阶段,受到诸多制约和限制。在破除城乡二元结构、促进城乡经济社会一体化的大背景下,如何进行制度的创新和突破,构建农村集体土地流转制度,对于提高农村土地(简称农地)资源的配置效率,杜绝不合理流转和土地闲置浪费,保障农村集体权益和农民个人权益,推动社会主义新农村建设等具有重要的现实意义。

　　我国现行的农村土地制度,是新中国成立以后经过 4 次重大变革逐步形成的。

一、国民经济恢复时期的农民土地所有制度

　　新中国成立后,具有临时宪法性质的《中国人民政治协商会议共同纲领》规定,要有步骤地将封建半封建的土地所有制改变为农民土地所有制,凡尚未实行土地改革的地区必须发动农民群体,建立农民团体,经过清洗土匪恶霸、减租减息和分配土地等步

骤实现耕者有其田。1950年6月，中央人民政府公布了《中华人民共和国土地改革法》（简称《土地改革法》），同年11月，政务院又公布了《城市郊区土地改革条例》，对农村及大城市郊区的土地改革分别作了具体规定。《土地改革法》中直接涉及土地的内容包括没收、征收和分配3个方面：

（1）没收：没收地主的土地、耕畜、家具、多余的粮食及其在农村的多余房屋。

（2）征收：征收祠堂、庙宇、寺院、教堂、学校和团体在农村的土地及其他公地；工商业家在农村的土地和原由农民居住的房屋应予征收；半地主式的富农出租大量土地超过其自耕和雇主耕种的土地数量者应征收其出租的土地。

（3）分配：所有没收得来的土地和其他生产资料除依法收归国家所有外，均由乡农民协会接收，统一地、公平合理地分配给无地、少地或缺乏其他生产资料的贫苦农民所有。分配土地，以乡或等于乡的行政村为单位，在原耕地基础上，按土地数量、质量及其位置远近，用抽补调整方法按人口统一分配。

《土地改革法》的实施和土地改革的完成，使占全国农业人口60%～70%的无地或少地农民无偿地获得了约7亿亩土地以及大量的农具、耕畜、房屋等生产和生活资料，在中国正式确立了土地国有与农民私有并存的土地制度。广大农民获得了土地，农村土地所有权和经营权高度统一于农民，土地产权可以自由流动，允许买卖、出租、典当、赠与等交易行为，国家通过土地登记、发证、征收契税等对土地进行管理。

二、 社会主义改造时期的农民土地合作经营制度

土地改革完成后，鉴于农村中出现的新的两极分化情况，中共中央要求根据生产发展的需要和可能的条件，按照积极发展、稳步前进的方针和互惠互利的原则，引导农民走集体化道路。通过建立互助组，进而迅速发展农村初级农业合作社，开展合作化运动，引导

农民组织起来走共同富裕的道路。初级农业合作社里,允许社员保留小块自留地,但社员的土地必须交给农业合作社统一使用;合作社进行有组织的共同劳动,按照生产的需要和社员条件,实行以工作日为计算单位的评分计工,逐步实行生产中的责任制;合作社按照社员的入社土地和劳动,按比例分红,主要分配方式是实物和现金。

初级农业合作社时期,农民仍保有土地所有权,但土地经营使用权成功地从所有权中分离出来,农民以土地取得分红并保留对土地的处分权,可自由退股,退股时可以带走入社时带来的土地或取得替代的土地。初级农业合作化的直接后果是推动了农村土地制度的再一次变革,土地由农民所有、农民经营转变为农民所有、集体经营。

这一时期,经过 3 年的国民经济恢复,国内经济得到迅速发展,为了及时解决因经济发展而带来的建设占用土地和土地开发利用问题,政务院于 1953 年 11 月 5 日颁布了《国家建设征用土地办法》,创立了新中国的土地征用制度。

三、 社会主义建设探索时期的"三级所有、队为基础"集体土地所有制度

1955 年 11 月和 1956 年 6 月,全国人民代表大会分别通过了《农业生产合作社示范章程》和《高级农业合作社示范章程》,规定社员的土地必须交给农业合作社统一使用,农村土地转为合作社集体所有,从而从法律上确定了农村土地的集体所有制,标志着农民土地所有制的结束和农村土地集体所有制的建立。[1] 高级农业合作社废除了农村土地私有制,全体社员参加集体统一劳动,取消了土地分红,按工分进行分配。1958 年,各地农村掀起了合并高级社办大社的高潮,后又进一步发展成大型的、综合性的人民公社运动,在两三个月时间内,就

---

[1] 武进锋:《农地制度创新与中国物权立法》,蔡耀忠主编《中国房地产法研究》第 1 卷,法律出版社,2002 年,第 462 - 464 页。

将全国74万多个农业合作社改组成2.6万个人民公社,有99%以上的农户参加了人民公社,全国农村普遍实现了人民公社化,实现了土地等生产资料的公社所有制。但是,"公社所有制超越了当时的生产力水平,导致生产力的极大破坏,为了纠正人民公社运动所造成的农业经济滑坡,而逐步对农村土地制度进行了调整,形成了'三级所有、队为基础'的经营管理体制"。①

"三级所有、队为基础"的集体土地所有制的特点是:土地为生产队、大队、公社三级所有,一律不许出租和买卖;农民在以生产队为基本单位的集体里劳动,是一个劳动主体,而不是经营主体;劳动报酬按劳动工分分配。这种土地制度一直延续到1978年实行家庭联产承包责任制。

四、 改革开放后农村土地的家庭承包经营为基础、统分结合的双层经营制度

1978年11月,安徽省凤阳县小岗村实行分田到户,拉开了我国农村家庭联产承包责任制的序幕。中央"全面把握国内外发展大局,尊重农民首创精神,率先在农村发起改革,并以磅礴之势推向全国,领导人民谱写了改革发展的壮丽史诗"。② 1981年10月,中共中央《全国农村工作会议纪要》明确肯定包产到户、包干到户是社会主义集体经济的生产责任制。家庭联产承包责任制突破了高度集中的经营体制,重新确立了家庭经营的主体地位,形成了集体统一经营与家庭分散经营相结合的体制。实行家庭承包后,土地等农业基本生产资料公有制的产权关系发生了重大变化,土地所有权仍归集体所有,农民掌握了土地的经营权,即占有、使用和一定程度的收益权,但不能处分土地。这种土地产权格局可以概

---

① 王克强,王洪卫,刘红梅:《土地经济学》,上海财经大学出版社,2005年,第30页。

② 《中共中央关于推进农村改革发展若干重大问题的决定》,《人民日报》,2008年10月20日。

括为"集体所有,农户经营"。

随着改革开放进程的深入,我国也确立了国有土地有偿使用制度。1988 年 4 月,为了适应土地使用制度改革的深化,第七届全国人民代表大会第一次会议修改了《宪法》,删除了土地不得出租的规定,增加了"土地使用权可以依照法律的规定转让"的规定。同年 12 月,第七届全国人大常委会第五次会议修改了《土地管理法》。随后,《城镇国有土地使用权出让和转让暂行条例》和《城市房地产管理法》相继出台,从而建立了比较完整的国有土地使用权制度。

第二节　现行土地制度的法律特征

一、 土地归国家和集体所有，适用二元土地权利制度

我国社会主义经济制度的基础是生产资料的社会主义公有制,即全民所有制和劳动群众集体所有制。土地作为重要的生产资料,实行社会主义公有制。根据法律规定,城市市区的土地属于国家所有。国有土地的唯一所有权主体是国家,由国务院代表国家行使土地所有权。国有土地既可由国家机关或事业单位直接占有和使用,其主要目的是实现社会整体利益最大化和满足公共事业的需要;也可由社会经济组织或个人占有和使用,在商品经济社会里具有明确的营利目的。农村和城市郊区的土地,除由法律规定属于国家所有的以外,属于农民集体所有。宅基地和自留地、自留山属于农民集体所有。集体土地所有权具有众多的所有权主体,每一个农村集体经济组织都是该集体土地的所有权人。

由此可见,我国土地所有权具有这样几个特点:(1) 土地公有制决定所有主体的严格限定性。土地所有权主体只能是国家和集体(包括乡镇农民集体、村农民集体和农业集体经济组织内的农民集体),企业法人、公民个人等不能成为土地所有权的主体,但可依法获得土地使用权,成为土地使用权的主体。(2) 主体多元容易

导致权属争议。国有土地因其主体的单一性，不可能产生主体之间的土地所有权争议，而国有土地使用权则有可能因不同主体之间权利边界不清产生纠纷；集体土地所有权主体众多，集体土地所有权相互之间因历史问题、区划调整等因素可能引发所有权争议，集体土地所有权与国有土地所有权之间因法律政策调整、土地征收等因素也有可能引发争议，且集体土地使用权主体之间也会因权属不明、权利流转等因素引发纠纷。（3）城乡分治形成二元土地制度。长期以来，我国一直实行城乡分治，农村与城市土地分别适用不同的法律规则，由不同的行政机构进行管理，形成不同的市场和权利体系。由此，也形成了我国土地市场城乡分割、政府主导的独特格局。20 世纪 90 年代以来，我国这种独特的二元土地制度为高速工业化和快速城市化作出了重大贡献，但也带来土地市场发育不完善、农民土地财产权利被侵犯和土地利益矛盾加剧等问题。

二、 土地使用权从所有权中分离，成为独立的物权形态

土地使用权是指民事主体在法律规定的范围内依法或依约定对国家或集体所有土地占有、使用、收益的权利。改革开放前，在计划经济和"一大二公"的体制下，我国土地所有权和使用权不相分离，土地使用权不脱离所有权单独存在。在城市，企业使用国有土地，必须遵照、服从所有者的意志，土地只是企业完成国家计划所配备的必要生产条件，而不是企业用以实现自身利益的财产；在农村，由于实行集体生产、集体分配，土地为集体公有共用，也不存在单独的土地使用权。在土地所有权与使用权不相分离的情况下，国有土地使用者不承担向所有者支付土地使用费和租金的义务，土地使用没有期限，土地使用权也不能够有偿出让、转让、出租或抵押。土地权利非市场化，其后果就是土地资源无法实现合理配置，从而制约了土地价值和利用效益的提高。

然而，土地财产权范畴的两权分离问题是一个既古老又崭新的问题。传统民法的所有权理论，将土地所有权划分为占有、使用、收

益、处分 4 项权能,除处分权通常与所有权紧密相连之外,其余权能均与所有权分离。土地的资源属性要求在整个社会建立一种最大限度发挥土地资源经济效应和社会效应的合理利用制度。改革开放后,尽管土地公有制性质没有改变,但土地使用权可以通过国有土地的行政划拨、国有土地的有偿出让、集体土地的发包等方式产生,土地使用权逐步与所有权相分离。《民法通则》将土地使用权作为一项单独的财产权加以规定,《土地管理法》也将土地使用权与土地所有权作并列规定,《物权法》则明确将建设用地使用权、土地承包经营权、宅基地使用权、地役权纳入用益物权范畴予以明确规定。

　　国有土地通过行政划拨或有偿出让,实现其使用权的转移。土地划拨是国家以土地所有人的身份,依据土地最有效利用原则,对国有土地实行重新配置使用的一项制度,是直接体现国有土地处分权的具体形式。由于划拨土地使用权不是通过市场化方式取得,一般不能直接进入市场流转,必须履行相关的审批程序、补缴土地出让金后才能进行流转。① 出让土地使用权则是依据法律规定,通过缴纳土地出让金的方式取得的土地使用权,是从所有权中分离出来的完全市场化的独立物权。出让土地使用权是通过市场以契约方式有偿取得,可以直接进入土地二级市场依法转让、出租、抵押、赠与、作价入股或者用于其他经济活动。土地使用权期限届满,国家可以收回;期限未满因公共利益的需要也可以依法收回,并根据土地使用权已使用的年限和开发、利用土地的实际情况给予相应的补偿。

　　农村集体组织的成员和集体组织兴办的企业,以及由集体或

---

　　① 《中华人民共和国城市房地产管理法》第 39 条规定:"以划拨方式取得土地使用权的,转让房地产时,应当按照国务院规定,报有批准权的人民政府审批。有批准权的人民政府准予转让的,应当由受让方办理土地使用权出让手续,并依照国家有关规定缴纳土地使用权出让金。以划拨方式取得土地使用权的,转让房地产报批时,有批准权的人民政府按照国务院规定决定可以不办理土地使用权出让手续的,转让方应当按照国务院规定将转让房地产所获收益中的土地收益上缴国家或者作其他处理。"

者国家投资兴办、为农村社区服务的社会公益事业，可以依照法律规定，直接向集体土地所有权人获取集体土地使用权。集体土地使用权可分为两大类：一是农地使用权，二是建设用地使用权。其中，农地包括耕地和其他农业用地，以及可用于农业开发的"四荒"土地；建设用地包括宅基地、企业用地和公益用地。集体组织成员拥有的土地使用权，具有团体内部分配的性质，因此它的转让对象通常以本集体成员或者本集体所有的企业为限。

土地使用权从土地所有权分离，成为一种相对独立的财产权。土地使用权人可以依法占有、使用、收益，有利于发挥市场机制优化资源配置的作用，实现土地的合理、有效利用，提高社会的经济效益；有利于坚持土地公有制，避免土地兼并和两极分化，保障社会的分配公平；有利于加强土地管理，抑制土地投机，维护社会的经济秩序。[①]

三、 实行土地征收制度，国家垄断土地一级市场

无论是国有土地还是集体土地，为了维护土地公有的基本制度，保护耕地和其他农业用地，保持国家对地产市场的调控能力，国家禁止所有权的流转交易。土地所有权的不可交易性，意味着国有土地的所有权是唯一的和不可出让、不可改变的，国有土地的所有权在任何情形下都不得转为集体所有；集体土地除了被依法征收而成为国有土地外，其所有权性质也是不能改变的。

所有权是民事主体对物的全面的支配权，是物权体系的根基，也是《物权法》许多规则的基础。[②] 所有权人对标的物依法享有占有、使用、收益和处分的权利，行使权利遇到妨害时，有排除他人干涉的权利。但是，为了公共利益的需要，国家依照法律规定的权限和程序可以征收集体所有的土地和单位、个人的房屋及其他不动产。征收是国家以行政权取得集体、单位和个人的财产所有权的

---

① 王卫国：《中国土地权利研究》，中国政法大学出版社，1997 年，第 59 页。
② 高富平：《物权法》，清华大学出版社，2007 年，第 75 页。

行为,是物权变动的一种极为特殊的情形,是所有权的一种被动流转方式。征收导致所有权的丧失,对所有权人造成损害,应给予合理的补偿。根据《物权法》规定,征收集体所有的土地,应当依法足额支付土地补偿费、安置补助费、地上附着物和青苗的补偿费等费用,安排被征地农民的社会保障费用,保障被征地农民的正常生活,维护被征地农民的合法权益。

土地所有权流动的单向性,导致征收成为我国土地所有权正常转化的唯一法律形式。与此相适应,法律规定任何单位和个人进行建设、需要使用土地的,必须依法申请使用国有土地,包括国家所有的土地和国家征收的原属于农民集体所有的土地。只要涉及农地变为建设用地,就要通过政府征地。政府作为农地转为国有土地的唯一仲裁者,是农地转用后的真正"地主",拥有获得农地并将其转给城市使用者的垄断性权力,国家垄断了土地一级市场,农村集体土地使用权不得直接进入市场流转。①

第三节　农村土地制度困境剖析

一、土地所有权主体虚置

自从土地的资源属性为法律制度构建所关注以来,土地法律制度的设计与运行轨迹便一直受土地的财产权性质与土地的资源性质两大因素所制约。基于土地的资源属性,产生了越来越受各国立法所关注的土地管理权法律制度体系。基于土地的财产权属性,形成了土地最具活力的土地所有权法律制度体系。②

---

①　兴办乡镇企业和村民建设住宅,经依法批准可以使用本集体经济组织农民集体所有的土地,乡(镇)村公共设施和公益事业建设,经依法批准也可以使用农民集体所有的土地。参见《中华人民共和国土地管理法》第43条。

②　刘俊:《中国土地法理论研究》,法律出版社,2006年,第115页。

集体土地所有权的存在具有明确的地域性。这种明确的地域性，从法学的基本理论角度讲，源于土地的不动产属性；从中国传统文化背景的角度来看，则产生于农民与土地之间不可分割的生存与情感联系。按照《物权法》规定，农民集体所有的不动产和动产，属于本集体成员集体所有。而行使集体所有权的主体呈现三级结构形态：属于村内两个以上农村集体经济组织所有的，由村内各该农村集体经济组织或者村民小组代表集体行使所有权；属于村农民集体所有的，由村集体经济组织或者村民委员会代表集体行使所有权；属于乡镇农民集体所有的，由乡镇农村集体经济组织代表集体行使所有权。实践中，许多村的集体经济组织已不存在或不健全，难以履行集体所有土地的经营、管理等行使所有权的任务，需要由行使自治权的村民委员会来行使集体所有权。[①]

集体所有权之所以存在所有权主体虚位现象，在于代表机构的成员在为集体利益进行判断和选择时，责、权、利不是一体的，权利由该成员享有，责任和利益却由集体承担。这就难免导致机构成员滥用权力，产生代理成本。当没有有效的监督机制进行制约的时候，集体的所有权主体被虚置，负责机构成员取代了集体的权利主体地位。[②] 在这种情况下，乡村干部利用土地谋取私利和利用土地的支配权欺压农民的现象屡见不鲜。

集体土地所有权主体的虚位和产权关系的模糊不清，导致相应的土地权利不完整、不充分、不稳定，造成目前农村集体土地利用规模小、粗放经营、短期行为等弊端，严重损害了农民的利益。

二、 土地核心处分权缺位

从现行的法律来看，农村集体拥有法定所有权，集体可以行使占有、使用、收益、处分的权利。但客观事实是我国的集体所有权是一种

---

① 胡康生：《中华人民共和国物权法释义》，法律出版社，2007年，第144页。
② 王小莉：《土地法》，法律出版社，2003年，第64页。

不完整的权利,法律法规对集体土地所有权的限制性规定很多且比较具体,保护性规定相对较少且模糊。由于历史和国家政治体制的原因,国家对集体土地的控制过多,这种控制不仅指国家通过法律的控制,更多的是国家通过行政权力的控制——行政审批制度。这种审批制度实际上取消了农民集体组织对集体土地的处分权力,农民集体组织成了国家的代理人,集体土地在某种程度上成了国有土地。集体名义上是土地集体所有制的代表,但其所有者的地位实际上为国家所取代,国家已在相当程度上掌握着土地产权中最核心的土地处置权。同时,尽管改革开放后不断稳定土地承包关系、强化农民的土地使用权,但由于土地所有权实际上不掌握在农民手里,农民的土地使用权和收益支配权实际上还要受到来自所有权的种种困扰。其中最突出的问题就是土地承包关系不稳定,乡村干部可以任意解除承包合同或到期不续订承包合同。农民负担重,造成农业生产经营成本上升,农业特别是粮食生产的比较收益下降。

三、　土地权利流转制度受限

集体土地产权的一大缺陷是使用权的权能不够充分,以致所有权经常侵害使用权,无法有效行使使用权。集体土地的所有权除非通过国家征收程序转为国有,否则不得转让或变更。乡镇企业用地的转让,受让人为集体组织以外的民事主体时,必须套用"先征后让"的办法,向国家补交地价款,人为地提高了乡镇企业产权的交易成本,阻碍了乡镇企业的资本优化。[①] 虽然通过家庭承包取得的土地承包经营权可以依法采取转包、出租、互换、转让或者其他方式流转,但农村土地使用权流转有诸多限制。如:《农村土地承包法》规定土地承包经营权采取转让方式流转的,应当经发包方同意;《土地管理法》规定集体土地使用权不得出让、转让和出租用于非农建设;《担保法》规定耕地、宅基地、自留地、自

① 　周建春:《小城镇土地制度与政策研究》,中国社会科学出版社,2007 年,第 112 页。

留山等集体所有的土地使用权不得抵押,不利于土地资源的有效配置和市场化运作。① 这就相当于剥夺了农民土地的所有权,阻碍了非农经济的发展和乡镇企业资产存量盘活。②

四、 耕地流失现象严重

我国人多地少,耕地后备资源不足,人均耕地只有 1.39 亩,不到世界平均水平的 40%,却承载了占世界 22% 的人口。人增地减已成为我国现代化进程中最突出的矛盾之一。③ 在这样的国情下,耕地保护直接关系到国家的粮食安全、耕地资源利用的代际公平和社会经济的可持续发展。④ 随着工业化、城市化进程的不断加快,特别是近年来普遍存在的城镇盲目扩张以及开发区热、房地产热、旅游开发热,使农村土地被大量圈占,农村集体建设和农民个人建房急剧增加,实际耕地总量减少较快,已从 1995 年的 19.51 亿亩下降到 2007 年的 18.26 亿亩,并有进一步减少的趋势,耕地保护形势不容乐观。近年来,我国部分耕地质量降低,在农业科技没有重大突破的情况下,粮食单产持续提高难度加大。为确保国家粮食安全,必须保有相当数量和质量的耕地。2008 年 10 月 23 日发布的《全国土地利用总体规划纲要(2006—2020)》提出,我国耕地保有量到 2010 年和 2020 年分别保持在 18.18 亿亩和 18.05 亿亩。明确严格控制耕地流失是保护耕地的首要任务,包括严格控制非农建设占用耕地、严格禁止擅自实施生态退耕、加强对农用地结构调整的引导以及加大灾毁耕地的防治力度等。

---

① 《中华人民共和国担保法》对此的规定也有两种例外情形:一是抵押人依法承包并经发包方同意抵押的荒山、荒沟、荒丘、荒滩等荒地的土地使用权;二是乡镇、村企业的厂房等建筑物占用范围内的土地使用权。

② 沈淳:《农村土地产权思考和探索》,《商业研究》,2003 年第 7 期。

③ 夏增,于猛:《18 亿亩耕地,一亩都不能少》,《人民日报》,2008 年 11 月 23 日。

④ 唐健,等:《我国耕地保护制度与政策研究》,中国社会科学出版社,2006 年,第 1—2 页。

上篇

土地流转

第一章

农村土地使用权流转法律问题概述

第一节　农村土地流转概述

一、农村土地的含义及功能

农村土地是指农民集体所有的土地和国家所有依法由农民集体使用的土地,包括农用地、建设用地和未利用地。其中:农用地是指依法用于农业生产的土地;建设用地是指建造建筑物、构筑物的土地,包括住宅用地、集体企业建设用地和集体公益事业用地等;未利用地是指农用地、建设用地以外还未利用的土地。

土地是一个古老而又永恒的话题。自古以来,土地与农民利益息息相关,主要表现在土地对农民具有生存保障功能。它为农民提供了生活保障和就业保障。而在我国尚未建立现代社会保障制度的情况下,实际上土地作为一种替代方式为农民提供了养老保障。"主要体现为农民因年老、疾病而丧失劳动能力时,他所分得的土地承包经营权就成为他从家庭获取生活资料的重要理由"①,农民也可以将土地转包出去以获得收益。随着中国经济的发展,土地承包经营权30多年的实践和《物权法》明确将土地承

---

① 彭慧蓉,钟涨宝:《论土地社会保障职能及对农地流转的负面影响》,《经济师》,2005年第3期。

包经营权规定为用益物权，使得农民有权将土地作为一种财产进行投资，土地开始成为农民参与市场经济的手段，从而使土地有了合法的投资功能。土地投资功能的出现是城市化、工业化的必然结果，"我们不能满足于土地为农民提供生存保障或者认为土地就是为了农民生存，而应充分重视土地对转变农民生活方式的价值和作用，发挥土地的投资功能"。[①] 而且，从中国经济的发展来看，土地的生存保障功能将逐渐弱化，土地的投资功能将逐渐显现和加强，土地功能的长期趋势将呈现为从生存保障走向投资。

二、农村土地使用权及其类型

农村土地使用权是指土地使用者对农民集体所有的土地依法享有的占有、使用和收益的权利。按照用途，农村土地使用权可以分为土地承包经营权、宅基地使用权和集体建设用地使用权。

（一）土地承包经营权

根据我国《物权法》的规定，土地承包经营权是指土地承包经营权人以从事种植业、林业、畜牧业等农业生产为目的，依法对其承包经营的土地享有占有、使用和收益的权利。土地承包经营权是在农村集体土地上设定的物权，属于用益物权的一种。

关于土地承包经营权的性质，学术界历来存在着"债权说"和"物权说"。"债权说"的形成在我国有其历史原因，因为相关法律对土地承包经营权的规定，都把农民享有的承包经营土地的权利付诸承包合同的约定，承包方与发包方通过合同来确定土地承包经营权的内容。所以，持"债权说"的学者认为，土地承包经营是发生在承包人与发包人之间的一种联产承包合同关系，基于承包经营合同取得的土地承包经营权应当属于债权性质。持"物权说"的学者认为，土地承包经营权实质上就是对土地这种物的支配权利，行使占有、使用、收益和一定限度的处分权。"债权说"与

---

① 孟勤国，等：《中国农村土地流转问题研究》，法律出版社，2009 年，第 18 页。

"物权说"都有自己的理论基础,但是,"物权说"较之"债权说"具有更大的意义。土地承包经营权的物权化有利于更好地保护土地承包经营权人的利益,稳定农村土地法律关系,因此,"物权说"目前已经成为通说。《物权法》的颁布停止了对土地承包经营权性质的争论,它将土地承包经营权放入"用益物权"一章中,从法律上正式确定了土地承包经营权的物权性质。

（二）宅基地使用权

《物权法》将宅基地使用权作为一种独立的用益物权单独列为一章。宅基地使用权是指农民集体成员依法对集体所有的土地享有占有和使用的权利,具体来讲是指宅基地使用权人依法利用农村集体所有的土地建造住宅及其附属设施的权利。

关于农村宅基地使用权的权利属性,学术界观点不一。依据传统观念,"宅基地使用权是作为集体所有权主体的集体成员对于集体所有的土地享有的满足其生活居住需要为目的的使用权"[1],具有保障集体成员生活居住条件的功能,而且,宅基地使用权的社会福利性质决定了其分配的无偿性。但时至今日,我国广大农村的基本情况正在发生着翻天覆地的变化,农业产业化的生产模式取代小农经济的生产模式,另外,我国历史上形成的城乡二元结构逐步被打破。在我国农业产业化和城乡一体化的发展进程中,宅基地使用权与农民的基本生存条件之间已经不存在必然联系。有学者提出:"基于我国当前农村改革发展的基本现实与发展趋势,有必要在观念和立法上及时回归宅基地使用权本来的财产权属性。"[2]我们应该摆脱传统观念对宅基地使用权权利性质定位的影响,明确宅基地使用权的财产权属性。

---

① 韩松:《集体建设用地市场配置的法律问题研究》,《中国法学》,2008 年第3 期。

② 张璐:《农村土地流转的法律理性与制度选择》,《法学》,2008 年第12 期。

（三）集体建设用地使用权

集体建设用地使用权是指集体建设用地使用权人利用集体所有的土地建造建筑物、构筑物及其附属设施的权利。宅基地属于集体建设用地的范畴，实质上宅基地使用权也应该包含在集体建设用地使用权中。但是，根据《物权法》的规定，宅基地使用权作为一种独立的用益物权予以规定，所以，狭义上的集体建设用地使用权不包含宅基地使用权。

根据现行法律的规定，我国农村土地主要用于农业生产，任何单位和个人需要使用土地进行生产必须申请使用国有土地，但也有例外。根据《土地管理法》第42条第1款的规定，对于使用农民集体所有土地用于建设用途的，除了用于宅基地以外，只限于以下情况：兴办乡镇企业、建设乡村公共设施和公益事业。

三、农村土地使用权的流转

从土地功能的发展趋势来看，土地的投资功能是对农民生活方式的一种转变，从原来依靠土地生存的传统方式变为土地使用权的流转，通过土地的流转来提高土地的收益，对于社会和农户来讲都是一种选择。

土地流转按照其作用与性质的不同，可以划分为土地权利的流转和土地功能的流转。土地权利的流转是指土地产权在不同主体之间的流动和转让，是土地上的产权主体发生变化；土地功能的流转是指土地用途的转变。本书讨论的农村土地使用权的流转属于土地权利的流转，而不是土地功能的流转，主要是土地使用权的流转，而非土地所有权的流转，土地所有权的流转（主要是征收）在本书的后半部分有所讨论。农村土地使用权的流转包括土地承包经营权的流转、宅基地使用权的流转和集体建设用地使用权的流转。土地承包经营权的流转"是指土地承包经营权进入流通领域，基于提高土地资源的配置效率之目的，通过一定的运作方式

（转包、出租、抵押、入股等），在不同主体的转移"。① 从流转的方式来讲，土地承包经营权的流转包括转包、出租、转让、互换、入股、抵押以及其他方式。宅基地使用权的流转是指宅基地使用权这种土地产权在不同主体之间的流动和转让，包括宅基地使用权的转让和抵押等。宅基地使用权无偿分配性的特殊性决定了宅基地使用权的流转受到法律更为严格的限制。集体建设用地使用权的流转是指集体建设用地使用权这种土地产权在不同主体之间的流动和转让，其流转方式多样，包括出让、转让、出租、抵押、出资或作价入股等。

四、农村土地使用权流转的法律问题

农村土地使用权流转过程中产生的法律问题一般是土地流转的双方主体因签订土地流转合同而引发的纠纷。我国法律对农村土地流转有限制性规定，如：限制土地承包经营权的流转方式；除例外情况外，限制集体建设用地使用权的流转，使得集体建设用地使用权与国有土地使用权流转市场不统一，享有权益不平等；对于宅基地使用权的流转采取禁止的态度。2008年10月12日十七届三中全会通过的《中共中央关于推进农村改革发展若干重大问题的决定》（简称《决定》）对我国农村土地流转的制度安排又提出了若干政策性要求，提倡放宽对农村土地使用权流转的限制。对于土地承包经营权，国家政策提倡多种形式流转并发展规模经营；对于集体建设用地使用权，提倡与国有土地建立统一流转市场，"在符合规划的前提下与国有土地享有平等权益"；对于宅基地使用权流转也放宽限制，并"依法保障农户宅基地用益物权"。《决定》针对土地承包经营权、集体建设用地使用权和宅基地使用权流转的限制性规定都提出了新的政策性要求。因此，注重政策导向、将农村土地流转究竟限定在什么程度、如何做到法律与政策的

---

① 李石山，江安亚，唐义虎：《物权法原理》，北京大学出版社，2008年，第241页。

对接与统一适用,是我国土地流转制度中面临的重大问题。

第二节　农村土地流转中保护农民权益的意义

一、有利于发挥土地对农民的生存保障功能

（一）土地的生活保障功能

土地是人类生活和生产的主要场所。土地资源是一种综合的自然资源,具有一切农业自然资源的属性,是农业生产最重要的生产资料。随着我国农村经济的发展以及工业化和城镇化的推进,农民的谋生手段已经越来越多样化,农民中也出现了不少私营企业主和个体工商户,一些农民通过上学、进城务工等方式跳出"农门"。但是大部分农民仍旧是以农业为谋生手段,属于农业劳动者。他们的主要收入仍源于土地的产出,土地的基本产出功能决定了农民生活的基本状况。在土地肥沃、人均土地资源比较丰富的地区,农民的基本生活状态就较好;反之,在土地贫瘠、交通不畅的地区,农民缺乏耕种土地之外的就业机会,农民的基本生活状态就较差。家里人少地多的农户,土地的产出相对较多,家境普遍较好;地少人多的农户家庭,土地产出相对较少,家境普遍较差,即使有家庭成员外出务工,也只能维持温饱水平,耕种土地维持生活在这些农民的眼里无疑是最重要的生存手段。

（二）土地的就业保障功能

就业是民生之本,安国之基。构建和谐社会,打造品质生活,解决农民就业安置,已是当前政府在推进城市化进程中急需解决的问题。目前,尽管国家采取了众多措施拓宽农民就业渠道,使农民的就业门路不再单一,很多农民也都外出打工赚钱,但是,"我国大多数农民都是属于没文化、没资金、没技能的弱势群体,往往被排挤在现代工业的大门之外"。激烈的就业市场竞争中,他们明显处于劣势,这集中表现在年龄偏大、文化程度不高和缺乏非农

劳动技能3个方面。农民在就业市场上缺乏竞争力,自谋职业率往往较低。即便是已实现了就业转移的农民,一旦企业合同期满或精简人员,这部分人也往往首当其冲被裁减。如果这部分人在土地流转中失去土地,将会带来诸多社会问题。目前,地方政府普遍采取货币安置的方式解决无地农民就业问题。货币安置引发的突出问题是:在年老无地农民再就业极为困难的背景下,安置补助费用远远不能取代以往土地所具有的"最后的保障"的功能,在市场经济条件下,有限的资金难以为无地农民再造一个可持续生计的永久性保障。土地的作用就在于它为农民提供了就业或部分就业的保障,保证或部分保证了农民最基本的生活来源。所以,土地仍然是农民就业的基本场所,土地仍然是农民就业的最低保障。

（三）土地的养老保障功能

农民与土地的关系可以说是唇齿相依的。从这一意义上讲,离开土地以后,农民就不应该再称为农民。但是,由于我国一直处于城乡二元的社会体制中,因此离开土地的人,不管是主动的还是被动的,还都属于农民的范畴。从他们所处的状况看,解决其养老问题可谓当务之急。从长远目标来看,农民的养老保障从土地保障和家庭养老向社会养老保障过渡是必然的选择,但是当前我国农村尚未建立现代社会保障制度。当前中国农村农民对养老保险的制度需求和政府对该制度的供给存在不均衡。政府在制定该制度的过程中,存在着认识视角上的限制,没有分清养老保险的社会政策本质,混淆了社会保险和商业保险的根本区别。中央政府的意愿制度供给与地方政府实际制度供给的不一致性,导致农村养老保险制度的实施并没有达到预期效果。作为一种替代,我国实际上是以保证农民拥有一定数量的土地这一方式为农民提供养老保障。农民因年老、疾病而丧失劳动能力时,其所分得的土地承包经营权就成为其从家庭获取生活资料的重要理由。他（她）可以将土地转包出去以获得收益。

二、有利于构建城乡和谐发展关系

农村和城市是相互联系、相互依赖、相互补充、相互促进的，农村发展离不开城市的辐射和带动，城市发展也离不开农村的促进和支持。必须统筹城乡经济社会发展，充分发挥城市对农村的带动作用和农村对城市的促进作用，只有这样才能实现城乡经济社会一体化发展。中共中央、国务院在《关于推进社会主义新农村建设的若干意见》中指出，"当前农业和农村发展仍然处在艰难的爬坡阶段，农业基础脆弱、农村社会事业发展滞后、城乡居民收入差距扩大的矛盾依然突出"。土地问题作为改革和发展进程中必须把握好的一个关键环节，既关系到农业的可持续发展和农村的稳定，又关系到工业化、城镇化的可持续推进。

（一）加快社会主义新农村建设

建设社会主义新农村是构建社会主义和谐社会的必然要求。社会主义新农村建设与解决"三农"问题是相互统一的。在构建和谐社会的进程中，解决"三农"问题始终是全局性、根本性的问题。构建和谐的农村社会，应与农村建设的实际紧密结合起来，把农村建设成为经济繁荣、设施配套、功能齐全、环境优美、生态良好、文明进步的社会主义新农村。农村的发展，首先，经济上要繁荣，农村经济要在生产发展的基础上持续、快速、稳定增长，农业和农村经济结构通过战略性调整不断优化和升级。其次，政治上要管理民主，要依法推进村民自治建设，落实和完善民主选举、民主决策、民主管理和民主监督机制，逐步健全以财务公开为重点的村务公开制度，民事民议、民财民理，集思广益搞好农村各项建设。再次，要健全农村医疗卫生服务体系，建立农村最低生活保障制度，进一步完善农村社会救助体系。最后，要继续加强农村文化建设，农民群众的精神文化需求应得到多方面、多层次满足。要通过大力发展农村社会事业，使农民的生活条件和农村的整体面貌明显改善，社会环境安定祥和，乡风文明，形成健康、向上的社会新风尚。通过农村精神文明建设和争创文明家庭使农民普遍崇尚科学、抵制迷信、移风易俗、破除陋习、生活方式科学健康,形成文明向上的农村社会风貌。

（二）推进城镇化进程

土地使用权流转制度的建立是城镇化的内在要求,加快农村城镇化步伐可为土地使用权流转提供契机和空间,农村城镇化是农村实现现代化的必由之路。农村城镇化为农村剩余劳动力转移提供了广阔的空间,缓解了农村人口压力与土地承载力之间的矛盾,成为吸纳农村剩余劳动力的"蓄水池",对打破城乡二元社会经济结构、缩小城乡差别有着重要的意义。加快推进城镇化进程,提高城镇化水平,可以改善城乡经济结构,拓展经济发展空间,有利于促进经济良性循环和社会协调发展,有利于构建和谐社会、解决"三农"问题和促进城镇就业。推进城镇化进程是促进国民经济持续发展、增加农民收入、缓解就业压力、实现可持续发展战略和全面建设小康社会的重大举措,是一个国家和地区经济社会发展进步的重要标志,也是实现现代化的主要动力和必由之路。

（三）推进城乡政策制度一体化

加快城乡居民最低生活保障制度并轨的步伐,巩固和提高农村新型合作医疗,积极探索农村基本医疗保险,提高农村居民大病医疗保障水平。完善农村社会养老保险制度,提高老年农民养老补贴水平,扩大农村非农劳动力参加城镇职工基本养老保险覆盖面,推进符合条件的流转地农民进城镇居民保险。不断健全促进农村基层民主政治建设的治理机制。认真落实好党的农村政策,在经济上保障农民的物质利益,在政治上尊重农民的民主权利。近几年,我国社会生产力水平明显提高,综合国力显著增强,人民生活水平向小康的历史性跨越为缩小社会差距、促进社会公平、完善社会保障等提供了较为充分的物质保证,为改变城乡二元结构体制下只有城镇职工、城镇居民才享有的社会保障制度实现向农村延伸创造了条件,进而使得建立覆盖全体城乡居民的城乡一体化社会保障体系成为可能。

三、有利于提高政府行政水平

在土地流转中，政府的作用应该是依法加强管理和搞好服务，发挥监督、调解、仲裁、保障的作用，而不是违背农民意愿，直接充当流转主体，强制土地流转。各级政府宜加强土地流转的立法工作和土地流转办法、程序等规章制度的建设，使土地流转法制化、规范化、秩序化。以法律法规的形式，明确土地使用者的权利和义务以及各项权能，增强出让人和受让人对土地流转的信心，稳定农民对土地收益的预期。进一步加强政府土地管理部门依法行使土地管理权利的职能，使其享有土地管理的宏观调控权。在农村基层设立土地巡回法庭和仲裁机构，专项处理土地流转中出现的问题。同时，对现有法律法规中存在的保护基本农田与促进土地流转相互矛盾的情况，应根据实际状况，出台可操作性法规和实施细则，促进土地流转走上健康的法制化轨道。推进政府职能转变，强化科学民主决策，使政府行政水平和管理效率不断提高。

四、有利于落实严格保护耕地的基本国策

我国《土地管理法》第 3 条规定："十分珍惜、合理利用土地和切实保护耕地是我国的基本国策。各级人民政府应当采取措施，全面策划，严格管理，保护、开发土地资源，制止非法占用土地的行为。"人多地少是我国的基本国情。我国的耕地总量逐年减少，而人口在不断递增。我国耕地资源的质量不高，在吃饭问题上压力巨大，今后随着工业化和城镇化进程的加快，仍有一定的土地需要占用。然而，在人口增加和城乡居民生活水平不断提高的情况下，社会对农产品的需求将呈刚性增长，这就要求我国必须保持必需数量的耕地。严格保护耕地是解决人民吃饭问题的基本需要。耕地是农业生产、粮食安全的基础，也是国家经济安全、社会安全的基础，是我们的"性命线"。耕地数量和质量的变化，直接影响我国粮食生产和供应能力。因此，切实保护耕地是关系到我国经济

和社会可持续发展的全局性战略问题。必须大力推进耕地保护，确保粮食安全。如果不合理利用土地，在土地流转过程中随意侵害农民权益，征占耕地，导致农民失地成为农田无地、就业无岗、社保无份的"三无农民"，就可能造成我国的粮食生产和社会动乱双重危机。我们必须十分珍惜和合理利用每一寸土地，切实保护耕地。

目前，侵犯农民土地权益的情况相当严重，主要表现为：在土地承包和流转中强制调整或收回农民承包地；强迫农民流转承包地；非法改变土地的农业用途；不解决失地农民的就业安置问题；截留农民土地；等等。这些行为都造成了极为严重的负面后果：

第一，大批农民就业无保障。我国农民文化素质普遍较低，就业渠道非常有限，因此土地具有重要的就业保障作用。目前，许多城镇为筹集建设资金，片面追求城区规模扩张，大量占用农村土地，造成大批农民失地失业。这些失地的农民在没有充分就业保障的前提下，将同城镇下岗职工一样，沦为社会的弱势群体。

第二，滋生腐败，影响社会稳定。在农村土地流转过程中，有人常常能够以较低的流转土地费用获得农村集体所有的土地，而在国有土地一级市场上又以高出原补偿费用数倍甚至数十倍的价格转让给土地开发商。在一些地方，村干部违法违纪问题正日益凸显出来：有的人利用职权，流转土地收款不入账；有的人私自出借公款，个人收取好处；有的人乱支土地款项，利用公款大吃大喝、外出游山玩水；有的人在土地征用、土地流转、安置补偿、工程建设中暗箱操作，从中牟取私利……这些都引起了农民极大的不满，严重影响着社会的安定。

第三，威胁国家粮食安全，破坏国家安定团结。近年来，不按规划使用集体土地，多批少用，占而不用甚至闲置不用等现象日见增多，造成资产严重流失和资源严重浪费。更为突出的问题是，使用集体土地进行非农业建设。甚至在一些地方，当地政府的想法是：粮食安全是国家的事，财政收入、本地发展才是地方政府考虑的事。在一些地方忽视粮食生产的事实背后，这样的认识并非特例。在某些政府领导眼中，政绩和财富才是他们追逐的重点甚至唯一目标。只有招商引资，只有工业化、城市化才是重中之重，而效益较低的农业只有"让路"的份儿。而且，在经济补偿上对被占用土地的农村集体和农民的合法利益考虑甚少，经济补偿随意性很大，劳动力常常得不到安置，严重侵犯了农村集体和农民的利益，并最终威胁国家粮食安全从而破坏国家安定团结。

第二章
农村土地承包经营权流转

第一节 农村土地承包经营权流转的基本理论

一、土地承包经营权流转的概念

对农村土地承包经营权流转的概念，立法上没有明确的界定，学术界也没有统一的意见。很多学者都曾对土地承包经营权流转的概念进行定义。有的学者认为，"土地承包经营权的流转，是指土地承包经营权在市场机制的作用下，在集体经济组织内部承包经营户之间、非同一集体组织承包经营户之间以及承包经营户的组织个人之间所产生的，以转让、出资、出租、抵押、继承、赠与为主要方式的积极作为的土地承包经营权财产权发生转移的行为"。[①]有的学者认为，"农村土地承包经营权流转指的是农村土地承包经营者以一定的条件依法将土地承包经营权的全部或一部分转让给第三者从事生产经营活动的行为"。[②] 有的学者认为，"现阶段我们通常所说的农村土地流转，是指农地使用权的流转，农地产权在现有制度下被分解为三种权利：集体拥有土地的所有权、农民拥有土地的承包权和土地的经营权（使用权）。土地使用权流转的含

[①] 刘国超：《农村土地承包经营权流转问题研究》，《理论月刊》，2006 年第 1 期。

[②] 丁秋菊：《我国土地承包经营权流转中的问题及对策》，《资源与产业》，2006 年第 3 期。

义就是拥有土地承包经营权的农户将土地使用权转让给其他农户或经济组织。"①有的学者认为，"土地承包经营权流转，是指在农村土地承包经营权中的物权性质土地承包经营权有效存在的前提下，在不改变农村土地所有权权属性质和主体种类与农村土地农业用途的基础上，原承包方（即流出方）依法将该物权性质土地承包经营权或者从该物权性质土地承包经营权中分离出来的部分权能等具体民事权利转移给他人（即流进方）的行为"。② 从以上定义可以看出，不同学者对土地承包经营权流转的定义差别比较大。

本书认为，对土地承包经营权流转进行定义，首先，是对"流转"二字的正确理解，"流"是流通之义，应没有争议，"转"是转让还是转移则理解就不同了。《物权法》、《农村土地承包法》所进行的列举式规定，将转让作为5种流转方式的一种与转包、出租、入股、互换等方式并列。其次，对"农村土地所有权权属性质和主体种类与农村土地农业用途"的限制，并无必要。因为这些限制无非是要达到强调流转的客体是土地承包经营权而不是土地的目的，这一目的完全可以通过对土地承包经营权概念的界定和土地承包经营权流转的准确表述实现。再次，对流转主体的表述完全可以借鉴土地承包经营权概念的表述，直接表述为土地承包经营权人就可以了。因此，土地承包经营权流转就是土地承包经营权人依法流通、转移土地承包经营权的行为。

二、土地承包经营权流转的法律特征

我们在理论上研究土地承包经营权流转，必须明确其独有的特征，以区别于其他概念，特别是通过其特征与实践中一些认识上

---

① 梅福林：《我国农村土地流转的现状与对策》，《黑龙江教育学院学报》，2006年第10期。

② 丁关良：《土地承包经营权基本问题研究》，浙江大学出版社，2007年，第180页。

的误区相区分。本书基于土地承包经营权流转与"土地流转"和"土地承包经营权的消灭"的不同,将土地承包经营权流转的特征概括如下:

(1) 土地承包经营权流转的主体是土地承包经营权人,即依法取得并享有土地承包经营权的农户、自然人、法人及其他组织。

(2) 土地承包经营权流转的客体是土地承包经营权人依法取得并享有的土地承包经营权,因此不会发生农村土地所有权的变化,同时承包地必然受到只能为农业生产之使用、其流转期权利不能超过原权利人所享有权利等土地承包经营权本身内容的制约。

(3) 土地承包经营权流转的自愿性。《农村土地承包法》第10条规定:"国家保护承包方依法、自愿、有偿地进行土地承包经营权流转。"《农村土地承包经营权流转管理办法》第6条更进一步规定:"承包方有权依法自主决定承包土地是否流转、流转的对象和方式。任何单位和个人不得强迫或者阻碍承包方依法流转其承包土地。"这里要说明的是,这种权利人对土地承包经营权流转的自愿性来自于权利本身,而不是以作为有益物权一种的土地承包经营权是否有处分权能来讨论。

(4) 土地承包经营权流转的要式性。《农村土地承包经营权流转管理办法》第21条规定:"承包方流转农村土地承包经营权,应当与受让方在协商一致的基础上签订书面流转合同。"《农村土地承包法》第37条规定:"土地承包经营权采取转包、出租、互换、转让或者其他方式流转,当事人双方应当签订书面合同。"

三、土地承包经营权流转的基本原则

1. 遵循依法、自愿、有偿的原则。《农村土地承包法》规定,土地承包经营流转的第一项原则就是"平等协商、自愿有偿"原则,党的十七届三中全会将其改为"依法、自愿、有偿"。农村土地承包经营权流转必须依法,政府不得以行政手段进行干预,土地承包经营权流转收益,应当完全归拥有土地承包经营权的农户,政府和

集体组织不得截留。

2. 农民是农村土地承包经营权流转的主体。党的十七届三中全会的《决定》特别指出，"允许农民以转包、出租、互换、转让、股份合作等形式流转土地承包经营权"。土地承包经营权流转的主体不是政府，不是集体经济组织，而是农民。出于管理需要，集体经济组织可以对所流转的土地进行备案登记，但不得以此为由，组织或干扰农民流转农村土地承包经营权。只有拥有农村土地承包经营权的农户，才有权决定是否流转和以何种方式流转。其他任何组织和个人都不能强迫农户流转其土地承包经营权。

3. 不得改变土地所有权性质。《农村土地承包法》中明确规定，本集体经济组织内的土地归本经济组织所有。因此，不管农村土地承包经营权如何流转、流转期限有多长，也不管农村土地承包经营权流转给谁，土地仍然归原来的集体经济组织所有。

4. 不得改变土地的农业用途。农业用途是指承包地用于种植农作物、林木或者从事畜禽养殖、养鱼、特种养殖用途。根据现行《土地管理法》第4条规定，耕地、林地草地、农田水利用地和养殖水面的均属农业用地，流转后的土地不得改变其农业用途。即流转后的土地可以在上述不同用途间自由转换，转入方可以将转入的耕地改为农田水利用地和养殖水面，也可将农田水利用地和养殖水面改为耕地、林地等。《农村土地承包法》第17条第1款第1项规定：维持土地的农业用途，不得用于非农建设。

5. 土地承包经营权流转期限，不得超过承包期的剩余期限。也就是说，土地承包经营权流转期限，最长只能到本轮承包结束。"如土地承包经营权出租，即承租方取得的农村承包地租期，一般较短，但最长也不得超过20年；又如土地承包经营权转让，即受让方取得物权性质土地承包经营权的期限为原承包期的剩余期限。总之，不管以任何形式进行土地承包经营权流转，其流转的期限都不得超过原承包的剩余期限。"

6. 土地承包经营权流转，其流进方享有的权利，不得超过原承包方享有的权利。流进方享有的权利可以与流出方享有的权利相同,如土地承包经营权转让,受让方取得完整的、具有物权性质的土地承包经营权;流进方享有的权利可以少于流出方享有的权利,如土地承包经营权出租,承包方取得的是从物权性质土地承包经营权中分离出来的部分权能,即享有债权性质的农村承包地租赁权,而不是物权性质的土地承包经营权。不管以何种形式实施土地承包经营权流转,其流进方享有的权利,都不能超过原承包方享有的权利。

四、土地承包经营权流转的类型

1. 转包。转包是指农户将一定期限内的承包经营权转给同一集体经济组织内部的其他农户,从事农业生产经营。转包只能发生在同一集体经济组织内部,转包后原土地承包关系不变。

2. 互换。互换是指同一集体经济组织内部的农户为耕种方便或其他需要,相互交换承包地块及其承包经营权。

3. 转让。转让是指农户将自己的承包经营权部分或者全部让渡给其他农户,由受让方享受和履行相应的权利和义务。受让方既可以是本集体经济组织内部的农户,也可以是本集体经济组织以外的农户。转让后原土地承包关系自行终止,原承包方在承包期内不得再要求重新承包土地。

4. 继承。通过招标、拍卖或公开协商等方式取得的土地承包经营权,可以继承。

5. 入股。农村土地承包经营权入股有两种情形。一种是以家庭承包方式获得的农村土地承包经营权,农户可以将这种承包经营权折为股权,自愿联合或者组成股份合作社,从事农业生产经营,但不可以用来入股组建股份公司。另一种是以招标、拍卖等方式获得的农村土地承包经营权,农户可以将这种承包经营权折为股权,自愿联合或者组成股份合作社,从事农业生产经营,也可以入股组建股份公司,从事农业生产经营。

6. 出租。出租是指农户将一定期限内的承包经营权租赁给他人,从事农业生产经营。与转让一样,出租同样可以跨集体经济组织。

7. 抵押。通过招标、拍卖或公开协商等方式取得的土地承包经营权,经依法登记后可以抵押。需要特别指出的是,以家庭承包方式取得的农村土地承包经营权,现在还不能用于抵押,不能用于组建股份公司,其根本原因在于土地仍然是农民最基本的生活来源和就业保障。

除上述类型以外,还存在其他土地承包经营权流转类型,如代耕、准占用、赠予、质押等。

五、农村土地承包经营权流转的现实原因

经过改革开放 30 多年的发展,我国已经进入了工业反哺农业、城市带动乡村的新阶段,如何破解城乡二元结构,形成城乡经济社会发展一体化的新格局,改造传统农业、走中国特色现代化农业之路成为摆在我们面前的重大课题。"中国的粮食产量 30 年增产 60% 以上。全国农村没有解决温饱的农民,从改革开放之前的 2.5 亿人减少到 2007 年底的 1 479 万人。农民人均年纯收入从 1978 年的 134 元增加到 2007 的 4 140 元。"[①] 2003 年到 2008 年,中央政府密集出台了一系列惠农新政策,正是在这些政策的推动下,我国的农民人均纯收入实现了 1985 年以来的最大增幅,但同时农民收入与城镇居民收入的差距,也创下了 20 世纪 80 年代初期以来的最高纪录。

我国"三农"问题迟迟不能显著改善,农业生产力不能得到长足发展,究其原因主要有以下几个方面:(1)我国农村通过多年发展已经进入了相对稳定时期,各项组织机构、经济模式、社会结构已经初步形成,短时间能很难有大突破。(2)我国农村的有效制

---

① 杨军:《中央缘何再起土地改革》,《南风窗》,2008 年第 20 期。

度供给不足,导致发展和改革缺乏后劲。这一有效制度供给不足,特别是指农民的土地无法成为"财产性收入"的来源。随着我国经济的发展和改革的深化,以家庭承包责任制为基础的统分结合的双层经营体制加剧了土地资源的稀缺性,影响了土地的规模经营。根据有关资料显示,"我国平均每个农户只有半亩农田土地"。① 这不仅不利于机械化耕作、集约经营和农作物和经济作物区域性种植,也阻碍了农产品商品率和农业生产率的提高,大大增大了生产成本和交易成本,导致农业固定资产投资和劳动力得不到充分有效的利用。同时,这种分散的经营模式会使得在市场经济中缺乏经验的农民面临着严重的危机。他们中大多数市场观念缺乏、盲目决策、产品单一、市场行为趋同,这导致其在市场风险下失业甚至破产。(3)极为分散的经营模式一直承担了过多的社会功能,它们是农村社会就业和社会保障的基础。在市场经济不发达、国家财政虚弱的情况下,这只能算是权宜之计。经过30多年的改革开放,我国积累了雄厚的物质财富,现在国家有能力和决心健全农民的社会保障和扩大农民的就业渠道。通过对地权进行交易,不但可以缓解日益扩大化的令整个社会难以忽视的城乡收入差距问题,同时农民土地的社会化功能也会日趋减弱。

由于国际金融危机的影响,中国外贸经济萎缩严重,在推动中国经济发展的"三驾马车"中,消费始终是弱项。"中国经济已经到了必须加快培养内部市场、扩大内部需求的转折点,农村的发展将是新的经济增长点已渐成共识。农村土地问题便成为首当其冲要解决的问题。改变当前农业的小规模分散经营,提高大宗农产品竞争力,适应当前农业市场化、国际化的要求,体现规模效益,搞活农村土地流转,是当前农业和农村发展的必然趋势,是'三农'问题中的关键性环节。"②

---

① 杨军:《中央缘何再次启动地权改革》,《南风窗》,2009年11期。
② 杨军:《中央缘何再起土地改革》,《南风窗》,2008年第20期。

第二节　我国农村土地承包经营权流转的立法变迁

党的十一届三中全会以后，我国农村建立起了家庭联产承包责任制，实行土地包产到户，家庭承包经营的土地面积占耕地总面积97%左右，实现了土地所有权与使用权的分离，扩大了农民经营自主权，使农民成为一个独立的经营主体，但这仅仅解决了温饱问题，并没有挖掘出应有的劳动生产率。因此，要规定农村土地承包经营权的流转来提高农地利用率，促进农村经济的发展，提高农民收入。自农村土地承包经营制度创立以来，我国农村土地承包经营权流转制度经历一个"禁止—限制—不断开放"的过程，大体上可以分为3个阶段。

一、禁止流转阶段

我国1982年《宪法》第10条第4款规定："任何组织和个人不得侵占、买卖、出租或以其他形式非法转让土地。"1984年中央1号文件规定："自留地、承包地均不准买卖、不准出租、不准转作宅基地和其他非农用地。"1986年颁布的《土地管理法》规定，任何单位和个人不得侵占、买卖、出租或者以其他形式非法转让土地。

1986年《民法通则》第80条第2款、第3款规定："公民、集体依法对集体所有的或者国家所有由集体使用的土地承包经营权，受法律保护。承包双方的权利和义务，依照法律由承包合同规定。土地不得买卖、出租、抵押或者以其他形式非法转让。"上述法条虽然并没有规定土地承包经营权的性质，也没有正面规定土地承包经营权能否进行流转，但根据其立法精神来看，当时法律对土地流转，包括土地承包经营权的流转基本上是否定的。

二、逐步承认流转阶段

我国农地的流转开始于 1985 年,国家在政策上允许有偿转包土地。1987 年国务院批复了某些沿海发达省、市就土地适度规模经营进行试验,使得土地经营权的流转突破了家庭承包经营的限制,我国土地流转制度开始进入新的试验期。1988 年《宪法修正案》对《宪法》第 10 条第 4 款进行了修改,删除了关于土地不得出租的规定,增加了"土地使用权可以依照法律的规定转让"的规定。但该规定主要是指城市国有土地使用权而非农村土地承包经营权的流转。

1988 年 12 月 29 日,《关于修改〈中华人民共和国土地管理法〉的决定》,删除了《土地管理法》中"禁止出租土地"的内容,否定了土地使用权不得转让的规定,明确了"国有土地和集体所有的土地的使用权可以依法转让。土地使用权的转让办法,由国务院另行规定","国家依法实行国有土地有偿使用制度"等内容。至 1998 年,修改后的《土地管理法》对转让范围的限制虽有所放宽,但依然规定:"农民集体所有的土地由集体经济组织以外的单位或个人承包经营的,必须经村民会议三分之二以上成员或三分之二以上的村民代表同意,并报乡(镇)人民政府的同意。"

我国土地在实行第二轮承包之后,土地承包经营权的流转朝着越来越活跃的方向发展。创建土地承包经营权流转的主要动因是发展规模经济及产业结构调整的要求。[①] 1993 年《中共中央关于建立社会主义市场经济体制若干问题的决定》第 31 条指出:"在坚持土地集体所有制的前提下,延长耕地承包期,允许继承开发性生产项目的承包经营权。允许土地使用权依法有偿转让,少数经济比较发达的地方,本着群众自愿的原则,可以采取转包、入股等多种形式发展适度的规模经营,提高农业劳动生产率和土地

---

① 张平华,李云波,张洪波:《土地承包经营权》,中国法制出版社,2007 年,第197 页。

利用率。"

1994年12月《关于稳定完善土地承包关系的意见》中规定，农村土地承包经营权转让的方式包括集体经济组织内部之间承包、转包、转让、互换、入股、抵押等。国务院于1995年3月28日转批农业部《关于稳定和完善土地承包关系意见》的通知第4条规定："农村集体土地承包经营权的流转，是家庭联产承包责任制的延续和发展，应纳入农业承包合同管理的范围。在坚持土地集体所有和不改变土地农业用途的前提下，经发包方同意，允许承包方在承包期内，对承包标的依法转让、转包、互换、入股，其合法权益受到法律保护，但严禁擅自将耕地转为非耕地。"

1995年颁布的《担保法》第34条规定："抵押人依法承包并经发包方同意抵押的荒山、荒沟、荒丘、荒滩等荒地的土地使用权可以抵押。"第36条规定："以乡（镇）、村企业的厂房等建筑物抵押的，其占用范围内的土地使用权同时抵押。"1998年，党的十五届三中全会决定指出："土地使用权的合理流转，要坚持自主、有偿的原则依法进行，不得以任何理由强制农户转让，少数确实具备条件的地方，可以在提高农业集约化程度和群众自愿的基础上，发展多种形式的土地适度规模经营。"

三、农村土地承包经营权流转制度的正式确立

以2002年《农村土地承包法》的颁布实施为标志，我国土地承包经营权的流转制度正式确立。该法对农村土地承包经营权的流转机制进行了系统化的整理及创新。首先，《农村土地承包法》比较详尽地规定了土地承包经营权流转的原则、程序、方式、承包方的权利义务、流转合同的条款、争议解决方式等，从而促进了流转模式在实践中的可操作性。其次，稳定了土地承包关系。《农村土地承包法》第4条规定："国家依法保护农村土地承包关系的长期稳定。"并且明确规定承包方只有在特殊情况下才能调整土地。这样的规定保证了土地承包经营权的长期性和稳定性，为农村土地承包经营权

的流转创造了前提条件。再次,赋予了承包方自主流转权,取消了发包方对流转不合理的限制。《农村土地承包法》第34条规定:"土地承包经营权流转的主体是承包方。承包方有权依法自主决定土地承包经营权是否流转和流转的方式。"第32条规定:"土地承包经营权采取转包、出租、互换、转让或者其他方式流转,当事人双方应当签订书面合同。采取转让方式流转的,应当经发包方同意;采取转包、出租、互换或者其他方式流转的,应当报发包方备案。"承包方只有在转让土地承包权时才须经发包方的同意,很大程度上消除了土地流转过程中的障碍。

《物权法》对《农村土地承包法》规定的流转机制予以进一步确认,其第128条规定:"土地承包经营权人依照农村土地承包法的规定,有权将土地承包经营权采取转包、互换、转让等方式流转。流转的期限不得超过承包期的剩余期限。未经依法批准,不得将承包地用于非农建设。"

以上法律、法规的出台,极大地丰富了农村土地承包经营权的流转内容,使其由单一的转包方式发展到转包、转让、互换、抵押、出租、入股等多种方式并存,对农村土地资源的优化配置和农地利用效率的提高起到促进作用。

第三节　现行农村土地承包经营权流转制度存在的缺陷

随着现代农业建设和农业产业化经营不断推进,农村各项基本经营制度进一步完善,农村劳动力开始逐步转移,农村土地流转日趋活跃。截至2008年,全国农村土地承包经营权流转总面积达1.06亿亩,占承包耕地总面积的8.7%,经济发达的上海、广东,流转的面积已分别达到40%和20%左右,劳动输出较多的四川省达到 9% 左右。流转以转包和出租为主(占 75.5% 左右)。① 当前农村土地流转总体上呈健康、平稳态势。与此同时，在流转过程中也出现了一些较为突出的问题和矛盾，农民土地权益问题还不同程度地存在，这些问题和矛盾如处理不当，有可能引发严重的社会矛盾。

一、现阶段农地流转的特点

（一）土地流转规模扩大，速度加快

从实行家庭联产承包责任制开始到第一轮承包期结束，土地承包经营权流转已经出现，但流转的规模小、数量少、范围窄，多为零星、分散式流转。实行第二轮土地承包之后，30 多年不变的承包政策增加了流转的投资回报周期。特别是近年来，国家各项惠农政策的贯彻落实，使调整农业结构成为农村工作的重点。不少地方政府和有关部门高度重视农村土地的流转问题，并采取有效措施大力促进土地承包经营权的流转。土地流转规模扩大，速度明显加快。

（二）土地流转区域不断扩张

以往农村土地承包经营权流转主要发生在农村二、三产业比较发达，农民非农收入较高且稳定的沿海发达地区以及大中城市的郊区和郊县。非发达地区的农民因为就业途径少，家庭收入对土地依赖程度较高，土地流转情况很少发生。随着农村经济结构的调整和农村劳动力的不断转移，土地流转的地域已迅速扩展到四川、湖北、湖南、江西、安徽、黑龙江、河北等内陆省份。② 但不同区域之间的土地承包经营权流转却有着明显的差异。

---

① 胡建锋：《对当前农村土地流转中几个问题的认识》，中国经济社会理事会网。
② 陈成文，罗忠勇：《土地流转：一个农村阶层结构再构过程》，《湖南师范大学社会科学学报》，2007 年第 6 期。

（三）土地流转形式多样化

目前，农村土地承包经营权流转有多种形式，大致为转包、转让、出租、互换、继承、入股、抵押、反租倒包等。对于上述方式，我国法律明确规定的有转让、转包、出租和互换4种，其他方式法律虽未明确规定，但在我国农村土地流转实践中客观存在。

（四）土地流转利益分配的多样性

农村土地流转的利益分配正由过去"先有集体统一收入，再分配补偿给流转土地的农户"的单一形式，发展为集体统收统分、农户直接转包获取土地流转收入、农户入股合作经营、集体与农户共同入股参与分红等多种形式共存。因此，农村土地承包经营权流转的利益分配呈现多样性。

（五）土地流转过程具有自发性特点，流转对象多元化

土地承包经营权流转仍以农户之间流转为主，过程具有自发性特点，流转对象多元化。目前农村土地承包经营权流转主要还是在农户之间进行。囿于流转程序的限制，农户与企业或其他经济组织之间的流转比重不高。随着农业结构调整和农业效益的提升，原有的农业专业大户不断扩大经营规模，新的农业大户不断涌现。同时，一些新的农业生产经营主体，如农业企业、专业合作经济组织和科技人员等开始加入农业规模经营，成为农村土地承包经营权流转的一支生力军。

目前，我国在法律上已允许土地承包经营权以一定的方式进行流转，但法律对土地承包经营权流转的规定过于笼统和简单，未形成完备的法律体系。同时，对土地承包经营权流转却作了一些不必要的限制，如对流转主体资格、流转范围和方式等进行过于严格的限制。由于缺乏完善的法律制度的保护和支撑，加之现实中不利因素的影响，如土地承包经营权流转市场极不成熟、相关配套制度缺失等，因而导致土地承包经营权在流转过程中面临各种障碍、出现各种问题，如农民利益受损、非法改变土地用途、流转程序混乱、流转纠纷增多、土地资源的效益未能充分发挥等。这些问题

的存在严重制约着土地承包经营权合理、有序地流转,使得土地承包经营权流转不仅不能达到预期的社会效果,反而产生负面效应,从而影响农村的稳定与发展。因此,必须对土地承包经营权流转中存在的问题逐一进行深入分析,然后找出相应的对策和措施,建立健全农村土地承包经营权流转机制。

二、现阶段农地流转中存在的问题

虽然农村的现实状况为土地承包经营权流转市场的形成和发展提供了空间,并且在部分地区已经具有一定的规模,但从总体上来看,农民自发进行土地承包经营权流转存在着流转规模小、配置效率低、运行方式不规范等缺点,同时,囿于立法上的缺陷,我国现行的土地承包经营权流转机制在土地流转实践中运行不畅,面临诸多问题。现分述如下:

（一）流转限制程度不当

土地承包经营权事关农村社会稳定和粮食生产安全,国家对其进行严格的控制,土地利用中的公权渗透和物权伸张产生了效力冲突,实体法中土地承包经营权的物权性并不纯粹。我国土地承包经营权正沿着渐进的轨道逐步发生变革,允许土地经营权进行流转已是时代所趋,但在流转时应受到何种程度的限制方面却进退失据、左右为难。如果贸然地采取完全放开式流转的方案则极可能导致适得其反的结果。如果允许土地承包经营权不受限制地流转,将可能产生以下几种情况:

其一,土地作为生存保障的手段将丧失。在我国,土地不仅是生产资料,同时还具有社会保障功能,一旦允许土地承包经营权自由流转,农民就可能要离开土地,而社会又不能为农民提供保障,这必将会使农民丧失基本的生活保障。

其二,土地兼并盛行。在我国这样一个拥有 10 多亿农业人口的农业大国,如果允许农地使用权转让,势必重演历史上农村的两极分化,出现大批无地少地的农民,进而危及社会的稳定。

其三,造成耕地大量流失。允许农地自由流转,将会导致大量农用地转化为商业开发用地,不利于国计民生和我国自给自足的粮食安全战略。

如果禁止或过多限制土地承包经营权的流转,则会面临大量机会成本的付出:

其一,土地流转率低,会显著地降低其价值。我们在追求保护农民生存利益的同时,如果过多地限制其所拥有的基本生产资料的流转,就有可能降低这些基本生产资料抗风险的能力,同时也不利于提高土地利用效率。如在禁止出售产权的地方,产权被束缚于一个既有的所有者,其他人尽管具备更好的知识和技能、可能对该财产定价更高,却不能对该财产进行更好地利用。[1] 澳大利亚政府曾经为了保护部分美洲人和当地土著群体而禁止其转让土地,以免于被以不利于所有者的价格出售或出租这些土地,然而这种"保护"却减少了这些财产对其所有者的价值。[2] 土地的细碎化也肯定会降低其经济效益,增加生产成本。

其二,阻碍农民的身份转换,延缓城市化进程。禁止或严格限制土地承包经营权的转让,将使农民欲成为城市居民就必须放弃土地承包经营权,而不能保留权利或将财产权利变现,这在客观上促成了农民转换身份的消极性,影响了城市化步伐。

(二)农村土地流转市场极不成熟

农村土地流转需要成熟的土地市场的支撑,健全的土地市场能为土地流转提供规范的交易场所,从而促进农村土地快捷、有效地流转。但现实中,我国的农村土地市场还只是粗具雏形,极不成熟,主要体现在:第一,农村土地市场没有完备的地价评估体系,土地承包经营权价格的估算缺乏相应的参考标准。第二,缺乏完善

---

① 马特:《土地承包经营权流转自议》,《河北法学》,2007 年第 11 期。

② [德]柯武刚、史漫飞:《制度经济学——经济秩序与公共政策》,商务印书馆,2004 年,第 230 页。

的市场运行机制,农村土地市场的供求机制、价格机制、竞争机制尚未形成,土地流转受地方政府的控制较大,土地产权还不能实现跨区域流动。第三,缺乏完善的中介机构的服务,当前农村土地流转缺乏完备的中介服务机构,如资产评估机构、委托代理机构、法律咨询机构、土地保险机构和土地融资机构等。由于缺乏完善的市场服务体系和有效的市场运行机制,农村土地流转市场极不成熟,从而使得土地供求信息受阻,信息辐射面狭小,进而导致土地市场供求失衡;同时,使得农村土地的商品化程度偏低,农村土地承包经营权的资产价值不能充分体现,市场化操作相当困难,从而严重阻碍了土地承包经营权的合理、有序流转。

（三）土地承包经营权流转过程中侵权现象严重

近年来,土地承包经营权流转过程中,农民权益受到严重侵害的问题较为突出,主要体现为:（1）以权力剥夺农户的自主决策权。有些地方违背农民意愿,随意改变土地承包关系,搞强制性的土地流转,把土地流转作为增加地方收入和福利的手段,抑或作为政府决策者"政绩"的形象工程;有些地方为了降低开发成本和便于招商引资,借土地流转之名,随意改变土地的农业用途,强迫农民长期出让土地承包经营权。这些强制性的土地流转,势必损害农民的切身利益。（2）随意调整承包地。以划分所谓的"口粮田"、"机动田"为名,在本已分到各户的承包地中切出机动田,由集体甚至村干部个人掌握。（3）在土地承包经营权流转过程中与民争利,借用各种名义截留、克扣流转费。这些行为严重侵犯了农民的土地承包经营权,影响了农民正常的生产、生活。

（四）土地承包经营权流转程序不规范

农户之间的土地转包、互换等土地流转,多是自发性的流转,相互之间只是口头协议,没有签订书面的文字合同或契约来规范流转双方的权利义务,这就造成了土地承包关系的混乱,致使土地流转工作无序进行。有的农户之间虽签有协议,但协议内容简单,标的物不明确,权利义务规定不清楚,违约责任不详,易引发合同纠纷。此外,农户之间自发的土地承包经营权流转的期限较短且极不稳定,流转双方大多约定为一年一变,使得受让方没有长期保障,不肯对土地作较多投入,只维持现状,生怕资金无法收回,从而造成了土地资源的浪费。这些都不利于土地承包经营权的有效流转。

（五）农村社会保障体系缺失

我国农村尚未建立起完备的社会保障体系,农民只能牢牢地依附于土地,将土地作为最基本的社会保障,以化解失业、疾病等风险。"均等地占用土地并尽可能多地拥有土地资源是一种最有效的社会保障,中国农村现行按人头分配土地的制度安排是一种最典型的土地型社会保障制度。"[1]因此,在我国农村社会,土地依然承担着主要的社会保障功能。由于土地的最低社会保障功能没有一个替代物,因此大多数农民仍把土地看做"活命田",宁可粗放经营,甚至荒芜弃耕,也不轻易地流转土地。农民和土地不能有效分离,这就极大地限制了土地的流转,导致土地承包经营权流转效率低下。

（六）土地承包经营权流转纠纷解决机制缺失

《农村土地承包法》规定,因土地承包经营或流转发生纠纷的,可请求村民委员会、乡（镇）人民政府等协调解决,也可以向农村土地承包仲裁机构申请仲裁,或直接向人民法院起诉。而当前的现实情况是:一方面,大多数地方政府或法院等相关机构尚未形成处理土地纠纷的规范化制度,也缺乏相关的法律条文与仲裁根据;另一方面,现有的流转范围和规模越来越大,许多程序不规范的土地承包经营权的流转导致了越来越多的纠纷。这二者的矛盾使得农村中许多土地流转纠纷无法得到及时、合理的解决,从而阻碍了土地承包经营权的顺利流转,也影响了农村的稳定。

---

[1]　杨向晖:《论土地承包经营权流转制度的完善》,http://lwzydx.com。

三、现行农村土地流转制度的立法缺陷

（一）流转概念界定不清、流转方式不明确

农村土地承包经营权及流转的基本概念缺乏科学的界定，流转方式等也没有明确的定位。《物权法》第 125 条规定："土地承包经营权人对其承包经营的耕地、林地、草地等享有占有、使用和收益的权利，以从事种植业、林业、畜牧业等农业生产。"这里只对土地承包经营权所有人享有的权利和从事农业生产的领域进行了界定，不能清晰地反映土地承包经营权概念的实质内涵。《物权法》第 128 条虽然肯定了《农村土地承包法》中的规定和做法，但对流转方式仍未给出明确的划分和定义，从而导致各流转方式之间因界定不清互相重叠，具体操作中也出现理解不一的情况。

（二）土地产权规定不明确

土地产权是市场交易的基础，产权关系明晰是市场经济的客观要求，也是农村土地市场健康运行的基础。而我国现行法律并未对农村土地产权进行明晰界定，致使农村土地产权关系极不明朗。《民法通则》第 74 条第 2 款规定农村集体土地所有权的主体为村农民集体和乡镇农民集体，而《土地管理法》则规定集体土地的所有权主体分别为村农民集体、村民小组和乡镇农民集体。与此同时，《农村土地承包法》第 12 条则规定集体土地所有权主体为"村农民集体所有"和"村内两个以上农村集体经济组织的农民集体所有"。3 部法律对农村集体土地所有权人作了 3 种不同的规定，让人难以抉择。即便依照现在学界"特别法优于一般法"之原则确立村、村民小组两级所有的格局，这里也存在一个概念上的虚位，即如何理解每一部法律中都出现的"农民集体"这一概念。"农民集体"本身是一个动态的概念①，其所涵盖的范围不是一成不变的，换言之，"农民集体"事实上是不存在的。这势必造成农

---

① 李凤伟：《土地承包经营权流转存在问题的法律原因分析》，《北京工业职业技术学院学报》，2006 年第 10 期。

村集体所有权主体事实上的天然虚位。① 此外，乡镇政府作为国家行政机关，在法律上不能成为集体土地的所有者；村民委员会或村民小组作为农村群众性自治组织，并不属于农村集体经济组织，因而也不能成为法律上的集体土地所有权的主体。然而，在部分地区出现了村民委员会取代村民小组行使所有权的现象，这种以准行政权取代土地所有权的趋势，混淆了土地所有权主体之间的关系，容易使土地所有权演化成为公有制包装下的权利所有制，甚至成为部分乡村干部的小团体所有制或个人所有制。

（三）承包经营权主体概念模糊

《农村土地承包法》第15条规定，家庭承包的承包方是本集体经济组织的农户。由此，确定了"农户"是我国农村土地承包经营权的主体，但是，以"农户"作为土地承包经营权的主体会产生许多问题。首先，从理论上讲，"农户"并不是一个法律意义上的概念，同时也是一个不确定的概念，人员的变化、婚姻状况的改变等都会引发农户的变化，其范围难以界定。其次，私法的公正性要求法律主体在法律上的公平，作为土地承包法律关系主体的农户，其权利义务也应该是平等的。而实际上，每个农户所承包土地的面积、承担的义务等都是不相同的。导致这种"不同"的根本原因在于"农户"通过承包权所获取的土地面积及承担的义务等都直接取决于"农户"内成员数的多寡。小"农户"与大"农户"是无法相抗衡的。从这个意义上来说，土地承包权与社员权是同体的。既然如此，前面所采用的"农户"的概念就无法自圆其说了。此外，即使在同一部《农村土地承包法》中，在不同的场合也分别使用了"个人"、"妇女"、"成员"等不同的称谓，这些称谓所指与"农户"之间到底是何种关系，令人费解。更别说《民法通则》、《农业法》等法律中又将土地承包经营权的主体规定为"公民和集

①　李凤伟：《土地承包经营权流转存在问题的法律原因分析》，《北京工业职业技术学院学报》，2006年第10期。

体"了。

（四）流转方式规定过于狭窄

随着农村二、三产业的不断拓展，土地承包经营权流转进程加快，流转方式呈现多样化的发展趋势。有学者研究显示，当前我国农村土地承包经营权流转实践中涉及的流转方式包括：转让、转包、互换或互易、出租或租赁、抵押、入股、竞价承包、拍卖、联营、占用、赠与、继承、信托、委托、代耕、反租倒包、出让等20余种。① 而《农村土地承包法》仅对其中的8种进行了确认，而且对抵押、继承、入股又作了严格的规定。《物权法》在流转方式上也未有新的突破。我国法律对土地承包经营权流转方式的规定，存在如下缺陷：

第一，"其他方式"规定不明确。"其他方式"到底是何种方式，不得而知，其他规定中也看不到相关说明。新颁布的《物权法》也沿袭这种提法。本书以为，虽然法律规定的兜底条款有其灵活性的一面，但对广大农户而言，如果没有法律和政策上的明确指引，必然会影响其对土地流转的可能性作出判断，从而影响土地承包经营权流转的顺利进行。

第二，关于抵押方式规定不明确。《农村土地承包法》规定，对"四荒"土地承包经营权可以抵押，对通过家庭承包取得土地承包经营权则未允许抵押。《物权法》对家庭承包的土地经营权依然不认可其采用抵押的流转方式。此种规定很不合理。随着社会的发展，一些动产、不动产所蕴含的动态经济潜能已经大大超过其静态价值。这些财产被过多限制或不能抵押，其经济效用就不能得到最大限度的发挥，从而阻碍农村经济发展。

第三，关于继承的方式表述不明确。我国现行法律在土地承包经营权继承问题上没有使用"继承"这一概念，而是变通地表述

① 韩永志：《农村土地承包经营权流转问题的立法完善》，《理论观察》，2007年第6期。

为"由继承人继续承包"。而《物权法》则没有对继承作出任何规定。笔者不禁要质疑:既然林地能够继承,为什么草地、耕地不能继承？同一权利因客体不同而赋予不同的法律后果,容易造成法律适用上的混乱。而且,禁止耕地、草地的经营权继承,会严重影响农民对土地的长期规划,不利于发挥其积极性。

（五）流转存在严格的限制性规定

《农村土地承包法》第38条和《物权法》第129条规定:土地承包经营权采取互换、转让方式流转的,未经登记,不得对抗善意第三人。而《农村土地承包法》第22条和《物权法》第127条第1款同时又规定:土地承包经营权自土地承包合同生效时成立。这里又采用了债权合意主义①,前后互相矛盾。土地承包经营权作为用益物权的一种,其基本原则之一即物权法定,即物权的类型、内容及创设方式均由法律直接规定。禁止任何人创设法律没有规定的物权和不按法律有关物权内容及创设方式的规定创设法律已规定的物权。物权法定原则同时也包含了物权变更一致原则。而现阶段有关农村土地承包经营权流转的立法中这两种互相矛盾的公示制度必将严重制约土地承包经营权的正常流转。

此外,我国现行法律对农村土地承包经营权流转的主体和范围也进行严格限制。《土地管理法》规定:"农民集体所有的土地由集体经济组织以外的单位或者个人承包经营的,必须经过村民会议三分之二以上成员或者三分之二以上村民代表的同意,并报乡（镇）人民政府批准。"《农村土地承包经营权管理办法》第9条规定:"受让方应当具有农业经营能力";互换则要求是在同一集体经济组织的承包方之间进行;转让要求受让方只能是从事农业生产经营的农户且转让方必须有稳定的非农职业或者有稳定的收入来源;入股则限定在承包方之间;转包则限定在本集体组织内部

---

① 韩永志:《农村土地承包经营权流转问题的立法完善》,《理论观察》,2007年第6期。

等。这些限制性规定使得"农民退出土地的成本非常高"，导致一些虽想退出但缺乏经营能力的农民可能被禁锢在土地上，而一些富有管理经验、拥有先进技术设备的经营组织和承包人又无法进入农地从事生产经营，从而使得土地的利用率和农户的种地积极性受到极大影响，农业的市场化和规模化进展缓慢。同时，土地承包经营权转让须经发包人同意的规定也极不合理。我国法律并未对同意的条件作出明确的界定，如发包人不同意，即使能产生高效益的转让亦属无效，这项规定极大地束缚了土地承包经营权的有效流转。

第四节　完善农村土地承包经营权流转制度的建议

30 多年改革开放的实践为我国农村土地承包经营权的有序流转提供了丰富的经验和基础，但现阶段农村土地承包经营权流转出现的一系列问题，与缺乏一套行之有效的流转制度加以规范有着不可分割的关系。探索一套适应我国农村实践、利于农业生产结构调整的农村土地流转制度，是当务之急。

一、完善立法

经过 30 余年的发展，农村土地承包经营权流转的立法问题走过了一个由政策文件到地方法规、规章再到国家立法的渐进过程。现阶段，我国《民法通则》、《物权法》、《农村土地承包法》、《担保法》、《土地管理法》、《最高人民法院关于审理涉及农村土地承包纠纷案件适用法律问题的解释》等法律法规都对有关农村土地承包经营权流转作出规定。以上这些法律法规在农村土地承包经营权流转的基本原则、当事人、流转方式、流转程序、流转的管理等方面均作出了相关的规定，但比较《物权法》、《农村土地承包法》和《农村土地承包经营权流转管理办法》关于农村土地承包经营权流转的相关规定可以看出，现行立法仍旧存在一些缺陷，需要进一步完善。如《物权法》第 128 条规定："土地承包经营权人依照农村土地承包法的规定，有权将土地承包经营权采取转包、互换、转让等方式流转。流转的期限不得超过承包期的剩余期限。"虽然肯定了农村土地承包经营权的可流转性，但对转包、互换、转让的权利标的是债权权利还是物权性权利没有明示；《农村土地承包法》第 38 条和《物权法》第 129 条规定，土地承包经营权人将土地承包经营权互换、转让的，不经登记不得对抗善意第三人，对土地承包经营权的变更采用登记对抗主义。而《农村土地承包法》第22 条及《物权法》第 127 条第 1 款又同时规定，"土地承包经营权自土地承包合同生效时成立"。该规定显然指出承包经营权的取得无需登记，采用的是债权合意主义。这就产生了一个矛盾：现行立法对农村土地承包经营权流转的两头设置了不同的登记原则，有违"物权变更一致"的原则。如此等等。

（一）科学界定农村土地承包经营权流转的基本概念

对农民享有的土地承包经营权应作明确的界定，确保农民手中持有的土地承包经营权证是独一无二的，权属是明确的、没有争议的。只有这样，农民才能真正地认为自己拥有了土地的，也只有这样，土地流转中才不会出现权属纠纷。同时，应规范"农村土地承包经营权流转"的基本概念。如可以从广义、狭义两个层面界定农村土地承包经营权流转，即从广义上来说，农村土地承包经营权流转是指农村土地承包经营权的取得、变更和消灭；从狭义上说，农村土地承包经营权流转仅指农村土地承包经营权的变更。

（二）创建科学的土地承包经营权流转程序

按照便捷和确保公正、公平的原则，土地承包经营权流转可以按照以下程序进行：

（1）要约和承诺。即承包经营权出让人或受让人发出一定的愿意出让或受让经营权的意思表示。因土地承包经营权流转行为系平等主体之间的民事行为，故其可参照《合同法》中有关要约和承诺的规定进行处理。

（2）受让人向发包方提出流转申请。因土地承包经营权流转中承包经营权人对土地并不享有所有权，因此其流转还要向其所有权人即发包方提出申请。

（3）发包方审查流转申请。流转人向发包方提出流转申请后，发包方对该流转行为进行审核，审查是否存在违背"三个不得"及相关法律法规的强制性规定。经发包方审核同意后，土地承包经营权流转即可成立。

（三）拓展和完善土地承包经营权流转方式

现行法律对一些流转方式已经予以认可，但对抵押、继承、入股等问题还设置了许多不合理的限制规定。既然《物权法》已经把土地承包经营权明确界定为物权，就应该赋予农民相应的支配权。立法对农村土地经营权流转进行限制的本意是考虑到农村保障制度并未健全，土地依然是农民的生活保障，盲目转让土地的风险太大，容易造成农村社会的不稳定。其实，这种担心是多余的。社会保障不能单纯依赖土地承包经营权，更不能通过剥夺和限制公民的权利而实现所谓"保障"。随着国家各项惠农政策的出台以及社会保障体系的不断健全，广大农民已逐渐被纳入社会保障体系当中。土地承包经营权的流转不会降低土地的财产价值。依照"经济人"的理论，经济活动中的任何人都具有完全的理性，他们总是能够依据实现自身利益最大化的原则对其所面临的一切机会和目标及实现目标的手段进行优化选择。[①] 每个人都是自己利益的判断者和维护者。农民作为一个理性的经济人，能够通过理性判断趋利避害，实现利益的最大化。同时，在现实生活中，随着农村二、三产业的发展及市场经济的建立与完善，农民的就业途径更为广阔，收入来源也日益多样化，农民与土地的关系也日趋松

---

① 李明秋，王宝山：《中国农村土地制度创新及农地使用权流转机制研究》，中国大地出版社，2004年，第31页。

散,依赖土地生存的程度明显降低。因此,法律对农村土地承包经营权的流转作如此严格的限制完全没有必要,这样只会造成土地流转的成本过高,导致土地的闲置,阻碍土地流转和土地效益的发挥,进而阻碍农村经济的发展。因此,本书建议取消对土地承包经营权流转方式的不合理限制,从而为土地承包经营权流转创造一个良好的法律环境,实现土地资源的优化配置。

1. 赋予农村土地承包经营者农地抵押权

我国法律对土地承包经营权抵押基本(除了"四荒"的承包权外)持否定态度,这与其物权属性不相吻合。

首先,农地在农民所拥有的全部财产中所占比例较大,如果不能作为抵押物进入市场,其财产价值就不能得到充分体现。这既不利于土地资源的优化配置,也不利于农村非农产业的发展,更延缓了农村信用市场的发展,也与市场经济条件下农业发展对融资的极大需求不相适应。

其次,在传统民法中,只有可以流通的不动产才能设定抵押。而随着社会经济的发展,某些动产、不动产物权的价值或其所包含的价值往往超过一般不动产,对这些类型的财产给予过多的限制或不能抵押,其经济效用就得不到最大限度的发挥。我国现行《担保法》已不再囿于传统民法中的抵押权为不动产物权的概念,《农村土地承包法》业已确认"四荒"地承包权可以依法抵押。那么,对采取家庭承包方式取得的土地承包经营权抵押单独设限,其情理何在? 而且既然《农村土地承包法》已经许可无论以何种方式取得的土地承包经营权都可以转让,允许其进行抵押,与其可转让性也是一致的。有学者曾言,凡是允许转让的土地,原则上应允许抵押,这也符合《担保法》的原理。不承认抵押就是不承认转让。①

但是由于土地承包经营权的特殊性,法律在允许其抵押之后,

① 王卫国:《中国土地权利研究》,中国政法大学出版社,1997 年,第 3 页、第 203 页。

还应对有关抵押作出一些具体的规定：

（1）被担保的债务的存续期间不得超过土地承包经营权的承包期限。设立抵押的目的是保证债权人在债务人不能清偿到期债务时对抵押标的进行处分并优先受偿，如果在债务届满前，土地承包经营权期限已到，则抵押就失去了存在的意义。

（2）抵押采用登记公示制度。抵押时应到原土地承包经营权发证机关办理抵押登记。

（3）在实现抵押权时，权利转让的对象应限于农村集体经济组织的成员，并且土地所属的集体经济组织的成员享有优先受让权。如果转让给土地所属集体经济组织以外的成员，应当事先取得土地所属集体经济组织成员的村民会议三分之二以上成员或者三分之二以上村民代表的同意，并报乡（镇）人民政府批准。

2. 允许土地承包经营权以继承的方式进行流转

土地承包经营权作为一种成员权，能否直接继承，应当取决于继承人是否为本集体经济组织成员。如果继承人是本集体经济组织成员，在剩余承包期内，应允许直接继承，但存在多个继承人的，为防止土地的细碎化则不宜直接分割。如果继承人为非本集体经济组织成员，则无权继承。

在具体设计时，可作如下规定：（1）在发生土地承包经营权继承时，应当首先遵守《继承法》的基本原则，其次还要遵守《物权法》、《土地管理法》、《农业法》等有关农地管理的规定。（2）可借鉴我国台湾地区的"立法"经验，从事农业生产的继承人可优先于非农产业的继承人分得农地使用权，对于非务农的继承人，可以继承其他财产。如其他财产不足其继承份额，可以进行金钱补偿，由在村继承人耕作农用土地。（3）如果继承人均为非务农人口，除非该继承人自此从事农业生产经营活动，否则应在规定时间内，将土地承包经营权转让给从事农业生产的其他人。（4）不得将同一块土地使用权进行登记上的分割，否则会导致农地的零碎化。如果继承人有两人以上，并且被继承人拥有多个农地使用权，则在保证使用权完整的前提下公平分配;如不足分配,则对未分得的继承人折价补偿,对于多余的地块或无法分配的情形,则由继承人共有,或将土地承包经营权变卖或折价。因此,无论是在理论上,还是在实践中,土地承包经营权完全可以以继承的方式流转。

3. 对其他流转方式予以明确

我国法律应鼓励土地承包经营权人采取多种方式流转,如入股、出典、委托转包、家庭联产承包合作经营、交付土地承包经营权由他人代耕代种等。但应把握一个基本立法精神:不允许农民将承包土地用作任何风险投资,目的是切实保障农民不失去土地,同时也是为了稳定国家的粮食安全战略。

(四) 完善与土地承包经营权流转相关的法律法规

在《农村土地承包法》的基础上,制定专门的土地流转法律法规,是将土地承包经营权流转纳入法律轨道的首要任务。要想真正做到有法必依,其前提是有法可依。现阶段围绕农村土地承包经营权流转所呈现的"群雄逐鹿"的局面,严重抑制了我国农村土地的正常流转。应尽快出台农村土地承包经营权流转法规,促使土地依法、合理、有序流转。明确规定农村土地承包经营权流转的程序、形式、权利义务、监督机制等。同时,还要探寻各种解决农村土地承包经营权流转纠纷的机制。2010 年 1 月 1 日起实施的《农村土地承包经营纠纷调解仲裁法》可以说是这方面的一个进步,但仅有一部法律是无法解决目前土地承包经营权流转纠纷解决机制极度欠缺的现状的,必须进一步完善土地流转纠纷处理机制,为保障农民土地权利提供有效的法律保障。首先,建议由县级地方人民政府成立专门法律援助机构,为农民免费提供有关土地流转权利保障及解决纠纷的咨询和代理。其次,土地部门应建立一套受理、审查、调查农民投诉状的机制。目前,许多地方的农民在处理土地纠纷时由于缺少对法律的了解,很少诉诸法院,而是采取告状的形式向有关部门反映情况,以求取得公正处理。但我国大多数农村地区的政府机构对告状的处理和审查尚未形成规范的制度,因而常使这些纠纷得不到及时解决,积累了不少矛盾。因此,建议在土地管理部门形成专门接受和处理农民土地投诉的程序与制度,并在农村基层设立便于农民反映和传递意见的简便渠道,同时,设立群众公开监督制度,提高处理纠纷的效率。再次,必须进一步制定仲裁土地承包经营权纠纷的相关法律法规,完善相关的争端处理机制。

二、实施产权制度改革

土地产权明确是产权交易的前提,没有明确的权利主体,相关的物质利益就会成为搭便车的目标,而且在出现一定的市场风险时,土地的价值也得不到变现。特别是在现阶段农村集体土地所有权主体虚化和缺位的情况下,明确土地产权,就是明确土地所有权主体,通过法律法规来统一集体所有权主体,显得尤为重要。

（一）土地承包经营权流转的前提和原则

要在稳定家庭承包经营制度的前提下,按照相互协商、依法、自愿、有偿的原则进行土地承包经营权流转。党的十七届三中全会通过的《中共中央关于推进农村改革发展若干重大问题的决定》提出,要"建立健全土地承包经营权流转市场,按照依法自愿有偿原则,允许农民以转包、出租、互换、转让、股份合作等形式流转土地承包经营权,发展多种形式的速度规模经营"。这个决定对促进现阶段我国农村土地承包经营权的流转起到了至关重要的作用。笔者认为,今后我国农村土地承包经营权流转在坚持依法、自愿、有偿的原则下,还必须坚持"三条红线"①不动摇:

（1）坚持集体所有性质不动摇。土地承包经营权是一种新型的用益物权,属物权中的他物权,从法律性质上来说不是自物权即所有权,因此,承包可以使农村土地所有权中的部分权能同所有权分离,但农村土地的所有权仍属于农民集体所有,任何流转都不得

---

① 参见《农村土地承包经营权流转管理办法》。

改变土地的所有权性质。

（2）坚持农业用途不改变。我国长期存在人地矛盾，人口多、耕地少，且耕地总体质量不高，土地资源严重不足。针对这一系列问题，已出台的多部法律中都有关于耕地保护的规定。农业部更是划出了"18亿亩耕地"这一红线，因此在土地承包经营权流转过程中严守"农"与"非农"的界线，无论采用何种流转形式，均不得改变其农业用途，严格防止土地经过多次流转后改变了农业用途，从而造成耕地的流失或破坏。

（3）流转不得侵犯农民利益。《中共中央关于推进农村改革发展若干重大问题的决定》中明确指出："以家庭承包经营为基础、统分结合的双层经营体制，是适应社会自由市场经济体制、符合农业生产特点的农村基本经营制度，是党的农村政策的基石，必须毫不动摇地坚持。"这说明，流转的目标是要在稳定和完善家庭承包经营这项基本制度的基础上，提高农业生产的现代化、规模化速度，而不是改变这项制度，从而侵犯农民的根本利益。

（二）明晰并从经济上落实产权关系

土地产权明确是交易的前提，没有明晰的产权制度，在农村土地承包经营权流转过程中就会导致相关物质利益关系的混乱。明确土地产权，就是要明确土地所有权的主体代表，其关键问题是要统一集体所有权的主体，在坚持集体所有的前提下，摒除"集体"内涵界定不清的弊端，取消乡（镇）、村以及村民小组三级所有的分化现象，使之明确化、统一化。按照我国有关法律法规和农村实际情况，笔者以为应当确立村民委员会作为集体土地所有权主体的代表。因为村小组的范围过小，不利于规模经营；乡（镇）作为一级行政机构，应该把更多的精力放在"服务人"和"守夜人"的角色扮演上。村民委员会作为农民民主选举产生的基层组织，具有较高的威信，能够代表农民的共同意愿独立行使权利，承担民事责任，最适宜充当农村土地所有权的代表。法律应赋予其相应的权利和义务，使其很好地行使土地所有权人的职责并承担相应的义务。其他组织因缺乏相应的资质和条件,不便充当农村土地的所有权的代表。

（三）加快培育农民利益团体

农村利益团体作为一种特殊的行业性利益集团,无论在国家的政治生活还是经济生活中都具有特殊的作用。农民作为个人当然可以进行利益表达,但是农民以个人方式进行的、分散化的利益表达往往效果不佳,因此,目前西方发达国家的农民大都选择通过各类农民利益集团进行利益表达。这种组织化的利益表达,不仅有益于保护农民利益,而且对于政府制定相关政策也大有助益,因此,农民利益集团的建立往往受到各国政府的支持和鼓励。建设社会主义新农村的目标是:全面建设小康社会,城乡协调发展,要"让农民过上宽裕的生活","保障全体人民共享经济社会发展成果",不允许出现对农民等弱势群体的不平等、不公正的经济待遇和公共政策。

根据我国目前农村的实际情况,现阶段重点培育的农民利益团体应当是农民合作经济组织。理论和实践都表明,农民合作经济组织对于社会主义新农村建设的意义更为直接和重大。农民合作经济组织的培育和发展,不仅能够帮助农民进入市场、增加农民收入,促进社会主义新农村和谐社会的建设,而且还有助于形成新型的农民文化、提高农民素质,以及促进政府职能转变、形成新型乡村治理机制。

三、转变政府职能

土地承包经营权流转本质上是一种市场行为,农民是流转主体,土地是否流转和以什么方式流转,都应尊重农民的意愿。政府作为公共服务的提供者,同时也是市场的监管者。没有政府管理和服务的市场最终只能是无序和混乱的,而政府干预过度,只能扭曲市场。我们必须树立一个明确的概念:流转的主体是农户而不是干部,流转的机制是市场而不是政府。正确的做法应当是因势利导,充分发挥市场机制的基础作用,顺应农业和农村经济发展的要求,引导而不干预,服务而不包办,放活而不放任。

四、实施市场体制改革

当前我国的农村土地市场极不成熟,其市场功能还不能很好地发挥和体现,那么如何培育我国农村土地市场呢? 笔者认为,除了要建立规范的土地产权制度、改革政府职能外,还应重点做好农村土地市场的培育和改革工作。

（一）建立完善的农村土地承包经营权流转市场、中介组织和调节机制

首先,要着手研究建立土地承包经营权流转市场的运行机制,重点是土地承包经营权的价格机制、土地承包经营权交易的中介机制、土地承包经营权收益分配机制的建设。就农地承包经营权的价格机制而言,要实行公平地价制度,运用科学的方法确定与国有土地使用权价格相协调的农村土地承包经营权流转市场的基准地价,由土地管理部门定期公布;就土地承包经营权流转的中介机制而言,土地承包经营权流转市场的发展需要配套的市场中介服务体系,要建立包括咨询、地价评估代理、仲裁等机构及相关制度,并做好农村土地流转的保险等工作;就农地承包经营权流转的收益分配制度而言,应当使土地承包经营权流转的收益在交易当事人之间合理分配,以保护各方的合法权利。

其次,要建立健全土地质量等级评定、土地承包经营权转让金和流转期限限制制度。由具有地价评估资格的地价评估单位和评估师评估地价,对不同等级土地承包经营权转让金作出最高限额规定,并报请土地管理部门审定,将土地质量等级和转让金的最高限额记入土地承包经营权证中,以方便流转当事人及时查询。

再次,要使农村土地承包经营权的交易活动公开化、契约化、货币化,提高农村土地承包经营权流转市场的透明度,建立健全法律法规约束、金融约束、产权约束、内部责任义务约束等约束机制。

（二）解决剩余劳动力的就业问题

农民不愿意流转土地的一个重要原因就是流转土地承包经营权后就没有了其他职业收入。因此，必须加快解决农村剩余劳动力转移问题，拓宽农村劳动力的就业渠道。首先要开展农民培训工程，提高农民的素质，提高非农就业能力。城市的大门已经打开，可没有一技之长的农民仍旧无法在城市里立足。因此，各级政府必须把农民培训作为一项长期而重要的工作来抓，提高他们适应从业岗位的技能。如举办各种农民工技校、农业专题培训班等，通过各种途径让离开土地的农民能学到基本的生存技能。同时，要加快提高农村工业化和城镇化水平，增强集聚各类企业和生产要素的能力，以吸纳更多的农村剩余劳动力。这样就有可能让更多的农民离开农地，实现农地的快速、有效流转。

（三）建立和完善农村社会保障与服务体系

建立农村社会保障体系，完善农村社会化服务体，加强农业支持和服务体系建设。目前土地仍旧是大部分农民就业、生存保障和社会福利的唯一来源，这成为阻碍农村土地承包经营权流转的现实原因。我国的城乡二元制度导致了农民在就业、教育、医疗、住房、子女入学等诸多方面不能享受与城镇居民同等的待遇。即便是已经进入城镇并且有了稳定工作和住所的农民，仍然因为户籍问题无法享受同城镇居民一样的待遇，始终存有生活上的后顾之忧。这种情况下，农村"老家"的土地和房产就成为他们的最后保障线，从而导致宁可抛荒也不愿转让的现象。因此，实现农村土地承包经营权的流转，必须剥离农村土地使用权的社会保障功能，以完善的农村社会保障体系代之，使农民不致在离开土地后就失去了生存之本。第一，要创造必要的条件，对流转出土地承包经营权的农户统筹安排，重新就业，以减轻市场经济竞争对部分农户的冲击。第二，建立多层次的相互联系的农村保险基金，发展农村保险事业，形成涵盖整个农村的灾害补偿体系，保障农户具有再生产经营的能力。第三，逐步建立以集体和农户自我保障为基础、政府予以一定扶持的社会保障机制,并大力发展多种形式的社会保障基金、村社合作医疗和经济互助会等群众急需的互助保障组织,促进农民医疗、养老、互助等农村社会保险体系的发展。第四,对残疾人、五保户、贫困户等特殊人群进行多层次的扶持,创造条件为他们提供必要的生活保障,从根本上解决其土地承包经营权转让中存在后顾之忧的问题。

第三章

农村集体建设用地使用权流转

第一节　农村集体建设用地使用权流转概述

一、集体土地建设用地使用权的概念

2007 年颁布的《物权法》将"建设用地使用权"归入"用益物权"一编,将建设用地使用权作为用益物权中的一项重要权利。《物权法》在第 12 章第 135 条中对建设用地使用权的概念作出明确阐述,即建设用地使用权是指"建设用地使用权人依法对国家所有的土地享有占有、使用和收益的权利,有权利用该土地建造建筑物、构筑物及其附属设施"。具体理解为建设用地出让人通过设立建设用地使用权,使建设用地使用权人对国家所有的土地享有了占有、使用和收益的权利,建设用地使用权人可以利用该土地建造建筑物、构筑物及其附属设施。在《物权法》的"用益物权"一编中,土地的用益物权被划分为 4 种权利,即土地承包经营权、建设用地使用权、宅基地使用权和地役权,并对这 4 种用益物权分别作了规定。那么,《物权法》为何没有采用"土地使用权"来概括这 4 项权利呢? 据《中华人民共和国物权法释义》解释,是因为根据《中华人民共和国土地管理法》的规定,我国的土地分为农用地、建设用地和未利用地。"土地使用权"是一个广义的概念,包括农用地使用权、建设用地使用权等权利。如果采取"土地使用权"的

概念,就需要把土地承包经营权、建设用地使用权和宅基地使用权放入一章规定,而土地承包经营权、建设用地使用权和宅基地使用权在权利的设立、利用等方面有着较大的区别,当事人的权利和义务也不尽相同。比如建设用地使用权一般是有偿取得,宅基地使用权是无偿取得;建设用地使用权可以依法转让和抵押,宅基地使用权的转让和抵押有严格的限制。因此,《物权法》根据土地的用途,将土地使用权分解为土地承包经营权、建设用地使用权和宅基地使用权,并分章对这些权利作出了规定。

鉴于《物权法》将土地使用权分为土地承包经营权、建设用地使用权和宅基地使用权,因此本书中所要讨论的集体建设用地使用权也遵循这一原则,将排除土地承包经营权和宅基地使用权。那么,什么是集体土地建设用地使用权呢?《物权法》和《土地管理法》虽然均未对集体土地建设用地使用权的含义给出明确界定,但是根据《物权法》中对"建设用地使用权"给出的概念,我们可以这样理解集体所有建设用地使用权的概念:集体所有建设用地使用权人依法取得的对农村集体所有的土地享有的非农业目的的占有、使用和收益的权利,有权利用该土地建造建筑物、构筑物及其附属设施并进行经营活动的权利。那么,集体土地建设用地使用权具有哪些性质和特点呢?

二、集体土地建设用地使用权的性质

1. 集体土地建设用地使用权是一种用益物权

用益物权是指"权利人对他人所有的物享有的以使用收益为目的的物权"。它是所有权人以外的民事主体享有的对不动产进行的占有、使用和收益的权利。集体土地建设用地使用权是由农民集体所有的土地派生出的一种用益物权,因为我国农村土地是由农民集体享有所有权,农民个人或乡镇企业等用地主体只能取得土地使用权。从这个角度上讲,它也是一种他物权。在法律规定的范围内,集体土地建设用地使用权可以转让、出租、抵押等。

2. 集体土地建设用地使用权是一种限制性物权

集体土地建设物权的限制性主要表现在两个方面：一是权利的限制性，二是期限的限制性。权利的限制性主要表现为：集体土地建设用地所有权人具有对土地的完全处分权，而集体土地使用权人在权能范围上不具有对土地的处分权，他既要受法律规定的一般限制，还要受所有权人对其使用内容和范围的限制，使用权对土地的支配力狭于所有权，使用权人必须按照土地的自然属性、法定用途或约定方式进行实际上的利用。如设立使用权时对土地的使用方式、使用费用的约定，对使用权人具有约束力。使用权也是对所有权有所限制的物权。使用权虽然是以所有权为权源，但其一经设立，所有权的部分甚至大部分权能即由使用权人行使，因而约束了所有权人对其所有物的支配力。如在建设用地上设立了使用权后，对该土地的使用收益即由使用权人独立排他地进行，而不受土地所有权人的干涉。因此，在权利的效力范围上，使用权比所有权具有较优先的效力。期限的限制性主要包括：所有权是永久存续的权利，而使用权是有特定的期限，在期限上没有所有权所具有的恒久性，在其存续期届满时即归于消灭。同时，在存续期间内，可以根据当事人的行为使其终止。使用权之所以附有一定的存续期限，是因为使用权是在他人所有土地上设立的权利，起着限制所有权的作用。如果允许设定永无期限的使用权，则土地所有权则会处于一种有名无实的境地，有损所有权的本质。①

三、集体土地建设用地使用权的特点

1. 集体土地建设用地使用权强调土地的使用目的为非农业建设，权力客体为集体所有的土地。与农用土地不同的是，集体建设用地使用权是以发展非农经济以及兴建乡村公共设施和公益事业为目的的使用权。

---

① 梁慧星：《中国物权法研究》，法律出版社，1998 年，第 582－583 页。

2. 集体土地建设用地使用权的主体具有单一性和特定性。集体土地所有权的团体性、社区性,加上国家对农村土地的保护政策,决定了集体土地建设用地使用权的主体范围只限于农村集体经济组织及本集体经济组织成员,即集体土地建设用地使用权的主体具有特定性,非集体经济组织的成员不能单独成为农村集体土地建设用地使用权的主体。也就是说,集体土地建设用地使用权与集体组织成员的社员权有着较为密切的联系。在多数情况下,拥有社员权是取得集体土地建设用地使用权的必要条件。这种主体资格的限制性,在一定程度上决定了集体土地建设用地使用权流转的限制性。①

3. 集体土地建设用地使用权受国家行政机关约束。为维护农村土地关系和地产交易的正常秩序,保护农民和集体经济组织的合法权益,保证国家的土地政策和农业政策的贯彻实施,法律授权国家土地管理机关对集体土地建设用地使用权实行登记、管理和监督执法。

4. 集体土地建设用地使用权的流转受到法律的严格限制。农民集体所有的建设用地使用权流转或流转方式单一,即依法取得集体建设用地的企业,因破产、兼并等致使土地使用权发生转移时才予准许。另外,集体建设用地使用权不能单独抵押。

四、我国农村集体土地建设用地使用权制度的历史发展过程

从 1950 年至今,我国农村集体土地建设用地使用权法律制度先后经历了几次较大规模的历史变革。②

1950 年中央人民政府颁布的《中华人民共和国土地改革法》第 30 条规定:"土地改革完成后,由人民政府发给土地所有权证,

---

① 王卫国:《中国土地权利研究》,中国政法大学出版社,1997 年,第 181 页。
② 高圣平,刘守英:《集体建设用地进入市场:现实与法律困境》,http://www.civillaw.cn。

并承认一切土地所有者自由经营、买卖及出租其土地的权利。"1954 年《宪法》第 8 条规定："国家依照法律保护农民的土地所有权和其他生产资料所有权。"这两部法律的颁布标志着新中国在土地所有制方面基本方针的确立，这一时期真正赋予了农民对于土地自由流转的权利，但持续时间比较短。

1951 年党中央颁布了《关于农业生产互助合作的决议（草案）》，揭开了建立农业生产合作社的序幕。农业生产合作社的发展，也是土地所有权从农民私有发展为集体所有的过程。1962 年颁布的《农村人民公社工作条例（修正草案）》明确了以生产队为基础的土地所有制。至此，我国农村土地的集体所有制度——集体所有和集体使用的"三级所有、队为基础"的权属关系被正式确立下来。从农业合作化运动到人民公社，这一系列的生产方式的改变，使得农民对土地的产权弱化，并使土地所有权虚置，土地在运动中逐步归集体所有，个体农民与土地不再存在法律上的产权关系，农民彻底丧失了土地所有权。也就是说，改革开放之前，集体建设用地实行集体所有、集体统一经营，在计划经济的严格管制下，根本没有土地市场的生存空间。

改革开放以后的 20 世纪 80 年代初，乡镇企业在我国沿海地区及大城市郊区发端。1986 年我国出台了第一部《土地管理法》。随后进行的修订中，在集体土地建设用地制度的具体细节上作了严格的限制，明确提出"任何单位和个人进行建设，需要使用土地的，必须依法申请使用国有土地"，这就把任何单位和个人使用集体建设用地从事非农建设的路给封死了。当然，它还为农民留下了一个"尾巴"，那就是，"兴办乡镇企业和村民建设住宅经依法批准使用本集体经济组织农民集体所有土地的，或者乡（镇）村公共设施和公益事业建设经依法批准使用农民集体所有土地的除外"。

2004 年再次修订的《土地管理法》仍然规定，非农建设用地主要靠国有土地来满足。由于该法对公共利益没有作出明确界定，国有土地实际上在很大程度上是通过征收农民集体土地来满足的。尽管保留了农民集体建设用地可以创办乡镇企业、可以从事乡镇公共设施和公益事业建设、可以建农民住宅的权利,但是,对"农民集体所有的土地的使用权不得出让、转让或者出租用于非农业建设"的规定,加上建设用地的指标管理和农转非时的审批中的弱势地位,就决定了集体建设用地规模和比例不断缩小的现实局面。可以看出,《土地管理法》实施以来,尽管保留着农民利用自己的土地进行非农建设的空间,但由于种种限制,这一空间不断缩小。这一时期,与国家对农用地使用权流转逐渐放开的政策相比,限制集体建设用地使用权流转的政策丝毫没有动摇,2007年颁布的《中华人民共和国物权法》虽然明确了集体土地建设用地的用益物权地位,但并未赋予农村集体土地建设用地使用权更多的自主权,仍然保留了政府的垄断地位。

第二节　我国关于农村集体建设用地使用权流转的现行法律规定及评价

一、现行法律规定的内容

我国关于农村集体建设用地使用权流转的法律规定主要体现在《土地管理法》第62、63条。第63条规定:"农民集体所有的土地的使用权不得出让、转让或者出租用于非农业建设;但是,符合土地利用总体规划并依法取得建设用地的企业,因破产、兼并等情形致使土地使用权依法发生转移的除外。"对于建设用地使用权的流转,现行立法原则上是不允许其进入市场进行流转的,除非出现法律规定的例外情况,此处的例外包含以下两种情形:一是因企业破产、兼并等情形导致此类建设用地使用权的被动转移;二是依据《担保法》第26条第2款和《物权法》第182条的规定,因乡镇、村企业的厂房等抵押而导致其占用范围内的集体建设用地使用权一并被抵押。

二、现行法律规定的评价

对于农村集体建设用地使用权的流转，我国的立法存在明显的城乡差异，对于用于建设所需的国有土地使用权已经形成较为完善的法律流转机制和市场体系，而集体建设用地使用权则被排除在法定允许的流转范围之外。实践中也出现了一些集体经济组织规避法律、违法进行集体建设用地流转的问题，如一些集体经济组织为了追求经济利润，以入股联营为名出让、出租集体建设用地给各类企业使用，还有一些集体经济组织干脆不履行审批手续，直接将土地使用权出租、出让给企业或者个人使用以获取收益。这些交易导致了农用地的非法转用，破坏了土地利用规划的实施，而且由于缺乏法律依据，容易产生纠纷。

另外，现行法律的规定呈现出明显的滞后性。随着市场经济的发展，随着城市化进程对农村集体建设用地需求量的日益增加，人们对集体建设用地自发进行流转的情况已经大量存在。所以，集体建设用地流转的现实已经冲破了法律规定的限制，现行法律的规定已经不能满足现实的需要，制定和完善集体建设用地流转的法律规范，已成为提高农村土地利用效率、促进农村经济发展的迫切需要。

第三节 我国农村集体建设用地使用权流转的现状及存在问题分析

一、农村集体建设用地使用权流转的现状

"虽然集体建设用地使用权的流转受到法律的严格限制，基本处于禁止状态，但这些禁止流转的规定显然忽视了集体建设用地使用权客观存在的价值，也违背了市场经济规律，在经济利益的驱动下，实践中超出《土地管理法》规定范围的集体建设用地使用

权流转隐形市场大量存在,而且这种私下的流转行为有愈演愈烈的趋势。"①目前集体建设用地使用权流转具有以下特征:

第一,流转普遍存在。现实中农民将集体土地用于建设用途并变相流转的现象在我国各省(区)尤其是发达地区表现得非常突出,为适应实践的需要,全国已有多个省、市开展了集体建设用地使用权流转的试点工作,并有不少省、市出台了地方性规定对集体建设用地使用权的流转进行规制。国土资源部于 1999 年 11 月24 日决定将安徽省芜湖市作为全国首个集体建设用地流转试点城市。在实践中,广东南海的"股份化租地模式"、江苏苏州的"存量集体建设用地使用权流转"、山东济南的"成片综合开发模式"也都具有典型性。2005 年 6 月广东省政府发布的《广东省集体建设用地使用权流转管理办法》是地方性法规的典型代表。据统计,目前除广东省之外,江苏省、湖北省、上海市、北京市也由省(市)政府出台了相关规范来规制集体建设用地使用权的流转。这种游走于立法边缘的将集体所有土地非法用于建设并变相流转的行为,将相关法律置于一个非常尴尬的境地。

第二,流转地域性特征明显,呈现出与经济发展水平的相关性。集体建设用地使用权流转直接受到社会经济发展的影响,流转的活跃程度、规模、形式与经济发达程度相关。其地域性特征表现为:城乡结合部流转的规模大,数量多;集中于城市远郊区、县城和中心城镇;农村地区相对较少。

第三,流转形式多样。近几年,除个别地区对农村集体建设用地流转有所规范外,农村特别是城乡接合部的农村集体建设用地的流转一直是自发地、无序地进行。其流转形式多样,主要有转让、出租、抵押、司法裁定等形式。转让是指集体建设用地使用权所有人将其使用权再次让渡给其他土地使用者的行为。出租是指

---

① 宋志红:《集体建设用地使用权流转法律制度研究》,中国人民大学出版社,2009 年,第 18－19 页。

集体建设用地所有者或者使用者将土地使用权出租给企业或者个人，并按年收取租金。出租是集体建设用地流转的主要形式，具体方式主要有集体直接出租集体建设用地、在地上兴建仓库与小商品市场等后随房租地等。抵押在实践中多表现为集体建设用地使用权连同厂房在内的一并抵押。司法裁定形式指因经济纠纷或者企业破产、兼并等导致法院裁定或者判决而导致集体建设用地的流转，这种情形逐步增多。司法裁定流转主要采取拍卖的方式。

二、农村集体建设用地使用权流转存在问题分析

根据法律规定，集体土地使用权仍然没有获得与国有土地使用权同等的地位，其流转受到更多的限制。但现实中集体建设用地非法流转行为时有发生。"据统计，2002 年河北省立案查处土地买卖和非法转让案件 628 宗，其中涉及农民集体建设用地的 523 宗，占 82%。"①这种集体建设用地流转具有非法性，且又无人管理，使得交易非常混乱。出于利益冲动，不少地区在未经规划许可和正常审批的情况下擅自将农用地转为建设用地，尤其是城乡接合部的耕地保护更加困难，不但造成了耕地的大量流失，也严重扰乱了土地利用秩序。虽然各地集体建设用地使用权的试点取得了一定成效，但从长远来看，各地做法不一致，导致各地建设用地使用权在流转内容、方式、效力等方面存在较大差异，最终并不利于各地市场的统一。非法的农村集体建设用地在未经统一管理的情况下进入了建设用地市场，导致土地市场的总供给增加，再加上集体建设用地使用权低价流转现象的存在，最终会冲击城镇国有土地使用权市场。总之，我国农村集体建设用地使用权流转面临立法限制和滞后、土地产权不明、流转机制不完善、收益分配不合理、土地流转价格低廉、农村劳动力转移机制不畅等困境。

---

① 河北省高级人民法院研究室：《谈土地管理法的立法缺陷及其完善——对全省涉土地案件审判情况的调研》，《人民法院报》，2002 年 12 月 3 日。

另外,农村集体建设用地非法流转给司法实务部门提出的问题是:农村建设用地上的房屋转让行为的效力如何认定。根据《土地管理法》和相关法律法规的立法精神,应依法认定无效。但是由于集体土地非法流转行为的大量存在,如果一概认定农村建设用地上的房屋转让行为无效,会带来许多难以解决的问题,将给双方当事人也造成巨大损失。所以司法实践中,根据具体案件的情况,经最高人民法院批复,有的涉及建设用地上的房屋买卖合同应该认定为有效。

第四节　完善农村集体建设用地流转制度

一、消除法律歧视,确立集体建设用地使用权的完整权益

集体土地所有权是农民集体拥有的与国家土地所有权相平行的一种土地所有权。然而长期以来,我国以发挥土地最大经济效益和社会效益为目的,对集体土地所有权作了许多限制,主要表现为:国家建设需要征收集体土地时,集体土地所有者必须服从,不能以所有权受法律保护为由拒绝征收;集体土地所有者需要改变用地性质,将农用地变为非农业建设用地,如乡镇企业用地、农民住宅用地等都需要经过审批;集体土地所有权不能进行交易,集体土地使用权的流转受到严格限制,土地的利用必须符合国家的规划和计划管理。

从法律上分析,为了发挥土地最大经济效益和社会效益,实现集体和国家的协调发展,对集体土地所有权进行限制是必须的,但这种对所有权的限制需满足3个条件:第一,基于公共利益的考虑;第二,公益考量的必要性,即在所有能够实现公共利益的方式中,必须选择给权利人带来损失最小的方法;第三,须以法律来限制。对照我国对集体土地所有权的限制,不难发现许多限制是违背以上条件的,其中对集体建设用地流转的限制就是违背了公益

考量的必要性原则。本书认为，出于对耕地的保护以及使国有土地市场免受冲击的考虑，法律上对集体建设用地流转的禁止，使集体建设用地的价值不能显化，给农民带来了很大的损失，而其完全可以通过严格规划、用途管制等措施，以更小的损失实现对耕地的保护和对土地市场的宏观调控。也就是说，目前的这种限制行为不是必要的，应取消这一限制，否则就是一种对农民集体的侵权行为，是对集体建设用地的一种法律歧视。实际上，我国对集体土地所有权的不合理限制已经导致了种种尖锐的矛盾，征地行为的扩大化限制了集体土地所有权的处置权和收益权，经常导致农民的集体上访，对集体建设用地流转的限制导致了土地利用的低效。为了实现农民集体和国家的协调发展，必须取消对集体建设用地的不合理限制，让农民集体享有土地所有权的适度自由，恢复农民集体作为集体土地所有者享有应有的土地产权。

（一）确立集体建设用地使用权的物权地位

《物权法》将建设用地使用权确定为一种用益物权，并对建设用地使用权的设立、转让、互换、出资、赠与、提前收回和届满续期等作出明确规定。但建设用地使用权是否包括农村集体土地的建设用地使用权，在《物权法》起草过程中争议很大。考虑到我国土地制度改革正在深化，各地的情况差异很大，土地行政主管部门正在进行土地制度试点和研究，尚待总结实践经验，时机还不成熟，故《物权法》只是规定："集体所有的土地作为建设用地的，应当依照土地管理法等法律规定办理。"[①]这就在为土地制度改革留下空间的同时，也产生了集体建设用地使用权是否属于用益物权的困惑。

集体建设用地使用权源于土地所有权，是集体土地所有权权能在一定条件下分离而形成的一项权利。参照国有土地使用制度改革的做法，农民集体建设用地也可以适用土地所有权和建设用

---

① 胡康生：《中华人民共和国物权法释义》，法律出版社，2007年，第335页。

地使用权相分离的原则。土地的所有权由农村集体经济组织行使,建设用地可以实行有偿、有期限、可流动的使用制度。实际上,集体土地所有者只是保留收租权——部分收益权,并保留回收权——部分处分权,而其余的权能均可出让。保留了收租权,就意味着土地所有权在经济上得以实现;保留回收权,就意味着已经出让的全部产权得以复归,就不会丧失其所有权,尽管回收权只是处分权的一部分但却是基本处分权。

国有建设用地市场运行的产权基础是国有出让土地使用权,集体建设用地市场运行的产权基础是土地使用者事实上拥有的集体建设用地使用权。这两种土地使用权的取得方式和取得成本不同,因此其权利内容不同,不能简单地将这两种土地使用权并轨,必须处理好其中的利益平衡关系。农村集体建设用地使用权在符合土地利用总体规划、城市或村镇规划的前提下,应与国有建设用地使用权权能基本一致,包括占有权、使用权、部分收益权、部分处分权。其中土地占有权是前提性权利,部分收益权是土地使用者的必然追求,部分处分权则是土地使用者作为市场主体之一的必然要求。

(二) 加快修订《土地管理法》相关规定

现行《土地管理法》规定任何单位和个人进行建设,需要使用土地的,必须依法申请使用国有土地,同时要求农民集体所有土地的使用权不得出让、转让或者出租用于非农业建设,这些条款显然不利于集体建设用地流转。法律是滞后的,法律也不是万能的,进行城乡一体化试点必须尊重群众的首创精神,同时也要实现改革试点的合法性,按照中央的政策精神来修改现有法律法规。具体制度的变更应该在法律允许的范围内进行,这样就可以把贯彻中央的精神和维护法律的稳定性很好地结合起来。建议通过解除法律上对集体建设用地的限制,允许农村集体建设用地在特定的范围内自由流转。这就有必要将《土地管理法》第43条修改为:"任何单位和个人进行建设,需要使用土地的,既可以申请使用国有土地,也可以申请农民集体所有土地"；同时将第63条修改为："农民集体所有的土地的使用权在特定的条件下可以出让、转让或者出租用于非农业建设"，特定的条件可以限定为"符合土地利用总体规划、村镇建设规划以及土地利用年度计划；权属合法，产权清晰，没有纠纷；必须是存量建设用地或者已经依法批准为建设用地的农用地；不得用于商品房地产开发建设和住宅建设"。对现行立法作这样的修改显然不违反《宪法》、《民法通则》、《物权法》的相关规定。

（三）制定《集体建设用地使用权流转管理条例》

从1999年、2000年国土资源部在芜湖、苏州和湖州等地布置集体建设用地流转试点，到2005年广东省颁布《广东省集体建设用地使用权流转管理办法》；从2003年中共中央、国务院下发《关于做好农业和农村工作的意见》，到2007年国务院办公厅下发《关于严格执行有关农村集体建设用地法律和政策的通知》，再到2007年国土资源部制定《农民集体所有建设用地使用权流转管理办法（建议稿）》，都表明了中央和地方政府对农村集体建设用地流转积极肯定的态度。但是，只要农村集体建设用地未经国家征收便进入市场，无论采取何种形式，都会改变城市土地单一国有的格局，从而与现行法律产生抵触。在修订《土地管理法》的同时，还要参照国有土地使用权立法模式，制定《集体建设用地使用权流转管理条例》，对集体建设用地使用权流转的范围、条件、方式、期限等作出界定，从而使集体建设用地使用权流转有法可依。在法律法规制定、修订之前，也可以尽快出台《农村集体建设用地流转管理办法》，以规范流转交易和管理行为，促进集体建设用地使用权流转的有序进行。

二、发挥市场机制配置建设用地资源的基础作用

集体建设用地供应创新模式的建立，应当遵循运用市场调节机制对集体土地资源进行合理配置的原则，使土地供应活动遵循价值规律的要求，通过市场竞争机制的功能，充分发挥集体建设土地资源的配置效率,建立一个统一、开放、竞争、有序的现代土地市场体系,以适应城市化和市场化发展的需要。

（一）实行"两种产权、统一市场、统一管理"的模式

在保持集体土地所有权不变的前提下,仿照国有土地有偿使用的管理方式,将集体土地使用权按一定年期转让、出租、入股、联营等,并收取土地收益、租金或股息,土地收益原则上按土地所有权隶属关系予以返还,绝大多数留给集体经济组织。将集体建设用地与国有土地纳入同一土地市场,实行国有和集体土地"两种产权、统一市场、统一管理"的模式。无论集体建设用地位于规划区内还是规划区外,无论土地使用者是谁,无论利用存量建设用地还是增量建设用地,各类企业如乡镇企业、村办企业、私营企业、国有企业或三资企业等,均可以按照一定程序,在保留集体土地所有权不变的情况下使用符合规划的集体建设用地。

（二）集体建设用地市场化配置应遵循的原则

1. 土地资源可持续利用原则。"十分珍惜土地、合理利用土地、切实保护耕地"是我国的基本国策。人口的持续增长、消费水平的提高以及国民经济的高速发展,决定了在未来相当长的时期内我国人增地减的趋势不可逆转,土地资源的稀缺性将成为经济社会发展的重要制约因素。① 因此,建立集体建设用地流转市场,必须坚决贯彻落实土地基本国策,严格控制建设用地规模无限制的扩张,走可持续发展之路。

2. 市场化配置原则。深化集体建设用地使用制度改革,在有

---

① 1996年—2005年,上海外延的新增建设用地总量近700平方公里,其中消耗耕地资源平均比例为58%。若按照社会经济发展规划和传统的用地方式经验外推,到2020年生态环境建设需将森林覆盖率从目前的13%提高到30%~35%,工业发展要将工业总产值从1万亿元增加到4万亿元。按国际大都市经验标准提高城镇居住和交通建设用地,不仅上海仅存的3 500平方公里土地全部城市化,还将出现2 000平方公里的"赤字"。参见上海市土地学会:《建立全市统一规范透明土地市场的研究》,《上海土地》,2008年第2期。

效满足经济社会发展对土地需求的前提下,充分发挥市场机制在配置资源中的基础作用,通过建立建设用地供应市场实现土地资源的最优配置和集约利用。

3. 两权分离原则。两权分离是指在进行集体建设用地供应时,土地的所有权和使用权相分离,允许土地使用权在市场上有偿、有期限地流动使用,这符合我国社会主义土地市场体系的本质特征。无论是国有土地还是集体土地,进入流转市场时坚持两权分离的原则,都充分体现了社会主义土地公有制的特点。

4. 公开、公平、公正原则。建立集体建设用地流转市场,应当反映广大群众的共同意志,以维护社会的公平和稳定。市场运转过程中,应当坚持公开透明信息、公平利益分配、公正监督管理的准则,保障建设用地供应模式的正常有效运行。

（三）建立统一、规范、透明的土地市场

土地市场由一级市场、二级市场、土地金融市场和土地中介服务市场等组成,同时还与若干个配套的市场相互联系。要在统筹城乡发展中,培育结构合理、运作有序、效率优先、利益兼顾的统一、规范、透明的土地市场。

1. 土地一级市场。土地一级市场是指土地所有者与土地使用者之间建立流转关系形成的市场,也是集体建设用地的首次流转。集体土地所有者将土地使用权与所有权分离并赋予土地使用者,土地使用者取得集体建设用地使用权。集体经济组织直接使用集体建设土地,则出现土地所有者和使用者的重合。随着社会经济的发展,集体土地所有者与使用者的分离将越来越普遍。首次流转的具体方式可以分为集体建设用地使用权出让、出租、抵押、出资、合作、联营等方式。

2. 土地二级市场。土地二级市场是指依法有偿取得集体建设用地使用权的单位或个人,在土地使用年限内,将余期土地使用权转让、出租、作价出资或抵押并取得相应土地收益补偿形成的市场,也是集体建设用地使用权的再流转。土地使用者依法取得的集体建设用地使用权是其合法财产,完成约定的开发建设投资,在使用期内有权将余期的土地使用权合法流转并取得土地收益回报,有增值土地收益的,应与土地所有者按合同约定分享。

3. 土地金融市场。土地金融是以土地使用权作为抵押担保而获得资金融通的一种融资手段。土地金融市场是土地使用权市场中提供融资服务、保障土地使用权交易顺利进行的重要市场,主要包括土地证券市场和土地信托市场,目前尚属起步阶段。土地储备制度的建立和完善,为土地金融的拓展提供了新的空间,对宏观经济调控发挥着"蓄水池"的作用。

4. 土地中介服务市场。土地中介服务市场是政府与市场主体以及市场主体之间相互连接的媒介,是土地市场的重要组成部分。其活动贯穿土地使用权市场的各个环节,包括土地测量、土地评估、土地信息咨询、代理等服务。规范的土地中介服务市场,不仅能保证交易的公平性、服务的规范性、管理的专业化,还能有效地提高交易和流通的效率。目前,需要进一步加强行业规范建设、制度建设和诚信体系建设。

建立统一、规范、透明的土地市场,市场运作将会更加体现依法批地、依法用地、依法管地的法制环境,更好地体现节约集约使用土地,使有限的土地资源得到最优的配置,使经济效益、环境效益和社会效益实现有机统一。

三、合理分配流转收益,保障农民在收益分配中的主体地位

农村集体建设用地流转中的土地收益分配,关系到集体建设用地流转制度运作的利益机制。理顺集体建设用地流转的收益分配关系,正确处理国家、集体土地所有者和土地使用者三者之间的利益关系,是集体建设用地流转管理中的焦点和难点问题。原则上,集体建设用地流转收益分配中,国家(政府)作为管理者、服务者及基础设施投资者,可以税收方式对流转收益进行调整,并取得一定服务费用与建设用地增值收益分割额;农民集体作为土地所有者，其收益就是建设用地地租加上建设用地发展权所致价值增值收益；农民个人收益从集体收益中分配，但集体收益分配由村民大会表决。

（一）集体建设用地价值的构成

土地价格是土地权利的购买价格。不同的土地权利就会有不同的价格表现。集体建设用地转移时应当包括两个部分的权利价值：一是土地所有权价值，即集体土地所有权在农业用途时的未来收益价值体现，是农业级差地租和绝对地租之和；二是发展权价值，即集体农用地转为建设用地，因用途改变而发生自然增值的价值体现，发展权的价值按变更使用后自然增长的价值计算，无论这种改变是转为国家所有还是仍保持集体所有，这种增值都存在，而且不会有区别。

在权利价值之外，土地价值还会因为对土地本身和环境的投资多少好坏而发生波动，这种波动称为投资价值，主要表现为3个方面：一是国家投资，主要体现为城镇基础设施建设和相关环境的改善，以及城镇建设规划等引致的增值；二是集体投资，即集体将农用地改造为可利用的建设用地所投入的有效资金引致的价值增值；三是土地使用者投资，即土地使用者在取得建设用地后对其追加的有效投资引致的价值增值。

（二）集体建设用地流转收益的分配模式

由于集体建设用地的价值不仅包括土地权利价值，而且包括土地投资价值，因此在确定集体建设用地流转收益分配时，应兼顾土地上所体现的各种权利和投资所带来的增值。集体建设用地收益分配，主要涉及3个方面，即国家、集体和原建设用地使用者。

国家作为经济管理者和投资所有者，在集体建设用地流转收益分配中应有一席之地。首先，作为经济管理者，国家可以依据对建设用地流转所施加的国家权力获取利益，这种权力的形式就是税收。在税收之外，还有一小部分服务性收费，即国家作为管理者因提供某些服务而收取的某些成本费用。其次，作为投资所有者，因国家投资和地方政府投资所引起的集体建设用地价值增值部分，也应该以税收的形式获取。从缴纳的主体看，一级市场就是集体作为土地供方，以出让、出租、入股、联营等方式提供给用地者，集体是流转收益的获得者，向国家缴纳相关税费；二级市场就是集体建设用地使用者作为土地的供方，以各种形式向其他土地使用者提供土地，供方土地使用者是流转收益的获得者，向国家缴纳相关税费。

集体作为建设用地所有者，在建设用地流转收益分配中以其土地权利和投资增值进行分配。如果集体将存量建设用地直接用于流转，则除缴纳国家税收外，剩下的收益全是集体所有。集体的收益就是地租和集体投资所引起的增值部分。这里的地租不是农用地地租，而是建设用地地租，即等于农用地地租加上农地发展权所引起的价值增值部分。如果是出让，使用者转让的只是出让年期内的土地使用权，土地未来收益已经一次性交给了集体，不存在因集体土地所有权而再向集体缴纳流转收益问题。但是从投资而言，在出让后因集体投资而引起的投资增值部分则需根据增值的多少分割给集体。联营、合作、入股等情况也大致相同。

集体建设用地使用者如果再次转让土地使用权，其转让的收益除了建设用地地租、集体投资增值外，还包括自己投资形成的增值，在向国家缴纳相关税费之后，剩下的全部归使用者。

（三）切实保障农民在流转收益分配中的主体地位

首先，要限制征地范围，使集体建设用地能够进入市场。集体建设用地流转进入市场后，用地者可直接向农村集体经济组织取得建设用地，将会对征地制度产生重大影响：一是集体建设用地可以直接提供给社会建设使用后，建设用地供应的主渠道将从国有为主变为集体为主；二是比较效益的存在，土地所有者和集体经济组织必然追求农地转为建设用地的增值效益，不愿再让国家征地用于经营性用途，对征地的抵触情绪会大大增加；三是集体建设用地流转后，集体建设用地的数量必然增加，一旦国家需要征收土地，征收建设用地的成本必然大于征收农用地的成本。但从宏观角度看，集体建设用地进入市场，可以减缓地价走高，有利于可持续发展；而增加农民收益，则有利于实现社会公正。因此，要区分公益性用地和非公益性用地，前者仍然可以采取征收的方式，将集体土地转为国有土地时出让给使用者；而后者应纳入统一的市场配置渠道，集体建设土地进入市场流转，让农民获取更多的流转收益。

其次，要规范流转资金管理，确保集体土地收益在促进农村经济发展、农民增收和农村社会稳定方面的作用。集体土地流转收益应专款专用，主要用于农户的补偿安置、乡镇基础设施建设和公益事业发展、土地开发整理以及兴办企业，为集体经济组织所有成员谋求源源不断的直接或间接收益。同时，在集体建设用地流转收益分配管理中，要建立一套公开、透明且行之有效的监督机制，否则容易产生部分村干部侵吞或挪用集体资产的行为，关键是要规范包括乡镇政府、村民财务监督小组和全体村民在内的各监管主体的权限分工及方式程序。只有建立合理的收益分配及管理机制，才能最终达到保护农民利益、规范土地流转的目的。

再次，要安排一部分流转收益用于农村社会保障，使之与城镇居民的社会保障体系接轨。集体土地的保障功能大于生产功能，集体建设用地流转是最能产生收益的部分，除了让农民得到应得的收益外，还应安排一部分用于集体成员的医疗、养老、失业补助等社会保障制度的建设，然后才可用于集体公益事业和集体经济的再发展。土地流转收益金的管理，应该坚持收支两条线，使用上遵循政府监督、集体决定的原则。

四、加强监督管理，确保集体建设用地流转健康、有序地进行

集体建设用地流转制度改革，就是在坚持土地所有权与使用权分离原则的基础上，将国有土地和集体建设用地纳入统一的供应市场，遵循"规划控制＋市场配置"的市场运作方式，通过建立宏观调控管理下的土地市场供需平衡,实现市场机制对土地资源配置的基础性作用,并在此过程中实行有效的监督机制,保证市场的公平竞争和正常运行。其具体包括宏观调控管理层面、市场运行层面和监督层面。

(一) 政府宏观调控管理层面

政府宏观调控管理层面主要是通过土地利用总体规划、乡镇规划、土地年度供应计划等对集体建设用地的总体状况进行调控,同时加强用途管制、用地入市审批、市场交易信息发布管理等。

1. 加强规划的实施管理

单纯依靠市场机制进行建设用地流转是有局限性的,会出现市场失灵的状况,因此政府需要通过有效的宏观调控机制加以调节。但政府的调控机制必须基于修正市场自发调节的不充分性上,不能扰乱市场的正常秩序和市场配置土地资源的基础性作用。政府的宏观调控作用主要体现在通过各类型规划的规范限制,在用地规模、类型方面对集体建设用地市场加以控制。按照控制总量、合理布局、节约用地、保护耕地的原则,县(市)一级政府对辖区内的乡镇统一建立以土地利用总体规划、乡镇规划、土地利用年度计划等为内容的调控体系,将国有和集体建设用地的供应总量统一纳入土地供应计划。在符合规划的前提下,村庄、集镇、建制镇的农民集体建设用地使用权可以依法转让。通过对建设用地供给总量的控制,调节供需关系,约束投资行为,从宏观上实现政府对集体建设用地供应市场和土地利用的有效控制。

2. 完善用途管制制度

现行用途管制是通过农地转用审批和征地审批两个方面进行的。允许集体建设用地流转,现行管理制度将受到较大影响,大部分农用地转为建设用地,控制力有可能弱化,原由上级机关审批的占用耕地的建设项目变为由下级机关审批,使用途管制审批的管理层次降低,对耕地保护产生一定的不利影响,因此有必要对现行用途管制制度进行完善。《国务院关于深化改革严格土地管理的决定》要求：一要加强土地利用计划管理。农用地转用的年度计划实行指令性管理，跨年度结转使用计划指标必须严格规范。要改进计划下达和考核办法，对国家批准的能源、交通、水利、矿山、军事设施等重点建设项目用地和城、镇、村的建设用地实行分类下达，并按照定额指标、利用效益等分类考核。二要从严从紧控制农用地转为建设用地的总量和速度。加强农用地转用审批的规划和计划审查，强化土地利用总体规划和土地利用年度计划对农用地转用的控制和引导，凡不符合规划、没有农用地转用年度计划指标的，不得批准用地。

3. 入市资格审批

入市资格审批是国有和集体建设用地供应市场统一的前提，在市场利益的驱动下，将会有大量集体建设用地存在进入市场交易的动机。政府相关管理机构应当对申请进入供应市场的国有和集体建设用地建立严格的资格审批制度，以确保政府对集体建设用地的宏观调控和把握，避免随意入市、混乱供应的局面。入市资格审批的内容包括土地产权登记是否完备、土地用途是否符合规划规定、用地强度是否符合标准、建设项目是否符合环境要求等方面。

4. 市场信息发布

集体建设用地流转需要及时、公开、有效的市场信息作保障。政府相关部门有义务定期向公众发布建设用地供应数量、用途、交易价格等市场信息，以提高供应市场的透明度，防止土地交易过程中寻租现象的产生，有效地减少交易成本。

（二）市场运行层面

市场运行层面是针对公益性用地和非公益性用地的不同类型，构建包括国有用地和集体用地两种产权性质的建设用地有形市场，其中涉及市场交易主客体、交易方式、市场运行过程等多方面内容，通过市场供需平衡和竞争机制，实现集体建设用地的合理配置。

1. 公益性用地的市场配置

公益性建设用地是指产权排他性成本很高、社会效益和生态效益大的用地。对于这种类型的用地,国家可以采取征收的方式将其转为国有土地,并对其依法划拨进行建设。允许集体建设用地进入市场供应交易后,会彰显集体土地的价值,如果征地补偿标准偏低,征为国有用来进行公益性事业建设的集体土地价值将远远低于进入市场交易的价值,出于经济利益的考虑,集体土地所有者必然不愿意将土地转为国有。因此,必须提高征地补偿标准,使征地补偿价格近似于该土地公开市场的客观价值,使公益性用地的征收行为与集体建设用地流转市场接轨。同时,对于乡镇集体经济组织内部的公用设施用地,也应在保持集体土地所有权性质不变的前提下,根据乡镇规划,由乡镇政府统一保留,以保持乡镇集体经济组织内的用地平衡。

2. 非公益性用地的市场配置

除公益性用地之外,无论是国有建设用地还是集体建设用地,都要遵循有偿使用的原则,在政府的统一管理下,进入统一的市场配置渠道。在经过资格审批后,符合规划用途限制、在建设用地年度供应计划范围内的建设用地,应集中起来统一在指定的场所进行公开的市场交易,交易后的产权形式包括国有土地使用权和集体土地使用权,交易后的建设用地要进行产权登记。非公益性用地交易方式可采取多种形式,包括协议、招标、拍卖、挂牌、租赁、作价入股等方式,具体采取哪一种方式,应当根据建设用地的用途、区位、面积等具体因素而决定。协议出让是土地资源配置市场化程度最低的一种形式,通常缺乏市场竞争的公开性和透明度,但对一些缺乏竞争性的行业用地进入供应市场,如某些竞争性较低的工业性用地、大型市政设施用地等,在我国市场经济发展的现实条件下,仍可采取协议的方式。而对于竞争性很强的经营性用地,要采取招标、拍卖、挂牌等市场化程度较高的交易方式,充分引入市场竞争机制,客观反映建设用地市场的供求关系,能够体现市场竞争公开、公平、公正的原则。同时,还可以引入其他有偿使用方式,如租赁、作价入股等,避免需一次性支付大额出让金带来的阻碍限制作用,可以减轻土地使用者的土地投资成本,有利于乡镇建设的招商引资,维护国有土地和集体土地的所有权者权益,定期获得土地收益。

（三）土地执法监督层面

集体建设用地流转制度的正常运行,需要全面有效的监督机制予以保障。因为集体建设用地进入市场过程中,始终存在着不同利益集团的寻租行为,这种寻租行为扰乱了土地市场的正常秩序,隐化了土地资产的正常价值,侵害了国家和集体利益,使土地资源得不到有效配置。解决这一问题的重要途径,就是建立一套强有力的监督机制,规范市场行为,确保土地流转市场的正常秩序。

1. 全面提高国民保护耕地、节约用地意识

要按照实践科学发展观的要求,加强土地基本国情的宣传,加强保护耕地和合理利用土地资源的基本国情教育,把保护耕地、节约集约用地从部门管理行为转变为各级政府的共同责任和全体国民的自觉行动,从思想认识上、发展理念上、组织行动上和具体工作上齐抓共管,共同履行坚守18亿亩耕地红线的责任和义务。

2. 构建农村土地管理的共同责任机制

要进一步落实耕地保护责任目标考核制度,将耕地保护目标落实到基层;要建立节约集约用地考核制度,建立分工负责、齐抓共管的多部门联动机制,将保护耕地目标与合理利用土地资源纳入地方政府和政府职能、行业部门的责任范围,形成管理合力,发挥统筹协调管理的效能。

3. 健全监督监管机制

监督监管层面包括建立垂直的执法监察体系和公众听证举报机制,对建设用地供应过程中土地用途规范、产权登记、价格管理、交易行为等方面进行监督约束。执法监察体系由上级政府垂直管理,在监察过程中加大执法力度,增加处罚力度,特别是要建立对监督失职者的处罚规定,以提高政府执法监察的效果,约束建设用

地供应过程中的不规范行为。建立和完善土地督察制度、城乡建设用地遥感动态监测体系、城乡土地市场价格监管体系,综合运用各种技术手段,对土地利用状况实行全方位的监管。公众听证举报机制主要是通过社会公众的参与和监督,建立听证、举报制度来反馈公众对集体建设用地流转的意见,使政府管理决策与社会公众意见相同,提高政府决策的合理性。这就要求逐步建立土地管理信息采集和公开查询系统,包括网络、电话、短信平台等,方便公众对土地违法行为进行举报并对查处情况进行监督,建立和完善土地管理的社会监督网络系统,健全举报奖励制度,依靠社会监督来规范建设用地供应行为,实现建设用地供应的公开、公平、公正。

第四章

农村宅基地使用权流转

第一节 宅基地使用权与宅基地使用权流转的含义分析

一、宅基地使用权的概念和特点

（一）宅基地使用权的概念

宅基地使用权是一项独立的用益物权，与土地承包经营权、建设用地使用权、地役权等处于并列地位，是我国特有的一种用益物权，对我国法律体系的完善起着重要的作用。《物权法》第152条规定："宅基地使用权人依法对集体所有的土地享有占有和使用的权利，有权依法利用该土地建造住宅及其附属设施。"这一规定并没有直接对农村宅基地使用权进行界定，只是通过对宅基地使用权所有人权利的规定影射出农村宅基地使用权的概念。依据法律解释学，从体系上、文义上对这一条文进行分析可以看出：

（1）农村宅基地使用权的主体仅为农村居民，城镇居民是作为建设用地使用权的主体而规定的。

（2）农村宅基地使用权的客体仅指集体所有的土地，国有土地是建设用地使用权的客体。虽然在城镇规划过程中，存在农村居民转变为城镇居民的现象，但这并不意味着转变后的城镇居民仍然享有宅基地使用权，因为此时的土地已从集体所有转为国家所有，国有土地不设立宅基地使用权。

（3）农村宅基地使用权的内容有：依法取得、占有、使用土地，在宅基地上建造房屋和附属设施受法律保护，在行使权利时不得妨碍公共利益和他人的合法权益等。但是，农村宅基地使用权的内容还应当包括权利人可以有限制地处分农村宅基地使用权，因为农村宅基地使用权是一种民事权利，权利人可以对它进行处分，考虑到农村宅基地使用权的特殊性，权利人的处分应当是有限制的。

综上所述，宅基地使用权是指农村居民在依法取得的集体经济组织所有的宅基地上建造房屋及其附属设施，并对宅基地进行占有、使用和有限制处分的权利。

（二）宅基地使用权的特点

1. 严格的身份性。农村宅基地使用权是基于使用权人的特殊身份而取得的。只有集体经济组织内的成员或者由其他法规规定的身份的人才有资格向其所在的集体经济组织申请农村宅基地的使用权。非本集体内的成员除法律特别规定外，不得在本集体内申请宅基地。一旦失去了集体经济组织的成员身份，基于成员身份取得的宅基地使用权就失去了基础，集体经济组织就有权收回。土地的有限性决定了集体经济组织以外的人员一般不能申请宅基地，宅基地通常是与成员权联系在一起的。宅基地通常是以户为单位申请的，单个的家庭成员不能以个人名义申请宅基地。

2. 取得和使用的无偿性。农村宅基地使用权的取得原则上是无偿的，宅基地使用权具有社会福利的性质，具有一定的社会保障功能。只要符合法定的申请条件，就可以取得宅基地使用权，而且使用权人不需要支付使用费。当然，农村村民一户只能拥有一处宅基地，其宅基地的面积不得超过省、自治区、直辖市规定的标准。

3. 永久使用性。宅基地使用权事关农民的基本生活保障，农村居民在取得宅基地使用权后可以世代享有，没有时间限制，并且这种使用受法律保护，任何单位和个人不得随意侵犯。宅基地上的房屋消灭后，使用权人对宅基地的使用权仍然存在，可以重新建造房屋。当然，宅基地使用权人必须服从集体和国家的统一规划，当自己的宅基地被征收后，有权要求集体再批给其相应的宅基地。

4. 流转的严格限制性。宅基地使用权尽管是一种财产权利，但是具有一定的身份性质。因此，现行立法规定，宅基地本身不能转让，宅基地之上房屋的转让也只能在一定范围内进行。宅基地使用权依附于房屋所有权，不可单独流转，但房屋所有权转移时，农村宅基地使用权也随之转移。法律禁止单独对农村宅基地使用权进行出卖、出租、抵押、赠与等流转行为。

5. 内容的特殊性。宅基地使用权具有特定的用途，即原则上只能用于建造住宅及其附属设施，且必须用于自用。宅基地使用权虽然是一种用益物权，但其主要用途仅限于个人和家庭的居住。由于房屋可以继承，所以宅基地使用权实质上也可以继承。

二、宅基地使用权流转的含义分析

（一）宅基地使用权流转的含义

宅基地使用权流转，是指宅基地使用权从产生、主体变更到消灭的过程所引起的宅基地使用权人及其宅基地性质的变化。具体而言，符合条件的村民向农村集体经济组织申请宅基地建造住宅，经有关机关批准，从而获得宅基地使用权，这实际上是农村集体经济组织作为宅基地的所有权人将自己拥有的使用权按照法律规定流转给村民。村民原始取得宅基地使用权后将建造的住宅流转给其他人，就会引起宅基地的实际使用人发生变动。当宅基地因为被国家征收而变为国有土地时，实际上也是一种流转，只是这种流转不仅涉及土地使用权人的变化，还涉及土地性质和土地用途的变化。

（二）宅基地使用权流转的特点

1. 宅基地使用权的流转形式具有多样性。宅基地使用权的流转形式不仅包括宅基地使用权主体变动的形式，还包括宅基地使用权的划拨和宅基地的征收等形式。

2. 宅基地使用权流转关系具有复杂性。宅基地使用权流转关系的参加人不仅包括村民、市民等民事主体,还包括农村集体经济组织和国家等。

3. 宅基地使用权与农民住宅附带流转。由于农民原始取得宅基地使用权时,一般是无偿的,因此,为避免部分农民倒卖宅基地、利用无偿获得的福利进行牟利,禁止宅基地使用权的单独流转是合理的。在土地公有制的条件下,宅基地使用权不能单独成为交易的对象,但不能因此否认宅基地使用权可随房屋所有权的转移而转移,更不能为了禁止宅基地使用权的转移而限制或禁止房屋所有权的转移。①

第二节　宅基地使用制度的历史沿革

新中国成立以来,我国农村土地经历了农民私人所有和农村集体经济组织集体所有两个阶段,农村的宅基地也经历了从农民私人所有到集体所有的历史性变化。

一、宅基地私人所有阶段

新中国成立后,经过土地改革运动,废除封建土地制度,没收大地主的地产分给无地的农民,实行耕者有其田,建立了农民私人所有的土地制度,农民成了小块土地的所有者和经营者。尽管法律没有对农村住房所使用的土地另行规定,但当时的宅基地一般被认为属于房屋所有人所有,即农民对分得的土地和土地上的住宅拥有完整的所有权。因此,在这个阶段,农民对宅基地享有的是所有权,允许宅基地及房屋自由流转,规定宅基地及房屋有居住、

---

① 郭明瑞:《关于宅基地使用权的立法建议》,《法学论坛》,2007 年第 1 期。

买卖、出租、典当、赠与等完全自由，任何人不得侵占。

二、宅基地农民集体所有阶段

1962 年《农村人民公社工作条例修正草案》规定，宅基地"归生产队所有"，一律"不准出租和买卖"，宅基地流转被禁止。但同时规定，房屋归农民私有，可自由买卖和出租。1963 年《中共中央关于各地对社员宅基地问题作一些补充规定的通知》规定，社员房屋归社员所有，社员宅基地，包括有建筑物和没有建筑物的，归集体所有，一律不准买卖和出租。农民宅基地由房、地的所有者主体合一变为所有者主体分离，形成现今的"一宅两制"。这一制度先后得到 1982 年《宪法》和 1986 年《土地管理法》的确认。

1991 年《土地管理法实施条例》对宅基地适用主体作了最为广泛的规定，除农村村民之外，城镇非农业户口居民，回原籍乡村落户的职工、退伍军人和离、退休干部，以及回家乡的华侨、港澳台同胞，符合一定的条件，也可以申请宅基地使用权。为了进一步严格土地管理，1998 年修改《土地管理法》时取消了《土地管理法实施条例》中对城镇居民允许申请使用农村宅基地的规定，并增加了一户一宅的规定。2004 年 10 月《国务院关于深化改革严格土地管理的规定》则规定"禁止城镇居民在农村购买宅基地"。

三、宅基地有偿使用时期

在城镇土地有偿使用的启发下，1989 年 12 月 15 日，原国家土地管理局向国务院提交了《关于加强农村宅基地管理工作的请示》。请示报告除继续贯彻加强农村宅基地的审批管理制度外，要求进行农村宅基地有偿使用试点，强化自我约束机制，同时对收费标准、使用费的管理等提出具体办法。国务院批准后，除少数边远、贫困地区外，各地普遍开展了宅基地有偿使用的试点。在1990 年—1992 年的两年中，试点扩大到全国 28 个省、自治区和直辖市，1 200 个县（市）、6 600 个乡镇，约 13 万个行政村实行了宅基地的有偿使用。收费标准大致在每年每平方米0.05~0.30元之间,超过用地标准而多占土地的部分实行累进加收。收取的费用除乡留5%~10%用于服务保障工作外,其余均用于村镇建设和村民集体福利、公益事业等。①

后来,国家为了减轻农民负担,禁止向农民乱收费的现象出现,充分调动了农民的生产积极性,保证了农村乃至全国的政治稳定。中共中央办公厅和国务院办公厅于1993年7月22日发出了《关于涉及农民负担项目审核处理意见的通知》,把农村宅基地有偿使用收费、农村宅基地超占费、土地登记费这3项,作为不合理收费的项目而取消。自此,全国土地管理系统执行中央的规定停止收取宅基地有偿使用费。

四、城镇宅基地使用权向国有土地使用权的转移

新中国成立初期,人民政府对城市公有房屋即由国民党政府所有的房屋采取接管的方式,将其改造为国有房产,而对于城市私有房屋则是采取保护的政策,城市私有房屋所有人对于其房屋占用的土地享有的是所有权。在对城市土地进行国有化过程中,所有土地均被宣布为国有,直到1982年《宪法》正式规定城市土地国有,这期间城市土地实际上是禁止转让的,公民对土地只有使用权,并无处分权。至此,城镇私人住宅的土地也经历了从宅基地所有权到宅基地使用权的转变。改革开放前,除了历史遗留下来的私房外,个人取得国有土地使用权建造私房基本上处于停滞或禁止状态,国家采用的是直接或通过单位向城市居民提供居住用房的政策,这些国家或单位的房屋构成另一类公房。改革开放后,我国城镇居民根据1983年5月25日颁布的《城镇个人建造住宅管理办法》,申请国有土地建造城镇个人住宅,房主对国有土地享有的使用权,应该属于我国宅基地使用权的一种。尽管1988年《土

---

① 黄小虎:《新时期中国土地管理研究》,当代中国出版社,2006年,第24页。

地管理法》分别对农村居民住宅用地和城镇非农业人口使用集体土地建设住宅作了规定,但现行《土地管理法》中只有关于农村村民建设住宅可以申请集体土地宅基地使用权的规定,取消了城镇非农业人口申请宅基地使用权的规定,从此宅基地使用权一词单纯指代农村宅基地使用权。

虽然城镇非农业人口自 1998 年起就不能从国家直接取得宅基地使用权,但目前城镇居民原有的宅基地使用权依然是存在的。一是历史形成的城镇私房对国有土地享有宅基地使用权;二是改革开放后申请建造的城镇私人住房。通过上述两种方式取得城镇私人住房所有权的,仍享有宅基地使用权。随着时间的推移,这两类城镇私房,或因房屋的不存在而消灭,或因公共利益等原因由国家收回。对于城镇居民私人房屋来说,国有土地使用权将逐渐取代城镇宅基地使用权,即城镇宅基地使用权终究将成为历史,农村宅基地使用权将成为我国宅基地使用权的唯一形式。

第三节　我国关于农村宅基地使用权流转的现行法律规定及评价

一、现行法律规定的内容

我国关于农村宅基地使用权流转的法律规定体现在《物权法》和《土地管理法》。《物权法》第二编第 12 章用第 152 至 155 条共 4 个法律条文对宅基地使用权专门作了规定,其中第 152 条是关于宅基地使用权的定义,第 152 条的规定将宅基地取得和流转的法律适用付诸《土地管理法》等法律和有关规定。《土地管理法》第 62 条对农民的宅基地使用权坚持"一户一宅"的原则,虽然允许农村村民出卖、出租房屋,但是在出卖、出租之后不允许再另行申请宅基地。《物权法》第 154 条则表明宅基地因自然灾害等原因灭失后村民可以重新分得宅基地,这在《土地管理法》"一户一宅"原则的基础上体现出一定的社会保障性。

实际上,我国法律对农村宅基地使用权从取得、行使再到流转形成了一套非常严格而又带有身份性质的法律制度。为了确保农民享受政府通过宅基地给予的福利和保障,法律尤其不允许宅基地使用权人将宅基地使用权转让给城镇居民。究其原因在于宅基地使用权取得的主体身份的特定性,宅基地使用权的取得是以农民集体成员的身份与资格为前提的,而且其取得是无偿的,享有是无期限的,城镇居民不具有这样的资格,因此他们无权取得宅基地使用权,如果允许农民将宅基地使用权转让给城镇居民,会导致集体土地资源的流失,从长远来看,不利于农民集体利益与长远利益。

二、现行法律规定的评价

依据《土地管理法》的规定,农村村民一户只能拥有一处宅基地,而且宅基地买卖后不准另行申请宅基地。所以对于宅基地使用权的流转,现行立法基本上持回避乃至否定的态度,总体而言是不支持流转的。这种对宅基地买卖的限制性规定与现实中存在的大量的私房买卖现象发生了冲突,导致该局面出现的原因在于:第一,法律传统对宅基地使用权社会福利权利属性的定位,使得国家对宅基地买卖予以限制。"宅基地与其他集体建设用地最重要的区别在于其无偿分配性和福利性,这也决定了宅基地使用权的设立和流转规则不同于其他的集体建设用地使用权。"[1]正由于宅基地使用权的特殊性,决定了宅基地使用权的流转受到法律更为严格的限制。第二,宅基地使用权分配制度的不明确,使得私房买卖现象大量存在。各省宅基地使用权分配标准的不同、省内不同地

---

[1] 宋志红:《集体建设用地使用权流转法律制度研究》,中国人民大学出版社,2009年,第4页。

区分配方法上的巨大差异，再加上分配过程中存在过多的行政干预，造成了我国宅基地使用权分配制度的不合理。一些在农村权力大、地位高的人可以获得更多的宅基地使用权，而其他人即使家庭人员多也不能获得宅基地，这些人为了保障自身的居住条件，不得不进行房屋的买卖。

可见，由于客观上宅基地使用权供给与需求的存在，现实中宅基地使用权流转的市场大量存在。法律对于宅基地使用权流转的限制或者禁止的规定，不但会造成土地资源的浪费，而且会损害农民的利益，阻碍农村经济的发展。

第四节　我国农村宅基地使用权流转的现状及其问题

宅基地使用权制度是在我国土地公有制的特殊环境下产生的，是我国特有的制度，没有其他国家的模式可以借鉴。现行法律虽然规定了与宅基地使用权相关的一些内容，但是没有形成完整的农村宅基地使用权制度，农村宅基地管理还存在一些问题。

一、我国宅基地管理现状

（一）村庄建设用地规模总量大、扩张快，集约节约用地潜力大

《2004年全国土地利用变更调查报告》显示，截至2004年10月31日，村庄用地2.48亿亩，新增村庄建设用地38.2万亩，村庄建设用地总量呈不断增长之势。《中国统计年鉴（2005）》显示，农村人均住房面积呈逐年递增趋势。与1990年相比，人均住房面积由17.83平方米上升到27.90平方米，增加了56.5%。与2000年相比，人均住房面积增加12.4%。我国农村人口在不断减少，农村建设用地规模不降反增，农村居民点用地高达16.4万平方公里，人均居民点用地185平方米，远远超过国家标准。农村宅基地

利用粗放,农村居民点分布零散,居民点规模差异明显,集约节约用地潜力大。①

（二）新增宅基地呈逐年递减趋势,宅基地需求总量下降

随着土地用途管制制度及农用地转用制度的严格执行,各地宅基地管理法规制度的不断建立和完善,节约用地意识和耕地保护意识的不断提高,各地严格宅基地审批管理,积极探索、充分挖掘现有村庄用地潜力,充分利用闲置宅基地和空闲地进行旧村改造;积极推行"空心村"整理和"城中村"改造,宅基地的用地需求大大减少,新增宅基地比例下降。自1999年《土地管理法》实施以来,宅基地需求总量下降,新增宅基地呈逐年递减趋势。据《中国统计年鉴(2005)》显示,2000年至2004年,农民新建房屋面积呈逐年递减趋势,新建住房面积2004年比2000年减少31.03%,比2003年减少24.05%。

（三）宅基地流转日益活跃,区域差异明显

宅基地流转活跃程度的区域差异表现为:区位因素是宅基地流转的主要动力之一,近郊较远郊更为活跃,离城市中心距离越近流转活动越活跃。从区域环境和周边经济发展水平看,工业区、农场周边的宅基地流转最为活跃;其次为旅游资源和自然景观丰富地带。流转方式差异的区域特征表现为:近郊主要是以宅基地和农宅的短期租赁形式进行流转,远郊且风光秀丽区域主要是以长期租赁及宅基地和农宅买卖形式进行流转。

（四）宅基地登记发证取得一定进展,各地发展不平衡

1986年3月,《中共中央国务院关于加强土地管理制止乱占耕地的通知》中,首次提出了"在全面清查非法占地的基础上,各地要对所有非农业用地进行登记和发证,建立健全地籍管理制度"。由此拉开了全国农村宅基地登记发证工作的序幕。1989年

---

① 中国土地勘测规划院地政研究中心:《我国城市郊区宅基地问题研究》,《中国土地》,2007年第1期。

12月,原国家土地管理局制定并公布了《土地登记规则》,明确了集体土地建设用地使用权登记发证的具体要求,各地农村宅基地初始登记工作相继开展。截至2004年10月31日,大部分地区宅基地初始登记工作已基本完成,发证覆盖率平均达到71%,但各省进展情况很不平衡,部分省份登记发证覆盖率超过90%,部分省份尚未达到40%。

二、宅基地管理中存在的主要问题
(一) 法律法规不完善,效力层次低

关于农民宅基地管理的法律法规数量少,且效力层次低,宅基地的分配、使用在很大程度上依靠规范性文件和地方政策调整,其中关于宅基地使用权流转方面的规范性文件数量就更少。目前我国还没有一部调整农村房屋和土地方面的民事法律,而仅靠《民法通则》《土地管理法》中涉及的极为有限的规范性规定进行调整。① 1993年国务院颁布的《村庄和集镇规划建设管理条例》,规定了申请宅基地的程序及审批条件,但没有对农村宅基地使用权的流转及纠纷的解决作出规定。为加强对农村宅基地的管理,国务院于1990年1月批转原国家土地管理局《关于加强农村宅基地管理工作的请示》,对宅基地审批管理、规划管理、用地标准管理及开展宅基地有偿使用试点等作出了明确规定,但对于宅基地的流转和登记发证也未作出规定。2004年11月国土资源部出台了《关于加强农村宅基地管理的意见》,该文件从土地规划、宅基地计划管理、申请报批程序、审批管理办法及农村土地集约利用等方面对全国宅基地管理提出了指导性意见,但对宅基地使用权流转

---

① 《物权法》制定过程中,曾试图对宅基地使用权作出较为详尽的规定,后由于争议很大,仅设置4条规定,且对其中的关键问题——宅基地使用权的取得、行使和转让,采取了回避方法,作了一个衔接性规定,留待土地管理法等法律和国家有关规定进行调整。

作了限制性规定,并严禁为城镇居民在农村购买和违法建造的住宅发放土地使用证。这种禁止性规定是否符合我国城市化和经济发展的要求,是否符合城乡一体化的社会发展规律,本身就值得探讨。且这种规定以部门意见的形式出台,法律效力低,与立法较为完备的城市房地产管理相比,农村宅基地方面的立法滞后,不仅存在大量的法律真空,而且法律法规规定的内容也比较粗浅。

(二)宅基地规划滞后,在一定程度上导致农村住宅建设用地规模失控

乡镇土地利用总体规划和村镇规划是严格控制宅基地标准、合理划定功能区的前提,是管理农村宅基地的基础。但部分省区市宅基地只有1:10 000的数字规划,没有落实到具体的点和面上,缺乏村镇建设规划、村庄布局规划和控制性详细规划。规划滞后,规划的引导作用与控制力度不够,未能合理确定小城镇和农村居民点的数量、布局范围和用地规模,从而在一定程度上阻碍了城镇化及居民小区、中心村的建设,导致农村住宅建设用地规模在一定程度的失控。

(三)"空心村"、空置住宅依然存在,超标准占地现象较为普遍

由于农村宅基地使用权实行的是无偿、永久使用的制度,因而诱使一部分经济条件好的人通过各种手段获取宅基地使用权。再加上农村宅基地使用权管理的混乱,出现了农民超标准建房,建了新房也拒不交出闲置下来的旧宅基地情况,同时村镇干部中也存在利用权力、关系多占宅基地的问题,从而致使有些农村变成了"空心村",造成了土地资源的严重浪费,给本来就很紧张的集体土地资源又增加了压力。从部分省区市的调研情况看,总体而言,农村闲置宅基地、村内空闲地依然存在,"一户多宅"的情况占相当比例,空置面积不断增加。随着城市化进程加快,在目前相关配套改革滞后的情况下,农村住宅空置现象将较为普遍,其主要原因在于村庄规划不合理、城镇化进程加快、人口老龄化及宅基地流转

政策障碍等。

（四）宅基地的市场流转面临体制性障碍，隐形交易产权
纠纷多

发达地区的农民宅基地和房屋流转已经十分活跃，但由于我
国实行国家所有和集体所有的城乡二元土地所有制，在现行城乡
分割的二元体制下，农村集体建设用地包括农民宅基地的市场流
转面临体制性制约。《土地管理法》对农民宅基地的流转作了限
制性规定，但因经济利益驱动、农民与市民需求互补、农村景观和
生态吸引力等原因，宅基地买卖、出租、抵押等形式的流转已大量
存在，形成了以自发流转为特征的农民宅基地隐性市场。宅基地
隐形交易加剧了土地权属混乱和产权纠纷，给土地权属管理造成
了很大的障碍，增加了土地管理的难度，增加了法院的工作压力，
继而影响着农村的安定。

（五）农村宅基地初始登记发证工作动力不足，一些政策性
问题突出

从宅基地登记发证调研情况看，绝大部分地方从国土管理部
门成立至今，地方财政从未设立专项经费用于农村宅基地登记发
证工作，而宅基地登记收费又是乡镇土管所主要的工作经费来源。
土地登记费的取消，使宅基地登记发证工作失去了经费支持，影响
了基层土地管理部门工作的积极性，登记发证工作几乎处于停滞
状态。当前农村宅基地登记发证过程中，对于"超过标准面积"、
"一户多宅"等土地如何登记尚无明确的政策规定。对于超占部
分的登记方法，因缺乏统一规定，各地的做法也不相同，归结起来
大致有以下3种：一是按原批准面积予以登记，但在土地证的宗地
草图上用红线圈定使用权范围；二是在土地证上不反映超占面积，
但在土地登记卡上注明；三是对超占部分的宅基地不予确定使用
权，只作为临时用地。以上做法尚缺乏足够的法律依据，在实践中
也无统一、规范的操作程序。

第五节 宅基地使用权流转管理的政策建议与改革趋势

就目前不规范的宅基地使用权流转现状来看,为了保障我国土地资源的可持续发展,切实保障农民的合法权益,提高宅基地的配置效率和集约利用程度,必须探索与市场经济相适应的农村宅基地管理和流转的相关对策。

一、加大立法力度,强化宅基地使用权的物权性质

(一)加强宅基地管理立法体系建设

针对目前宅基地管理方面立法滞后且法律效力低的问题,应加强宅基地管理立法力度,完善农村宅基地使用权的立法体系,全方位、多角度地规定宅基地使用权,使农村宅基地使用权有法可依。目前我国农村宅基地使用权的健全缺乏法律依据,如果没有一套完整的法律规定加以保障,农村宅基地使用权制度的健全就难以实现。就立法来说,应当制定一部完整的《农村宅基地使用权法》,详细规定农村宅基地使用权的概念、取得方式、内容、行使、消灭、流转、法律责任及其他法律应当规定的条款。也可以在总结宅基地地方立法经验的基础上,由国务院先行制定并出台《农村宅基地管理条例》,明晰宅基地产权,明确宅基地流转、收益分配及宅基地登记发证等问题。构建一个完整的农村宅基地使用权的法律体系是完善农村宅基地使用权制度的前提。

(二)明确界定宅基地使用权的法律性质

一是生存保障性。农村的宅基地使用权与集体经济组织成员权的权利和利益是联系在一起的。生存权是最基本的人权,任何一个国家都有责任为其国民提供基本生存保障。由于经济发展水平不高和长期以来形成的城乡二元经济结构,短期内建立城乡一体化的社会保障体系还有很大的难度。因此,国家将农村宅基地

使用权无偿提供给农民使用,是农村村民享有的最低限度的实物生存保障。在城乡一体化的社会保障体系建立之前,宅基地使用权仍然应当具有生存保障性。

二是物权性。以市场经济为背景构建的农村宅基地使用权制度,应以宅基地最大效益的实现为宗旨,但要实现宅基地的最大效益,首先,要为使用权人提供多种可供选择的权利实现方式,例如自己使用、出租、转让等;其次,使用权人对每种权利实现方式都应有充分的意思自治。这就要求应极力扩展现有农村宅基地使用权的内容,使之与城市土地使用权一样成为现代意义上的用益物权,让宅基地使用权在属性上由法定权益变为法定权利,使农村宅基地上的使用利益物权化。这种属性在宅基地使用权制度改革中尤其需要强化。

三是可转让性。效率是在动态中实现的,因而农村宅基地使用权应当具有可转让性。效率是相比较而言的,这需要其成本—收益方案具有多样性,并且当事人对于诸种方案可以自由选择。唯有如此,高效才能在相互比较中得以实现。农村宅基地使用权的可转让性,让使用权人的权力实现方式除了自己居住使用外,还增加了权利的转让,宅基地使用权人可以在对两种方式的比较中高效地实现权利。

二、规范宅基地规划管理

(一)加强宅基地规划管理,逐步推进农宅集聚化建设

根据经济发展和工业化、城镇化进程的客观需要,科学预测农村居民点的数量和用地规模。结合新一轮土地利用总体规划修编工作和社会主义新农村建设,完善乡镇土地利用总体规划,安排专项资金编制村庄土地利用规划和村庄建设规划及开展村庄治理试点,从严控制村庄建设用地及宅基地用地规模和布局。通过充分发挥村庄规划的控制和引导作用,因地制宜,分类指导,统筹安排城乡存量建设用地,从而有计划、有步骤、有特色地改善农村生活

和村容村貌。

对于二、三产业发达的县城控制区、乡镇规划区和控制区范围内的村庄和城中村,宜推行农宅公寓化,开发农民住宅小区。对于经济比较发达的城镇周边的自然村或零星村民住宅,应纳入城镇规划,有步骤地整体搬迁,向城镇集中。对于零星的、未能成片的住宅区及选址不在中心区的和城镇近期开发建设的重点区域,均不宜推行农宅公寓化。对于离城镇较远、经济基础一般的村庄及以农业为主的村庄,也不宜推行农宅公寓化,应按照有利生产、方便生活的原则,建设中心村。引导农民集中居住,要坚持从实际出发和节约用地的原则,尊重农民意愿,保障农民权益,防止大拆大建,扎实、稳步地推进村庄治理。

（二）改革宅基地审批制度

加强农村宅基地用地计划管理。省区市对县农村宅基地占用农用地年度计划指标实行单独核定、单独下达,避免城镇建设挤占农村宅基地用地指标。改革和完善宅基地审批制度,严格执行农村"一户一宅"政策,重点加强对新增宅基地的行政审批,各县根据农村宅基地占用农用地的计划指标一次性申请办理农用地转用。对存量宅基地的原址翻建改建,凡符合土地利用总体规划和村庄建设规划的,应取消审批。

（三）建立统一的农民不动产登记制度

产权明晰是流转的前提。由于《物权法》规定宅基地使用权的取得适用土地管理法和国家的有关规定,而 2004 年《土地管理法》对宅基地使用权的取得是否需要设定登记并不明确,因此应明确登记是宅基地使用权的成立要件,也就是物权变动的要件。应加强宅基地的登记工作,依法确定宅基地的权属范围,明晰宅基地使用权的产权主体,保障交易的安全性,做好流转的管理。为改变目前房地多头登记、管理混乱的局面,应建立统一的农民不动产登记制度,流转中要加强农村宅基地的变更登记工作。

要明确登记发证中的相关政策界限,解决农村宅基地登记发证中的政策性问题，明确宅基地登记发证过程中一些如"超占面积宅基地"登记、"一户多宅"登记等问题如何解决，加快农民集体土地确权和宅基地登记发证工作步伐。有条件的市、县，应对农村宅基地进行一次普查，健全宅基地地籍档案。

三、建立规范、有序的宅基地流转制度

（一）建立宅基地使用权流转制度

建立宅基地使用权流转制度，参照土地承包经营权的改革方向，调整农村宅基地的产权设置。确定每一块现状宅基地的长期使用者并依据规划新增或者缩并宅基地面积。建立规范有序的农民宅基地流转市场，允许农村宅基地在城乡居民之间自由流转，彻底打破城乡二元分割的土地利用机制。

明确农村宅基地流转的形式包括买卖、租赁、抵押等。鉴于宅基地承载的社会功能和土地资源的稀缺性，为防止滥用宅基地使用权的流转牟取不法利益，对其进行适当的限制是必要的。这种限制应主要体现为：坚持"一户一宅"原则，农民转让了宅基地使用权的，不得再申请新的宅基地；坚持用途管制原则，明确禁止买受人擅自将宅基地改变为商业用地，谨防利用宅基地进行房地产开发等商业投机活动；允许城镇居民在农村购买住宅，但应规定城镇居民在农村购买住宅面积的最高限额，并开征房产税（或物业税）、土地保有税等，以防止农村土地资源的分配不公，减少土地资源的浪费，提高土地资源的利用效率。

在流转利益驱动下，宅基地流转势必加大对耕地保护的压力，为切实保护耕地，农村宅基地流转必须在土地利用总体规划和村镇建设规划的约束下，强调并依法严格控制农用地转为建设用地；规范并开征不动产流转税，加大对流转环节的税收监管，促进宅基地在保护耕地的前提下，按规划、有计划地合理流转。农村集体集体经济组织可以采用"法定面积，集中建设，结余流转，收益归己"的方式推进集约化用地和土地流转，村集体可以对节约使用宅基

地后结余的土地进行工业投资、商业经营或农民公寓建设开发等。

（二）建立规范、有序的农村宅基地市场体系

农村宅基地流转是微观经济行为，应主要靠市场调节实现土地资源优化配置。随着社会主义市场经济体制的建立，土地要素市场从无到有逐步建立起来，初步形成了土地市场体系的框架，但农村宅基地市场依旧是一片空白。为完善社会主义市场体系，协调大量潜在宅基地供需，必须建立农村宅基地市场。建立规范有序的农村宅基地市场，其关键是形成合理的价格体系，从而使价格在农村宅基地的有效配置中发挥基础性作用。合理的价格体系必须充分体现宅基地区位及环境质量的差异性。

（三）积极开展农村宅基地整理以推进宅基地流转

积极开展农村宅基地整理，推进城镇建设用地增加与农村建设用地减少相挂钩试点工作。耕地后备资源匮乏的地区，城镇新增建设用地收益可挂钩支付用于农村土地综合整治与新农村建设，以有效解决新农村建设和农村建设用地整理的资金渠道，缓解土地整理工作的投入瓶颈。通过土地整理，提高农业生产能力，改善旧村庄，归并农村居民点，改善农民居住水平和生活质量，加快新农村建设。

加强宅基地整理后的指标折抵及指标空间置换等问题的研究，并允许宅基地整理折抵指标及置换指标的有偿流动，充分考虑土地利益均衡原则，建立宅基地整理激励机制。在规划控制指导下，原有宅基地复垦后指标归个人，可以流转，农民到小城镇或城市购买住宅的，原有宅基地可以折算为建设用地指标或货币给个人。城市郊区农民集中建设住宅小区并将原有宅基地复垦的，可以给房屋并可以流转。村集体经济组织结余的宅基地指标可用于小城镇建设，使有关集体和农民个人从土地流转中获得收益，加快小城镇建设步伐，节约出的土地可出让、出租，实现"内涵挖潜出效益"。

四、探索宅基地有偿使用制度，合理分配宅基地流转收益
（一）建立农村宅基地有偿使用制度

宅基地有偿使用制度有利于农村土地产权制度的确立，使集体所有权在经济上得到实现，促进农村土地资源的市场化配置，推进农村隐性市场导向公开化和规范化，加快农村土地使用制度改革。宅基地有偿使用制度可以打破传统的宅基地使用的行政区域界限，推动农村村民住宅建设逐步向小城镇和中心村集中。

现行宅基地使用权制度实行的是无偿使用制度。我国曾经在1990年试行过农村宅基地的有偿使用制度，但是为了减轻农民的负担，在1993年取消了农村宅基地有偿使用收费和农村宅基地超占费。随着市场经济的发展和人民生活水平的提高，无偿使用的制度日益暴露出弊端。无偿使用宅基地是基于"一户一宅"的规定，由于现阶段"一户多宅"现象的普遍存在，继续贯彻无偿使用的原则势必会鼓励农村居民多占、超占宅基地，影响农村宅基地资源的合理分配，造成宅基地资源的紧张，进而占用耕地，因此有必要建立农村宅基地有偿使用的制度。

考虑到全国农村经济发展和农民承受能力的差异性，农村宅基地有偿使用制度宜循序渐进地推进，可先在直辖市及沿海城市等发达地区推行，待条件成熟时，再在全国实行。同时，有偿使用专指对"一户一宅"以外的宅基地的使用进行收费，标准面积内宅基地的使用是无偿的。换句话说就是只对多占、超占的宅基地的使用进行收费。这样，既考虑了国家减轻农村居民负担的政策，又能够约束居民多占、超占宅基地行为，进而能够节约土地资源，促进宅基地的有效利用，避免占用耕地。

有偿使用的具体措施可以按照如下标设置：对在标准面积范围内的宅基地不收取任何费用；对超过标准面积的宅基地收取超占宅基地使用费；不交超占宅基地使用费的，集体经济组织可以给予合理的宽限期，在宽限期内仍没有正当理由拒不交付的，集体经济组织有权收回其超占的宅基地；集体经济组织收取的超占宅基

地使用费应用于集体公共设施建设,不得挪作他用;集体经济组织成员有权对集体经济组织的行为进行监督。

(二) 确立合理的宅基地流转收益分配机制

合理的土地流转收益分配机制是产权主体流转的内在动力,是土地流转制度建设的关键环节。农村宅基地流转收益分配涉及政府、集体土地所有者、使用者三者的利益关系,必须正确处理。要完善农村宅基地流转收益的收取、分配、管理及支出等各个环节的管理,确保其取之于地、用之于民。根据马克思的地租理论,绝对地租归所有者,级差地租 I 归政府,级差地租 II 归投入者。按照收益的初次分配基于产权的原则,宅基地流转中的流转收益即绝对地租应归集体土地所有者,这就需要建立地、房分别独立核算体系。因国家投资的各类公共设施等产生的土地增值即级差地租 I 归政府,但从鼓励农村宅基地流转的角度考虑,国家不宜直接收取,应以不动产税、土地保有税及土地流转税等税收形式分享土地级差收益。这种分配方式有利于土地收益分配额度的量化。收益再次分配即级差地租 II 应归宅基地使用权人,用于对地上房屋投资的补偿。

第五章

小产权房

第一节　"小产权房"的概念和法律特征

一、"小产权房"的界定

"小产权房"并不是法律上的概念，而是由开发商、媒体提出的，以区别于正规商品房的房屋的概念。正因如此，不同的人、在不同的场合对此概念的理解难免有偏差。故有必要对本书所讨论的"小产权房"作出界定。

对于"小产权"这个词的认识，目前主要有 3 种理解：

（1）"小产权"是指业主的建筑物区分所有权。这是针对开发商的产权而言的，相对于开发商所开发的房屋拥有的产权叫"大产权"而言，购房人拥有的区分所有权叫"小产权"。[①]

（2）"小产权"是指房屋在转让时需缴纳土地出让金的房屋产权。此种说法是按照房屋再转让时是否需要缴纳土地出让金来区分产权的大小的，购房人所购买的房屋在转让时不用再缴纳土地出让金的叫"大产权房"，而转让时要补缴土地出让金的叫"小产权房"。根据这种解释，普通的商品房就是"大产权房"，而经济

---

①　央焕乾：《小产权房的权属问题研究》，《河南大学学报》，2008 年第 6 期。

适用房就是"小产权房"。①

（3）"小产权"指的是那些在农民集体所有的土地上建造的房屋的产权,这种房屋无法从国家房产管理部门获取房屋权属证书,而仅仅取得由当地乡镇政府或者村委会盖章确认其权属的"小产权证",相对于通过正常程序办理得到的完整产权而言,这种就是"小"产权,故被称为"小产权房"。目前"小产权房"没有完整的产权。

前两种"小产权房"都有国家正式的房产证,其交易得到法律的肯定,并不属于本书所要讨论的"小产权房"。而第三种正是现今存在大量争议的"小产权房",是本书的讨论对象。因此,本书所讨论的"小产权房"是指建造在集体所有土地上的、无法取得国家房产管理部门颁发的房产证书的房屋。另外,"小产权房"所占用的集体土地分为集体建设用地、宅基地、集体农用地3种。按相关土地法规,在农用地上建造房屋、在不符合建设规划的建设用地上建造房屋都是被禁止的,因为允许在这些土地上建造房屋,将会威胁到我国的粮食生产安全、侵害农民利益以及破坏城乡总体规划。因此,能够纳入讨论范围的其实只有在住宅用地上建造的"小产权房"。

我国《土地管理法》第43条规定:"任何单位和个人进行建设,需要使用土地的,必须依法申请使用国有土地;但是,兴办乡镇企业和村民建设住宅经依法批准使用本集体经济组织农民集体所有的土地的,或者乡(镇)村公共设施和公益事业建设经依法批准使用农民集体所有的土地的除外。前款所称依法申请使用的国有土地包括国家所有的土地和国家征用的原属于农民集体所有的土地。"这就说明在我国集体土地要想进行商品房的开发一般情况下需要经过土地征收程序,使其变为国有土地。国家对国有土地上开发建设并销售的房产有明确规定,在房屋依法销售后,买受人

① 央焕乾:《小产权房的权属问题研究》,《河南大学学报》,2008年第6期。

将能够获取由国家颁发的房屋所有权证书和土地使用权证书。而在集体土地上直接建设销售的房屋则由于游离在灰色的法律地带无法取得这样的证书。尽管如此，有的开发小产权房屋的乡镇或村会颁发自制的房屋所有权证去认可购买者的相关权利，但是该证书得不到法律的肯定。这就是"小产权"之"小"的来源。

所以"小产权房"的概念可以归纳为：在农民集体土地上，由乡镇政府或村委会单独或联合开发商开发建设，并由乡镇政府或村委会制作房屋权属证书向城市居民销售的房屋。

二、"小产权房"的法律特征

（一）权属模糊性

"集体"这个概念大量存在于我国的法律法规之中，那么"集体"是何种性质的民事主体在民法学界尚存不少争议。目前所能确定的是，其不属于自然人，也不属于法人。而又有民法学者在研究中却有意无意地将"农民集体"排除在"其他组织"之外。在《宪法》和法律对"集体"并无相关解释的情况下，却对集体的土地所有权的行使又规定了一类管理者——集体经济组织。但是进一步的，集体经济组织的概念是什么，《宪法》还是没有给出解释。再通过其他法律进一步加以分析：《土地管理法》第10条规定：农民集体所有的土地依法属于村农民集体所有的，由村集体经济组织或者村民委员会经营、管理；已经分别属于村内两个以上农村集体经济组织的农民集体所有的，由村内各该农村集体经济组织或者村民小组经营、管理；已经属于乡（镇）农民集体所有的，由乡（镇）农村集体经济组织经营、管理。《物权法》第60条规定：对于集体所有的土地和森林、山岭、草原、荒地、滩涂等，依照下列规定行使所有权：（1）属于村农民集体所有的，由村集体经济组织或者村民委员会代表集体行使所有权；（2）分别属于村内两个以上农民集体所有的，由村内各该集体经济组织或者村民小组代表集体行使所有权；（3）属于乡镇农民集体所有的，由乡镇集体经济组织代表集体行使所有权。因此集体土地所有权的行使主体可分为：集体经济组织或者村民委员会；村内各该集体经济组织或者村民小组；乡镇集体经济组织。

法律术语应该是能最准确地表达法律思想的。如果没有法律术语，没有含义明确的法律词汇，就不可能准确地把法律思想表达出来。而从我国的法律来看，集体土地所有权主体制度存在着主体概念模糊、主体缺位以及所有权权属不清晰等问题，这也成为小产权房交易市场混乱的重要原因。

（二）权利的缺陷性

产权是经济所有制关系的法律表现形式，它包括财产的所有权、占有权、支配权、使用权、收益权和处置权。其客体既包括有形物，也包括知识产权等无形物。相应地，通常人们所说的"房屋产权"主要是指房产的所有者按照国家法律规定所享有的权利，也就是房屋各项权益的总和，即房屋所有者对该房屋财产的占有、使用、收益和处分的权利。

"小产权房"是建设在农村集体土地上的房屋。由于建设土地的合法性、建设房屋的合法性都没有相关法律法规予以规定，所以，与城市商品房（大产权房）的购买者不同，"小产权房"的购买者不能拥有国家颁发的国有土地使用权证和房屋所有权证，而其权属只是由村委会盖章以证明，或由乡镇政府颁发的集体土地使用权证书。因此，"小产权房"的购买者不能像城市商品房的购买者一样对房屋拥有完全的产权，即无法自由地对房屋进行占有、使用、收益、处分。即使"小产权房"的购买者行使这些权利，也会因为权利的欠缺或不完整而受到阻碍，得不到法律的保障。

三、"小产权房"的产生根源

导致"小产权房"产生的根源主要是城乡二元化结构模式，在这种模式下，"同地不同价"、"同地不同权"从根本上为"小产权房"的开发创造了利益根源。割裂的城乡二元化土地制度，把农民的经济收入牢牢地拴在了依赖于土地的农业生产上。当城市化、工业化高速发展，城镇人口迅速增加，收入迅速膨胀时，农民依赖于农业生产的收入却增长缓慢，巨大的收入差距，导致了农民不得不考虑抛弃农业生产而转向其他创收途径。而土地是农民手里唯一的资本，如何利用土地生财是农民致富的出路所在。然而，农村的土地使用制度的严重缺陷，导致了农民在土地上兴建的产物成为社会问题，伴随着城镇化的加快，"小产权房"这一问题产物也呈现出规模化的发展趋势。

其次，我国的房改制度立足于城镇，但是多年来的改革并没有实现房改的预期目标。1998年7月3日的《国务院关于进一步深化城镇住房制度改革加快住房建设的通知》，承诺落实房改的进程和提出政府担保。该项改革指南强调："深化城镇住房制度改革的目标是：停止住房实物分配，逐步实行住房分配货币化；建立和完善以经济适用住房为主的多层次城镇住房供应体系；发展住房金融，培育和规范住房交易市场。"但是长久以来，"建立和完善以经济适用住房为主的多层次城镇住房供应体系"并没有实现，相反，依赖开发商的商品化房屋的开发以解决城市住房需要，而缺乏平抑住房商品化的运转风险的相对手段，导致城市房价畸高的同时，城市住房需求却持续增长。房改制度没有把农村房屋涵盖进去，当城市住房体系自我调节能力失控时，房产市场不得不向农村土地伸出越轨的触手。已经被激活的农村土地市场和缺失的配套改革，为"小产权房"营造了尴尬的处境。

再次，土地法律体系的滞后，偏离了现实经济社会发展的需求。无论是《宪法》、《土地管理法》还是其他国家出台用以调节农村土地制度的其他规范性法律文件都对农村土地的使用权和流转的完善提出了要求。然而，我国始终没有出台任何法律细则去实现农村土地使用权和流转制度的完善，完善农村土地制度成了一句空话。另外，征地制度中农村集体土地依法转为国有的现实操作中，缺乏法律对利益分配的监督和规范。以2006年为例，各级政府通过招、拍、挂和协议转让土地的出让金收入已经达到13 168.98亿元,相当于当年国家财政收入的30%,但是关键的利润来源是对原土地权利人的利益侵占,被征收者很难从中获得合理的利益。"与其卖地给国家不如自己建了卖给城里",成为很多农村集体经济体的一种共识。滞后而又残缺的法律制度给无奈下的农村卖房者打下了"违法"的烙印,对于"小产权房"的处置也更是无从下手。

在这三方面根源的共同作用下,"小产权房"的蔓延和发展已经成为时下一项重大的社会问题。

第二节 "小产权房"的现状与法律分析

一、"小产权房"现状综述

"小产权房"从20世纪90年代开始兴建,至今已经有十几年的发展历程,目前"小产权房"已经呈现存房量大、波及面广、问题多、形式杂、争议大的局面。同时,尽管国家已经屡屡下发了禁令,但是"小产权房"的建造趋势却方兴未艾。

"小产权房"主要分布在城市周边地区,城乡结合部较为集中,大部分"小产权房"区域的建设都有悖于城市布局规划,严重阻碍城市发展。起初,"小产权房"还仅仅多是建造在北京、天津、南京、广州、深圳等经济发达的大城市周围。以北京为例:1993年至1995年10月,北京市亚运村北部地区曾开发建设了15个居住社区,被有关部门认定为违法建设项目,这里面相当大一部分就是所谓的"小产权房"。① 随着市场经济的不断飞跃,一些经济发达的重要城市周围也开始大规模地出现"小产权房",例如济南、成都、西安、郑州、石家庄等省会城市。目前"小产权房"在全国范围

---

① 钟京涛:《小产权房问题现状及分析》,《国土资源》,2008年第3期。

内已经铺张开来，范围之广涵盖全国，数量更是惊人。仅仅截止到2007 年上半年，通过带房入城、城中村改造、合村并镇、新农村建设、村集体直接开发、合作开发等多种途径和形式，"小产权房"面积已经接近 120 亿平方米，约占全国村镇房屋的 20% ，成为重要的房地产类型之一。

二、现行法律制度下的"小产权房"存在巨大风险

无论"小产权房"发展规模如何庞大、形式如何多样，对社会有怎样的影响，但是都无法改变其法律框架之外的本质属性。我国现行的法律体制下，涉及"小产权房"领域的法律法规以及其他规范性文件主要有：《宪法》、《土地管理法》、《物权法》、《关于进一步加快宅基地使用权登记发证工作的通知》等。

首先，我国《宪法》的规定十分模糊，她赋予了农民对集体土地的所有权和经营权，但同时却没有明确权力的适用机制。《宪法》第 8 条规定："参加农村集体经济组织的劳动者，有权在法律规定的范围内经营自留地、自留山。"《宪法》第 10 条规定："农村和城市郊区的土地，除由法律规定属于国家所有的以外，属于集体所有，宅基地和自留地、自留山，也属于集体所有。""任何组织或者个人不得侵占、买卖或者以其他形式非法转让土地。"

其次，我国《土地管理法》对农村土地的使用作出了明确的限制，其中第 43 条第 1 款规定："任何单位和个人进行建设，需要使用土地的，必须依法申请使用国有土地。但是，兴办乡镇企业和村民建设住宅，依法批准使用本集体经济组织农民集体所有的土地的，或者乡村公共设施和公益事业建设依法批准使用农民集体所有的土地的除外。"也就是说，农村集体土地只能用于农业生产或农民宅基地和兴办乡镇企业等与特定的农村经济体密切相关的涉农建设。另外，该法还对农村宅基地的使用作出了进一步的限制，第 62 条规定："农村村民一户只能拥有一处宅基地……农村村民出卖、出租住房后，再申请宅基地的，不予批准。"第 63 条规定：

"农民集体所有的土地的使用权不得出让、转让或者出租用于非农业建设。"从该法的角度看,农民建设"小产权房"违反了该法对农村集体土地使用用途的限制,而向经济体外的其他成员出售"小产权房"违反了该法对农村集体土地尤其是宅基地流转的限制。

再次,《物权法》颁布于《土地管理法》之后,其对农村集体土地上建筑物物权合法性的确认也是建立在《土地管理法》以及其他相关规定的基础之上的。《物权法》第152条规定:"宅基地使用权人依法对集体所有的土地享有占有和使用的权利,有权依法利用该土地建造住宅及其附属设施。"本条中"依法"的含义就在于限制宅基地使用的方式在《土地管理法》和其他相关规定之内,而第153条中宅基地使用权的取得、行使和转让,适用《土地管理法》等法律和国家有关规定。换言之,目前的《物权法》并不能给予"小产权房"提供法律上的保护。

另外,继国务院办公厅1999年发布的《关于加强土地转让管理严禁炒卖土地的通知》后,2004年12月国务院《关于深化改革严格土地管理的决定》再次强调:"加强农村宅基地管理,严禁城镇居民在农村购买宅基地。"①建设部2007年6月18日发布的《关于购买新建商品房的风险提示》明确指出:"城市居民不要购买在集体土地上建设的房屋。非集体经济组织成员购买此类房屋,将无法办理房屋产权登记,合法权益难以得到保护。"2008年7月14日,国土资源部正式公布《关于进一步加快宅基地使用权登记发证工作的通知》,明确"力争在2009年底前,基本完成全国宅基地使用权登记发证工作,做到权属纠纷基本解决,农民合法使用的宅基地全部发证到户……(二)严格执行城镇居民不能在农村购买和违法建造住宅的规定。对城镇居民在农村购买和违法建造

---

① 马云:《"小产权房"若干法律问题研究》,华中师范大学硕士学位论文,2008年。

住宅申请宅基地使用权登记的,不予受理。"①国务院在近些年来频繁对"小产权房"出台禁令,这些禁令都对"小产权房"的存在进行了违法定性。

"小产权房"的违法属性,使得建造、购买"小产权房"的行为缺乏法律保护的基本要件,存在着巨大的法律风险。

首先,从权利证明角度分析,根据《城市房地产管理法》、《土地管理法》、《农村土地承包法》以及《物权法》的相关规定:村民在本村或本镇建房本身是合法的,有些村集体经济组织在本村集体土地上集中建设农民住宅楼,用于安置本集体经济组织成员也是合法的,通过履行配套的登记手续,就能取得相应的产权证明。但是,向本集体经济组织以外成员尤其是城镇居民销售"小产权房",且无法按照法律规定履行相应的报备、报批手续,非集体经济组织成员即使购买此类房屋、支付了相应的对价,也无法申请办理房屋产权登记,而由乡政府颁发的"小产权"证明不符合法律规定,合法权益难以得到保护。

其次,从权利行使的角度分析,缺乏法律要件的财产权利,如果行使处分权能,也无法得到法律的保护。我国《合同法》不保护非法财产的交易行为,房屋产权作为一种特殊的财产权利,在履行处分权能时需要经过一系列法律规定的手续,方能得到法律的有效保护。经济体外成员在购买、租赁、转售、赠与等一系列针对"小产权房"的合同行为时,面临的首要问题就是无法履行相应法律手续,换言之,即流转行为的法律要件缺失。在合同行为履行中和合同行为履行之后,一旦遇到权利纠纷,一方面缺少评判的法律依据,另一方面缺少法律解决的途径,以至于合同行为本身的风险得不到任何法律保障。另外,由于其"非法财产"的属性,当"小产权房"发生继承关系时,不能按照法律规定的方式得到合法的继

---

① 国土资源部:《关于进一步加快宅基地使用权登记发证工作的通知》,2009 年 10 月 20 日。

承保护。

再次,"小产权房"的非法属性,导致"小产权房"不能进入法律框架内的风险防范领域。如购买商业保险,当遇到不可抗力或者其他可以通过风险防范机制抵御的财产损失时,无法从社会或其他风险防范机构得到补偿。同时,由于政策等因素,国家有征收、拆迁"小产权房"所在地等需要时,"小产权房"的所有者也难以得到相应的补偿和安置。

除上述风险外,"小产权房"因为不能得到法律的认可,在作为财产权利时,也无法充分享受所有权的全部权能。例如:无法行使抵押权;没有建造标准和规范体系,建造质量得不到保证,问题解决机制缺失。由此可见"小产权房"本身也是权利残缺的财产。

三、透视"小产权房"背后的法社会学问题

"小产权房"问题折射出了我国法制进程中所遇到的一系列法社会学问题。

首先,从权利赋予和权利行使的角度入手,《宪法》主张每个公民具有平等的财产权利,然而本应依据《宪法》制定的法律却对财产本身进行了不平等的划分,拥有不同类型财产的公民会因财产属性的不同而具有差异性的权利。在行使财产权利的同时,下位法又对不同财产权利的行使作出了不同的规范,不同的主体享有了不同的权利范围,上位法的立法精神无法得到有效的贯彻,下位法偏离了上位法的要求,这使得权利平等成了一纸空文,法律体系的完整性和系统性都有所损害。而这样的法律体系下的社会权利更受到了赤裸裸的侵害。作为社会中的个体,不同财产权利的拥有者很难有权利平等可言,无论具体的财产权利还是社会福利等等都处处有别,为了追求心理上的满足感,就会有个体试图打破约定俗成的社会秩序,给社会的安定造成混乱。而这种社会秩序的破坏,势必加剧权利行使的不规范,本已脆弱的权利机制可能会逐渐瓦解,由此更难实现权利的平等行使。

其次，公权行使冲击了公民权利。从土地出让的过程中，不难发现，现如今的地方政府采用的"就高"取价的公权行使机制，开发商不断抬高楼价的背后无疑是对地方政府攫取巨额税费的一种变相补偿。而真正受到损害的是一般生活水平的普通消费者。作为居民的权利，由于公权利的过分行使，自身的住房权利得不到保证，权利本位缺失严重。

再次，法律的滞后性和稳定性之间的固有矛盾，给社会的发展带来一些显著的问题。社会经济发展水平的突飞猛进，立法之初的社会环境已经不复存在，日新月异的社会需求，使得法律体系本身无法合理地处理社会中出现的新问题。

总之，"小产权房"问题的背后的根源不仅仅是土地二元制度，"小产权房"问题的存在能够折射出更多的法社会学问题。加强"小产权房"问题的法社会学的研究讨论，完善法律体系与社会的衔接，应该成为法学工作者的重大课题。

第三节　解决"小产权房"的法律建议

作为我国特色土地制度的产物，"小产权房"的出现表明农民在利用宅基地的过程中不再仅仅满足于居住，而是产生了新的权利诉求。和谐社会要解决"三农"问题，"三农"问题的核心在农民，而解决农民问题的核心在于提高农民收入。那么，将"小产权房"合法化对于鼓励农民利用一切可以利用的资源与要素，保障农民积极参与改革及分享改革成果具有现实意义。

"小产权房"经过多年的发展已经颇具规模。如果再没有相关的法律法规出台，将会使"小产权房"市场更加混乱。如今，每年与此相关的诉讼已经数不胜数，在法院的判决上看也各不相同。这既影响社会稳定、司法权威，又损害了政府的公信力。所以，解决"小产权房"问题刻不容缓。

一、解决"小产权房"问题的基本原则

任何问题的产生都有一定的原因,而任何问题的解决,也应该以其产生的原因为入口,并遵循一定的原则寻求解决问题的方法。"小产权房"问题的解决也要以一定的原则为指导和依托。本书根据"小产权房"产生的原因和特征并结合我国现实国情总结出以下几项原则。

(一)平等原则

平等是人类社会所追求的最重要的价值之一。古今中外的人们一直为此进行着不懈的追求和探索。

从我国《民法通则》第3条、《物权法》第3条和第4条这些规定可以看到,在市场经济中,从事任何民事活动都应遵循平等原则。平等原则的含义包括:第一,民事主体资格平等(即民事权利能力);第二,民事主体的地位平等;第三,民事主体平等地享有权利、承担义务;第四,民事主体的民事权益平等地受到法律保护。

我国土地所有权分为国有所有和集体所有两种,对于国家所有土地其使用权可以通过招、拍、挂等程序在市场流通,但是集体土地所有权却不能像国有土地那样在市场上自由流通。我们知道"小产权房"很大程度就是由二元的土地结构造成的。因此,法律上的平等原则要求两种土地所有权的主体,即国家和集体,其民事主体资格是平等的,民事主体地位是平等的,从而理所应当享有平等的权利,平等地受到法律的保护。所以解决"小产权房"问题必须遵循平等原则,以这一原则为根本出发点。

(二)保持社会稳定的原则

社会的稳定是实现社会和谐的前提,力求实现稳定,就要不断地发展社会主义市场经济,使广大人民群众实现"居者有其屋"。

由于"小产权房"存在了相当长的时间,很多地方的"小产权房"已经颇具规模,因而如果轻率地确定小产权房违法并予以强制拆除,势必会造成动荡。此外,小产权房的开发建设和销售也确实带动了当地农村的发展,解决了农村剩余劳动力的就业问题,从而带动当地农村经济的繁荣发展。一味地"堵"会抹杀"小产权房"所带来的积极效应，影响当地经济发展。

（三）具体问题具体分析原则

世界上没有完全相同的两片叶子。同一事物也会因其所处历史阶段、地理环境等外部因素的不同而不同。所以，面对"小产权房"问题也应具体问题具体分析。"小产权房"在我国存在时间已久，规模也不断壮大，我们需要根据一定的标准对"小产权房"进行类型化处理。不同类型的小产权房，寻求不同的解决途径。

二、目前各地政府对"小产权房"的处理方式

面对"小产权房"，目前各地政府所采取的处理方式不尽相同，在此以北京、深圳、济南为例，简述目前对"小产权房"的处理状况。

首先，北京是"小产权房"问题争论最为激烈的城市之一，从"画家门"事件至今天的"生态居"，北京的"小产权房"已经在全国闹得沸沸扬扬。据相关部门不完全统计，"小产权房"的总量已经占到北京在售商品房总量的 1/5 之多①，面对如此之庞大的利益群体，北京市政府表现出极为谨慎的姿态，反复公告提醒"小产权房"的违法性和风险性，但对于如何整治"小产权房"，没有实质性的作为。

其次，深圳作为改革开放的前沿，对"小产权房"的处理方式比其他城市更为激进。2009 年 5 月 21 日，深圳市政府通过了《关于农村城市化历史遗留违法建筑的处理决定》，决定中表示将会对"符合条件"的房屋核发房产证。尽管事后各方纷纷出面辟谣，解释该《决定》并不是对"小产权房"合法化进行暗示，但是通过深圳市对"小产权房"的一贯态度，不难看出，深圳是支持"小产权

---

① 中国新闻网：《北京小产权房调查：销售仍在进行购买风险大》，http：//www. chinanews. com. cn/estate/news/2009/06－26/1749925. shtml。

房"进行合法化改革的。

再次,济南市是对"小产权房"持保守态度的典型城市。2007年7月以来,济南市掀起了一场"拆违风暴",一片片已经建好并投入市场的"小产权房"社区,被行政执法机关强行爆破拆除。而因"小产权房"买卖引起的合同纠纷,也被司法机关以《合同法》为依据判定为买卖无效。对于"小产权房"的态度,济南市表现出最为突出的遏制态度。但是,尽管屡屡施以强压,"小产权房"却并未在济南市销声匿迹,相反,大有"按下葫芦起来瓢"的趋势。

除了上述3个典型代表外,其他各地对"小产权房"的态度要么徘徊在北京与深圳之间,要么在北京与济南之间,但是无一例外的是,"小产权房"依旧以惊人的速度在各地蔓延。

三、推进城乡一体化建设有利于科学解决"小产权房"问题

十七届三中全会以来,构建"城乡一体化"社会体系和城乡统筹安排的呼声与日俱增,甚至社会传来"二次房改"的建议。要正确解决"小产权房"问题,首先应当考虑治本之方。既然城乡二元化结构是"小产权房"问题的根源,那么就以《城乡规划法》的颁布实施为契机,探索建立"城乡一体化"、使集体土地两权归一新型土地制度。

从治本的角度,实现"城乡一体化"可以通过两权归一来完成。两权归一,就是将农村集体土地收归国有,城镇、农村土地所有权划一。农村集体土地所有权收归国有并不意味着农民丧失了对土地的支配权利,相反,将农村土地收归国有后:首先,城镇、农村在土地性质上的形式差别制度终结,为进一步实现土地收益差别的拉平打下基础;其次,由国家统一制订土地利用方案,严格划分出农用耕作、畜牧等土地、农村建设用地、农村住宅用地,做到权能明晰、设置规范,农民在不同权能地上有权依法行使各种财产权利;再次,实行农村土地级别管辖,由省级政府部门规划,基层政府指导、管理、监督城乡土地使用状况,实施完善的权责纠问体系以

及审批、监督等权利分离机制，杜绝因公权乱用或腐败引发的违法开发、利用土地的事件。

实现"城乡一体化"不仅仅要土地制度进行划一，更要完善城乡一体的物价评判机制。建立一套科学的方法来统筹城乡物价体系，尤其是农产品价格，切实保护农民农作权利，提高农民农作生产积极性，增加农民农作收入，由各级政府带领，不断开拓新型农商模式，引导农民通过走健康的农业经营道路致富，从而从经济利益上杜绝违法致富现象的发生，消除"小产权房"类似现象。

实现"城乡一体化"，还要完善户籍制度，建立城乡统一社会保障水平，取消城乡身份差别待遇，完善农民的福利状况，使农民切实享受到平等的公民权利。

四、创新和完善法律制度有助于科学解决"小产权房"的法制问题

从治标的角度看，解决现有的"小产权房"问题，不能采取一刀切的措施，强拆强禁的举措不仅不能有效遏制"小产权房"的趋势，反而会对社会财富造成极大的浪费，对公民财产形成一种极不负责任的态度，一旦处理不妥当很有可能激发群体矛盾，给社会稳定、经济发展带来不利因素。所以，制订解决"小产权房"法治方案，要重视法制化的细节问题。

第一，明确一个时间节点，在该时间点以前已经建成或已经建成相当规模的房屋，制订一套处理方案。在该时间点以后，对尚要建设而未建设或投入建设规模较小的项目以及日后农村土地上的住宅建设，制定一套完善的管理机制。在此层面上必须要通过科学的方法对建造规模的判定实行量化标准，以防止在裁定量化标准使用解决方案时，由于尺度不明，产生公权力滥用乱用滋生腐败等现象的发生。在衡量时间节点的环节上，通过科学的考察和论证，确立一个既有利于保护现实财富又不会为伺机钻法律空白者营造空间的时间节点。具体标准应当由各地根据实际情况依上位法规制定。

第二,对时间节点前已经建成或已经建成相当规模的房屋,可以通过颁布条例、地方法规、地方规章等形式,根据各地实际情况进行评估,通过条例、地方法规、地方规章等形式,依据房屋建造质量、建造规模、建造主体、建造目的、建造位置、建造方式、现存情况、购买主体和购买者目的等诸多因素,制定评估标准和采取的处理方式。对于质量好、规模大、建造目的相对纯良、对社会经济发展客观上起到良性作用等有利因素下的"小产权房"可以设定留存机制,留存机制可以通过作价补税等形式开展;对于那些企图利用法律空白投机、扰乱社会秩序的房屋采取强制转让、收归返还等形式展开;对于质量差、危害大、侵占农业用地等不安因素下的"小产权房",应当设定拆除、翻修或有价收购挪为他用的处分机制。

第三,对于时间节点之后尚要建设而未建设或投入建设规模较小的项目以及日后农村土地上的住宅建设,不能仅仅通过颁布条例、地方性法规、地方性规章的形式进行规范,更要通过完善基本法,从法律层面完善农民土地权利。

(1) 完善《土地管理法》,通过修改《土地管理法》、《城市房地产管理法》等相关法律,完善农民对农村土地利用权利的各项权能:① 建立健全农村住宅土地使用权流转的机制,搭建一条衔接城市房地产市场的正确途径,使得农民有能力处分自己的住宅权利;② 建立健全、严格规范农村建设用地的规划、审批、使用体系,建立一套农村建设用地公开透明的监督机制,对建设用地的使用目的、用途、使用主体、使用方式都进一步科学规划;③ 严格保护农村农业生产用地,尤其是耕地,防止过度开发、危害粮食安全的行为发生,从而既规范了农民的权利行使,又对农业生产和经济社会健康发展有利。

(2) 创立《农村住宅用地、建设用地登记管理办法》,对农村住宅用地实施登记备案制度,农民可以开发住宅用地用于建设住宅,也可以处分自建住宅,但是权利行使包括但不限于建造建筑的形式、开发主体、使用方式、质量、价格水平、销售对象等因素,且此等必须经过审批、登记、备案、接受监督的形式行使；每块土地的登记制度采取网上公开备案、信息透明制度，接受社会监督。对房屋拟定并颁布《城乡住宅管理法》或《农村住宅管理法》，实行登记备案、统一管理，对于房屋的售价必须设立严格的上限机制，以免产生"农村房地产泡沫"，对房屋的销售主体必须建立严格的审查机制，销售给城镇居民的房屋，本身比照经济适用房、廉租房的适用条件制定相应的法律规范；而城镇居民购买此类房屋的，必须完成一系列严格审查，这里需要补充建立一套"城乡房产登记互通机制"，在城镇无力购买住房的城镇居民方可购买，购买后权利应得到规范包括但不限于流转、租赁、数量等，若再购买城镇住房的，必须强制流转该农用住房。

（3）完善城乡房地产税费制度，制定一整套能规范城乡房地产买卖行为的税费体系，实现城乡房地产税费接轨机制，保证从税收角度监督城乡房屋市场发展。

（4）建立一套完善的监督保障机制和信息反馈机制，对城乡房地产流动情况进行及时跟踪和审查，接受投诉或检举信息。对农村住宅投资主体、投资方式、建造主体、房屋质量、房屋规模、使用方式、使用主体、经营方式、广告宣传等一系列房屋建造、使用、流转等行为进行备案监督等。

（5）修改相关行政法规或实施单行条例，制定一套专门针对违规建造、使用、流转、经营农村住宅等行为的行政处罚机制，根据情节的轻重科学地实施警告、责令限期改正、罚款、没收非法所得等等区别性行政处罚体系，同时可以通过颁布司法解释或修改《刑法》等措施，对情节特别恶劣、后果特别严重的个人或集体处以相应的刑事处罚。

总之，在经过一系列详尽周到的调查、分析、论证之后，使各种社会关系和社会利益得到全面、科学、充分的考虑和平衡，制定、修改一整套用以规范农村土地制度和农民身份财产权利的法律体系，从现实角度合理解决"小产权房"问题，从根本上逐渐消除城乡二元化格局。

下篇

土地征收

第六章

土地征收制度概述

第一节 土地征收的概念、性质和特征

一直以来,我国理论界始终没有一个明确的土地征收概念。传统的土地征收理论已经不能适应社会发展的需要。改革开放以来,我国的经济发展取得了举世瞩目的成就,城市化进程不断加快,于是土地征收问题越来越引起人们的关注。2004 年 3 月 14 日,第十届全国人民代表大会第二次会议通过了新的《宪法修正案》,《宪法》第 10 条第 3 款规定:国家为了公共利益的需要,可以依照法律规定对土地实行征收或征用并给与补偿。随后又根据《宪法》对《土地管理法》进行了修改,将其第 2 条第 4 款修改为:国家为了公共利益的需要,可以依法对土地实行征收或者征用并给与补偿。

一、土地征收的概念

随着理论界对土地征收概念研究的不断深入,学者们开始对这一问题作出论述。所谓土地征收,一般是指国家为了公共利益目的,依法强制转移相对人(在我国主要指被征地农民)土地所有权,并给予合理补偿的一种具体行政行为。

土地征收制度在各国普遍存在。综观世界各国,不论是发达

国家(地区)还是发展中国家(地区),也不管土地是私有制还是公有制,大都存在土地征收制度,如美国的"最高土地权的行使"(Eminent Domain),英国的"强制取得"(Compulsory Acquisition),加拿大、法国的土地征收(Land Expropriation)。其最初的理论建立在于:政府需要借助于征收权力将许多土地集中用于修建高速公路、机场、会议中心或其他重大项目,以避免私人交易中的价格过高,尤其是为了具有社会价值或公共利益项目。① 尤其在各国经济发展初期,土地征收制度更是发挥着重要作用。土地征收制度的内容基本上是一致的,即国家或政府为了公共目的而强制将私有土地收为国有并给予补偿的法律制度。一般认为,土地征收具有以下几个特点:征收权主体具有特定性、强制性、补偿性、公共目的性、权属变更性。本书认为,上述特点中,补偿性、公共目的性这两个特点是核心,因为这是土地征收制度里保护被征收人、防止政府滥用征收权力的最重要两项安排。

根据我国《土地管理法》的有关规定,我国的土地征收是指国家为了公共利益的需要,按照法律规定的批准权限和程序批准,并依法给予农民集体经济组织和农户土地的地上物补偿后,强制将农村集体所有土地转变为国家所有的一种具体行政行为。与德、日、美等国家相比较,我国土地征收存在以下的差异:(1)征收的对象是集体所有的财产,而非私人财产;(2)国外征收的理论和实践对征收的内涵与外延界定得更为明晰和精准,如美国除了传统意义上的以完全剥夺所有权为主要特征的征收外,还提出了仅对土地所有权的部分剥夺或限制为特征的间接征收、准征收等其他征收类型,体现了对政府征收权力的控制更加严密和对权利人的保护更为充分;(3)立法上对征收的目的——公共利益的解释更为广泛;(4)土地征收在宪法上不具备征收补偿的条款,补偿一般

---

① [美]Robert C. Ellickson, Vicki L. Been: Land Use Controls,中信出版社,2003年,第1010页。

也不遵循市价补偿或完全补偿的原则,而以保证被征收土地上农民的生活水平为原则。补偿的项目尽管有一致的地方,但其制度的背景也不相同。这些差异并不仅仅是字面上的区别和制度安排的不同,背后其实隐藏着意识形态、社会制度以及一系列相关背景的决定因素。[1]

基于这种土地及其他资产集体所有制,集体成员向集体经济组织请求,都是建立在集体成员对集体财产的共同所有权的基础上。这一请求仅仅限于单个集体内部,其请求的物质基础是集体共有的各类资源,因此此时集体成员的土地权利从严格意义上说,还没有类似于现代国家的宪法意义上的基本权利,即国家和个人之间的权利、义务关系。但是将村集体经济组织视为基层政府组织,其对集体内部成员所承担的以生存保障为内容的分配义务,实际上是国家所承担的对国家中的每个个体生存保障义务的一个环节,集体经济组织在其所分配到的资源基础上,保障其条件内的成员的生存和生活,直接向国家进行请求。土地征收前,集体经济组织成员向集体经济组织行使有关生存权利的请求权的规范基础更接近于集体内部的契约,因此行使权利的要件也往往由全体集体成员来修改或制定。一般来说,请求权的基本要件是拥有集体的户籍,这时由集体成员大会等所代表的集体意志往往形成新的要件和规则。[2]

地方和基层政府在这一过程中的深度卷入与越俎代庖以及借此截留土地补偿款,与农民争利,背后似乎也还有着某种不得已而为之的"被动"与"无奈"。制度化的集体土地与个体化的农户经营,已经造成了土地权属关系与经营关系的脱节,一家一户的分户经营,已经使任何单一个体的农户或者一群农户再也无法作为集

---

① 凌维慈:《我国土地征用中的生存权补偿——以 Z 村为研究对象》,《行政法论丛》第七卷,http://www. shul000. wm/thesis – 53/B4311790/。

② 同①。

体的载体来显示存在和表达利益。上述过程是政府代替村庄和农民做主的过程,这个越俎代庖的过程在农民看来显然又是政府参与土地利益分配的过程。

二、土地征收的主要特征

一是目的的公益性。国家进行土地征收,目的就在于满足公共利益的需要。这是国家行使土地征收权的前提条件,也是国家土地征收权存在合理性的重要体现。私人财产权受法律保护,不得侵犯,这是《宪法》赋予的应有权利。土地征收却是对土地所有权的强制取得,无须征得土地所有人的同意。这就是土地征收权的设定与土地财产权的保护之间的冲突。为了在二者之间寻求平衡,无论各国在土地征收中实践如何,但各国的土地征收立法中均规定,国家只有为了公用目的,或为了公共利益的目的才能行使土地征收权,不仅使土地征收权获得合宪性,也让土地财产权人的权利被限制有了边界,可以防止土地征收权被滥用。如我国《宪法》第10条第3款规定:"国家为了公共利益的需要,可以依照法律规定对土地实行征收或者征用,并给予补偿。"

二是权属转移性。这是土地征收的另一特点。"财产权之征收,通常除剥夺原权利人之法律地位外,并将其移转于另一权利主体。"[1]国家正是通过土地征收将原权利人的土地所有权或使用权移转给另一个主体,供其用于公益事业等。

与别的国家不同的是,在我国,经过土地征收程序后,土地所有权并没有从原土地所有权人,即农村集体经济组织转移给需用地者;土地所有权由原来的集体所有变为国家所有,所有权主体由农村集体经济组织变为国家,需用地者只是获得了国有建设用地使用权,但这些都是通过一纸征地批复实现的。而且,这种转移具有单向性,即只能从集体所有向国家所有转移。

---

[1] 陈敏:《行政法总论》,三民书局,1998年,第969页。

　　三是强制性。强制性是土地征收的根本属性和突出特征。土地征收是由国家或政府凭借其公共权力强行将原土地权利人的土地权利移转给另一因公共利益需要的主体，原土地权利人无权对土地征收行为本身表示异议，也不能随意要价。在我国土地征收法律关系中，国家是土地征收的唯一主体，在土地征收过程中，国家和农村集体经济组织的地位是不平等的，土地征收并非基于双方的自愿，而是基于国家单方面的意思表示，也不遵循等价补偿的原则。各国行使土地征收权都是基于"最高权力"或"统治权"，私人或集体土地所有权是无法与之相抗衡的。当然，随着经济、社会发展，人民民主参与意识的增强，土地征收过程中也应重视被征地者的意愿，注重他们的行政参与程度，赋予他们必要的救济手段。

　　四是补偿性。公共利益性和补偿性是土地征收的两项必备要件。土地征收应以土地补偿为条件。德国的传统征收概念中，只有出于公共福祉和补偿才能征收，并规定征收的法律必须规定补偿规则，即所谓的一揽子条款，要求立法机关明确规定何种措施具有征收的特征，以及因此必须给予补偿；如果没有补偿规则，设定征收的法律就是违宪的。[①]

三、土地征收行为的性质

　　在界定我国土地征收究竟属于哪类具体行政行为之前，有必要对相近的几个概念进行分析和比较。

　　公用征收是来源于法国行政法的概念，指"行政主体为了公共利益目的，按照法定的形式和事先公平补偿原则，以强制方式取得私人不动产的所有权或其他物权的程序"。[②] 公用征收强调的

---

　　①　［德］哈特穆特·毛雷尔：《行政法学总论》，高家伟译，法律出版社，2000年，第666－672页。

　　②　王名扬：《法国行政法》，中国政法大学出版社，2003年，第365页。

是行政主体为了公共利益的目的,对不动产的强制转移,但要按照法定的程序和事先补偿的原则进行。

我国行政法学上所指的行政征收,是指国家以强制方式无偿取得相对人财产所有权的一种具体行政行为,主要包括税收和行政收费,强调的是无偿取得。①

行政征购主要是指行政主体根据公共利益的需要,依法以签订合同的方式要求相对人按照国家规定的标准有偿转让财产给国家的行为。这种征购行为本身是一种特殊的买卖合同行为,国家与相对人,即买卖双方以合同确定权利义务关系。土地征购是一种双方行政行为,双方权利义务相对对等;而土地征收是一种单方行政行为,双方权利义务不对等。②

征收和征用是既有联系又有区别的两项法律制度。其共同点在于强制性。依法实施的征收和征用,均仅依政府单方面的意思表示而发生效力,无须征得被征收和征用土地的公民和法人的同意,被征收、被征用的公民和法人必须服从、不得抗拒。而这两个概念的区别则又是明显的:第一,二者的法律效果不同。土地征收是土地所有权的改变,土地征用则是土地使用权的改变。这是两者最主要也是最本质的区别。第二,二者的补偿不同。在土地征用的情况下,如果标的物没有毁损灭失,就应当返还原物;而在土地征收的情况下,不存在返还的问题。由于土地征收是所有权的转移,对其作出的补偿也相对更高一些。第三,二者的适用条件不同。土地征用一般适用于临时性的紧急状态,也适用于临时性的公共用途。而土地征收可以为了公共利益的需要实施,不要求存在紧急状态。第四,二者适用的法律不同。土地征收主要适用《土地法》和《城市规划法》。土地征用适用的多是调整紧急状态的法律。第五,二者适用的程序不同。由于土地征收要发生所有

---

① 应松年:《当代中国行政法》,中国方正出版社,2004年,第945页。
② 应松年:《行政法学新论》,中国方正出版社,1998年,第309页。

权的转移,所以土地征收的程序比土地征用更为严格。我国此前的法规曾经对征收、征用不加区分,把政府强制取得公民和法人的财产权的行为统称为"征用"。2004年《宪法修正案》对征收概念和征用概念加以了严格区别。《宪法》第13条新增第3款:"国家为了公共利益的需要,可以依照法律规定对公民的私有财产实行征收或者征用并给予补偿。"2007年3月通过的《物权法》第44条规定:"因抢险、救灾等紧急需要,依照法律规定的权限和程序可以征用单位、个人的不动产或者动产。被征用的不动产或者动产使用后,应当返还被征用人。单位、个人的不动产或者动产被征用或者征用后毁损、灭失的,应当给予补偿。"

土地征收也不同于买卖关系,从民法上来说,土地征收属于原始取得;买卖属于继受取得,被征收人的权利并非直接转移给征收主体,而是由征收主体依据法律的强制力取得新权利。

按照法国公用征收的理论,我国的土地征收行为则具备了行政法学上公用征收的相应特征,应属于公用征收。公用征收的对象既包括不动产的所有权,也包括不动产的用益物权,如我国的土地使用权。根据我国《宪法》和《土地管理法》上的规定,我国的土地征收主要是指土地所有权的征收。

第二节　我国土地征收的历史沿革

我国土地征收正式成为一种制度被系统化、规范化的时间并不是很长。国民政府制定的土地法中已有关于土地征收的规定,"因公共事业的需要,依本法之规定征收私人土地,征收之范围应以其事业之必须为限"。① 抗日战争时期解放区颁布的《陕甘宁边区地权条例》规定:由于建筑国防工事,兴修交通道路,进行改良

---

① 沈守愚:《土地法学通论》下,中国大地出版社,2002年,第485页。

市政工作以及举办其他以公共利益为目的而经边区政府批准的事业,政府得租用、征用或以其他土地交换任何人民或团体所有的土地。[1] 新中国成立后,逐步建立起相应的法律制度,对土地征收制度的规定逐渐完善起来。下面按时间顺序分 3 个阶段来叙述:

一、新中国成立初期的土地征收制度

我国从新中国成立初期就比较重视土地的立法。1950 年 6 月 24 日国家制定并颁布了《中央人民政府政务院关于铁路留用土地办法》,其中第 6 条规定:铁路因建筑关系,原有土地不敷应用或有新设施需要土地时,铁路局通过地方政府收买或收购之。1950 年 6 月 28 日通过的《土地改革法》第 3、第 4 条和 1950 年 11 月 21 日政务院通过并公布的《城市郊区土地改革条例》第 14 条也对土地征收作了简要的规定。1953 年 12 月公布了《国家建设征用土地办法》,这是新中国第一部专门规范土地征用的法律。该法律首次提出了"土地征用"的概念,规定国家或者政府因国防、工厂、铁路、交通、水利工程、市政工程、医院、学校等建设项目的实现,可以采取强制性手段取得公私土地所有权或者原国有土地使用者的使用权。该办法于 1958 年 1 月由国务院修订。其中,扩大了征地的法定事由,并对征地审批权作出了调整。1954 年《宪法》第 13 条也对国家征收土地作出了概括性的规定,"国家为了公共利益的需要,可以依照法律规定的条件,对城乡土地和其它生产资料实行征购、征用或者收归国有"。1962 年 9 月制定的《农村人民公社工作条例修正草案》规定,"如果因为建设或其它需要必须征用社员的房屋,应该严格执行国务院有关征用民房的规定,给予补偿,并且对迁移户做妥善的安置"。

---

[1] 胡锦光,杨建顺,李元起:《行政法专题研究》,中国人民大学出版社,1998 年,第 380 页。

二、20 世纪 80 年代至《物权法》颁布之前的土地征收制度

十一届三中全会以后,特别是改革开放以来,我国的经济建设取得了巨大的成就。社会在建工程增多,土地价值与日俱增,农村土地征收关系问题开始呈现、突出,这些都要求健全土地征收法律制度。1982 年 12 月 4 日第五届全国人民代表大会第五次会议通过了《宪法》,其中第 10 条第 3 款规定,国家为了公共利益的需要可以依照法律的规定对土地实行征用。2004 年第十届全国人大通过了新的《宪法修正案》,将第 10 条第 3 款修改为:"国家为了公共利益的需要,可以依照法律规定对土地实行征收或者征用并给予补偿。"

1982 年 2 月国务院公布了《国家建设征用土地条例》,就土地征用的范围和性质、补偿标准以及审批权限作出了明确的规定。1986 年 6 月,全国人大常委会通过并颁布了《土地管理法》,对土地征收制度作出了较为具体的规定。该法将土地征用限定为国家进行经济、文化、国防建设以及兴办社会公共事业。对征用的审批权限也作出了明确的规定:耕地 1 000 亩,其他土地 2 000 亩以上由国务院批准;征用省、自治区、直辖市行政区域内的土地,由本级人民政府批准;设区的市和自治州政府的征地批准权限由省级人大常委会决定。同时,该法还规定了补偿的标准:征用耕地的补偿费为前 3 年平均年产值的 3 至 6 倍,其他土地参照耕地的标准。该法还规定了土地补偿的费用由用地单位来支付并将土地征收的范围确定为农村集体所有的土地。"国家建设征用土地,由用地单位支付土地补偿费。"

1998 年第九届全国人大常委会第四次会议和 2004 年第十届全国人大常委会第十次会议分别对 1986 年的《土地管理法》作了修订。该法明确将土地征收的目的界定为公共利益,改变了原来的土地征收审批制度,将征地审批权限规定为国务院和省级人民政府两级,其中基本农田、基本农田以外的耕地超过 35 公顷的、其他土地超过 70 公顷的都由国务院批准,除此以外的土地由省一级

的人民政府批准,同时报国务院备案。从而严格了土地审批权,更好地保护了土地资源的利用效率和农民的合法权益。同时,该法对于补偿标准也比以前有所提高。

另外,《草原法》、《渔业法》、《外资企业法》、《煤炭法》这些法律法规中也对土地征用作出了规定。《草原法》第39条规定:因建设征用集体所有的草原的,应当依照《中华人民共和国土地管理法》的规定给予补偿;因建设使用国家所有的草原的,应当依照国务院有关规定对草原承包经营者给予补偿。《渔业法》第14条规定:国家建设征用集体所有的水域、滩涂,按照《中华人民共和国土地管理法》有关征地的规定办理。《外资企业法》第5条规定:国家对外资企业不实行国有化和征收;在特殊情况下,根据社会公共利益的需要,对外资企业可以依照法律程序实行征收,并给予相应的补偿。《煤炭法》第20条规定:煤矿建设使用土地,应当依照有关法律、行政法规的规定办理。征用土地的,应当依法支付土地补偿费和安置补偿费,做好迁移居民的安置工作。

三、《物权法》施行以后的土地征收制度

土地是农民最基本的财产,土地权利是关系广大农民生活、生产的基本权利,因此要比其他财产权显得更为重要。以往法律对土地征收制度的确认往往都从财产权的角度规定,很少从物权的角度解释这一制度。值得引起关注的是2007年10月1日起施行的《物权法》也对土地征收制度作出了专门的规定。《物权法》第42条规定:为了公共利益的需要,依照法律规定的权限和程序可以征收集体所有的土地和单位、个人的房屋及其他不动产。征收集体所有的土地,应当依法足额支付土地补偿费、安置补助费、地上附着物和青苗的补偿费等费用,安排被征地农民的社会保障费用,保障被征地农民的生活,维护被征地农民的合法权益。征收单位、个人的房屋及其他不动产,应当依法给予拆迁补偿,维护被征收人的合法权益;征收个人住宅的,还应当保障被征收人的居住条

件。这是国家最新关于土地征收制度的立法。从这些法律法规中可以看出,我国已经建立起比较完善的土地征用和征收制度,这些法律都相似地规定公共利益需要是土地征收、征用的前提。在土地征收这一制度上,《物权法》与以前颁布施行的《宪法》、《土地管理法》表现了一致性,这些法律的颁布施行,表明我国已经建立了相对比较统一、完善的土地征收制度。

但是,从我国土地征收立法的历史沿革来看,我国的土地征收制度立法一直都不够完善,内容主要集中在征地审批权限、土地征收原则、土地征收补偿程序、标准以及被征地人员的安置问题上。我国的土地征收制度主要存在的问题表现为:相关的概念界定不清晰,《宪法》是国家的根本大法,对征收和征用却没能给出清晰的界定;征地事由中对公共需要或者公共利益也没有界定明确的范围,特别是混淆经济利益和公共利益二者之间的区别;"集体所有土地产权的模糊性和残缺性,导致征地收益分配关系混乱,而农民作为弱势群体一方其利益得不到保障"。① 征地的对象范围和程序也没有完善的规定,对于征地权利人和相对人之间的争议解决办法也没有相对专门的法律规定;"有关土地征用的行政法等法律体系不完善,导致土地征用过程中政府行为缺乏约束,寻租、腐败现象严重,政府公信力大大降低"。② 这些都是我国土地征收制度完善过程中亟待解决的问题。

第三节　我国现行的土地征收制度

土地征收不仅关系公权力的规范与限制,而且与私权的保护密切相关,因此各国普遍对土地征收予以立法规制。我国土地征

---

① 张慧芳:《土地征用问题研究》,经济科学出版社,2005 年,第 2 页。
② 同①。

收的现行立法规制主要体现在《宪法》、《土地管理法》、《中华人民共和国土地管理法实施条例》（以下简称《土地管理法实施条例》）的规定中。

我国是施行土地公有制的国家，土地所有权分为国家所有土地和集体所有土地两种形式，并且以法律的条文形式予以区分。《宪法》第 10 条规定："城市的土地属于国家所有。农村和城市郊区的土地，除由法律规定属于国家所有的以外，属于集体所有；宅基地和自留地、自留山，也属于集体所有。国家为了公共利益的需要，可以依照法律规定对土地实行征收或者征用并给予补偿。任何组织和个人不得侵占、买卖或者以其他形式非法转让土地。土地的使用权可以依照法律的规定转让。一切使用土地的组织和个人必须合理地利用土地。"《土地管理法》第 8 条规定："城市市区的土地属于国家所有。农村和城市郊区的土地，除由法律规定属于国家所有的以外，属于农民集体所有；宅基地和自留地、自留山，属于农民集体所有。"《土地管理法实施条例》第 2 条规定："下列土地属于全民所有即国家所有：城市市区的土地；农村和城市郊区中已经依法没收、征收、征购为国有的土地；国家依法征用的土地；依法不属于集体所有的林地、草地、荒地、滩涂及其他土地；农村集体经济组织全部成员转为城镇居民的，原属于其他成员集体所有的土地；因国家组织移民、自然灾害等原因，农民成建制地集体迁移后不再使用的原属于迁移农民集体所有的土地。"从上述法律法规可以看出，属于集体的土地比较单一，包括法律规定属于国家所有以外的农村和城市郊区土地，以及宅基地、自留地和自留山，其余土地均属国有。

《土地管理法》第 43 条规定："任何单位和个人进行建设，需要使用土地的，必须依法申请使用国有土地……前款所称依法申请使用的国有土地包括国家所有的土地和国家征收的原属于农民集体所有的土地。"所以，在现代的经济建设中，如果要使用土地必须先申请使用国有土地，然而，就目前的形式看，使用国家城市用地已远远不能满足社会建设发展的需要,于是申请土地使用转而面向农村和城市郊区。由于《宪法》规定国家为了公共利益的需要可以征收土地,再加上集体土地所有权与使用权相分离,这就决定了我国目前的土地征收主要集中在农村集体所有的土地上。

　　我国土地征收制度的建立有不同于资本主义国家的历史背景。新中国成立初期,我国实行土地改革,变封建土地为农民所有制,而20世纪50年代中期以后,为了满足计划经济体制的指令性要求,实现赶超战略,逐步建立农业合作社制度,变农民个体土地私有制为集体土地所有制,自此,土地私有制在农村不复存在。在这种制度下,为了满足国家建设的需要,通过土地征收的方式把集体所有土地向国家土地所有权单向转变。于是从20世纪50年代开始,我国逐步建立了以公有制为基础、反映计划经济体制的特点和需求的土地征收制度。这种计划经济体制下的土地征收反映国家计划的要求,目的是满足国家利益,征收过程显示国家权威,在征收补偿问题上展示国家责任等,是一个在内容和特色上迥异的计划征收制度。

　　《宪法》和《土地管理法》对土地征收上的相关规定进行了数次修改,在土地征收制度上也逐渐引入了市场化的做法,被征地者的权益保障逐步强化,征地程序进一步细化,补偿标准也有一定的提高,这些改变表明了我国的土地征收制度改革虽然缓慢,但是却从计划征收制度开始向市场征收制度转变。总的来说,我国当前的土地征收制度依然带有计划体制时期的特点,仍不能适应市场经济的要求,是一种兼具计划征收制度和市场征收制度的双重特征的混合征收制度,具体表现为:在征收目的上"公共利益"的异化;在征收过程中,国家权威与对被征地者的公权力的保障并存;在征收补偿上,仍然是国家责任的比重较高。①

---

　　①　王坤,李志强:《新中国土地征收制度研究》,社会科学文献出版社,2009年。

　　土地征收制度作为近代民主政治发展的产物，主要涉及国家公权力的行使和私权利的保护问题，因此土地征收的完善，事关国家的宪政制度和法治建设，事关征地相对方——农民的基本权益保障。

第七章

土地征收的利益驱动分析

　　土地征收过程中的参与主体包括中央政府、地方政府、村干部和农民。这里的地方政府主要是指城镇政府,而农民是泛指农民群体而不是具体的农民个人。这些主体都参与了征地过程,有着各自的目的初衷和利益驱动,从而产生了不同的行为表现,他们互相博弈、互相影响,构成了土地征收的全过程。

第一节　中央政府土地征收的利益驱动分析

一、征收农地的目的

　　出于粮食安全角度的考虑,中央政府基本上可以说是耕地的积极保护者。《中华人民共和国土地法》的第 3 条明确规定:"十分珍惜、合理利用土地和切实保护耕地是我国的基本国策。各级人民政府应当采取措施,全面规划,严格管理,保护、开发土地资源,制止非法占用土地的行为。"中央政府对我国的土地管理实行严格的用途管制,努力在保护耕地和发展经济中寻求平衡。

　　事实上,从完全理性的经济学角度来考量,农地被征收为建设用地的过程,也就是对土地资源不同使用方式所产生的经济效益进行比较的过程,当土地资源用于农业能够产生更大的经济效益时,该土地就不会被征收,反之则会被征收。由于在社会生产发展过程中,农业用地所产生的经济效益往往比非农业用地所产生的经济效益低,因此在追求土地资源经济效益最优化配置的过程中,农业用地被征收在一定程度上是必然的结果。

二、中央政府与地方政府的关系

我国的行政权力集中于中央政府,地方政府只是中央政府的代理人,相当于中央政府的委托派出机构。中央政府负责规划和制定政策,地方政府负责贯彻和执行政策。中央政府和地方政府是一种委托—代理关系:一方面,地方政府代表了国家利益,向用地方收取土地使用的费用;另一方面,地方政府也有自己的利益需求,这就存在着逆向选择和道德风险的可能。所谓逆向选择是指地方政府有可能利用掌握的权力为地方或个人谋取私利,甚至不惜牺牲国家的利益;所谓道德风险是指地方政府只是象征性地完成国家的任务,以便有更多的精力来增加自己的收益,他们不会致力于实现国家利益最大化,国家即便产生损失也无法追究其行政和法律责任。逆向选择和道德风险存在的原因是中央政府和地方政府双方信息的不对称,这是因为地方政府可以充分了解国家的相关政策规定,但是中央政府却无法了解所有地方政府的工作情况。如果中央政府提供了足够的经费支持,监督管理也非常严格,那么地方政府可能就会认真履行自己的工作职责;反之,如果中央政府提供的经费支持较低,监督管理也不到位,那么地方政府可能就会利用手中掌握的权力来寻租,最终侵害国家的利益。在具体的土地征收执行过程中,如果地方政府认为中央政府占有的土地出让金收入比例太高,他们为了增加地方政府的实际出让金收入,就会竭尽所能瞒报土地出让收入,或者大量征收农地而完全不遵守土地利用总体规划。因此,中央政府和地方政府在土地出让收益分配关系上存在着经济利益的冲突。

三、中央政府和地方政府的利益博弈

中央政府和地方政府的利益冲突主要是在土地出让收益上,

中央政府和地方政府对土地出让收益都有两种选择。

　　中央政府可以选择扩大土地出让金收取比例或减少土地出让金收取比例。从理论上说，中央政府收取的土地出让金比例越高，其获得的土地收益越大，但是针对中央政府的行为，地方政府会采取相应的显性或隐性的行动对策以保障自己的利益，从而在实际上降低了中央政府的收益。因此，中央政府在制定中央收取的土地出让金比例时不仅会考虑自身利益，也会考虑到地方政府的利益，制定的分配政策不会过分偏向中央，以减少因地方政府的不合作行为导致的可能损失或隐性损失。

　　地方政府可以选择扩大土地出让金交纳比例或减少土地出让金交纳比例。中央政府拥有最终审批权，相对于中央政府，地方政府处于弱势地位，只能被动地接受中央政府制订的土地收益分配方案。当地方政府选择扩大土地出让金交纳比例时，其土地收益增加；当地方政府选择减少土地出让金交纳比例时，其土地收益也减少。

　　根据中央政府和地方政府各自选择的行动，一共可能产生 4 种策略组合，具体分析如下：

　　第一种策略组合是"中央政府扩大土地出让金收取比例，地方政府扩大土地出让金交纳比例"。在这种策略组合下，地方政府看似同意中央政府的土地收益分配方案，与中央的行动策略一致，但是从理性经济人的角度来分析，地方政府一定会在征地过程中采取一定的行动以增加自身的利益。而中央政府作为理性人也会预料到地方政府可能会采取瞒报等行为，为了保证自身收益，减少因瞒报而可能造成的隐性损失，中央政府也一定会增加监督成本，采取各种监督措施，建立健全监督体制。在中央政府的严格监督下，地方政府因为瞒报而可能受到的处罚风险也会增加，如果处罚的风险超过了瞒报的收益，地方政府就不会瞒报；反之，如果处罚的风险低于瞒报的收益，地方政府就会瞒报。因此，这种策略组合既削弱了地方政府工作的积极性，也增加了中央政府的监督成本,不是一个理想的策略选择。

第二种策略组合是"中央政府扩大土地出让金收取比例,地方政府减少土地出让金交纳比例"。这种策略组合与第一种策略组合在一定程度上是相似的,区别之处在于第二种策略组合下,地方政府是公然反对中央政府的土地出让收益分配方案;而第一种策略组合下,地方政府则是采取一些隐性的措施增加自身的收益。从现实角度来讲,由于地方政府相对于中央政府处于弱势地位,因此地方政府是不可能公然反对中央政府的政策、擅自减少土地出让金交纳比例的,故这种策略组合在现实状况中一般不存在。

第三种策略组合是"中央政府减少土地出让金收取比例,地方政府扩大土地出让金交纳比例"。这种策略组合不符合正常的逻辑关系,即作为理性经济人的地方政府不可能主动扩大土地出让金交纳比例,侵害自身的利益,因此这种策略组合在现实状况中一般也不存在。

第四种策略组合是"中央政府减少土地出让金收取比例,地方政府减少土地出让金交纳比例"。中央政府为了调动地方政府认真开展征地管理工作的积极性,减少因地方政府的暗中对抗引起的隐性损失,会主动减少土地出让金收取比例,让利于地方政府。虽然中央政府的显性收益会降低,但其监督管理成本也同时减少。而地方政府的行动既符合中央政府的政策要求,又可以保障自身的利益,因此其一般不会采取瞒报等行为,从而降低了瞒报风险,在一定程度上保障了征地管理工作按照中央政府的预期开展。但是这一策略组合也存在一个问题:当地方政府的收益比例大幅提高后,其征地的利益刺激也大幅增加,容易导致滥征地的现象出现,从而引发一系列的社会问题。这种策略组合既调动了地方政府工作的积极性,也减少了中央政府的监督成本,基本上是一种比较理想的策略组合。也就是说,中央政府在制定土地收益分配政策时最终会倾向于将大部分收益分给地方政府。

从我国的土地收益分配实际管理情况来看,中央政府和地方政府在经过多年的博弈后,最终选择了第四种策略组合。根据中央下发的土地收益分配文件和1998年《中华人民共和国土地管理法》的相关规定:1992年,中央政府拥有40%的土地收益,地方政府拥有60%的土地收益;1994年,中央政府拥有5%的土地收益,地方政府拥有95%的土地收益;1997年,中央政府拥有100%的土地收益,地方政府则没有任何土地收益;1998年,中央政府拥有30%的土地收益,地方政府拥有70%的土地收益,这一分配比例一直保持到今天。

第二节 地方政府土地征收的利益驱动分析

根据公共选择理论,政府是由一群有理性而且自私自利的人组成的,政府行为实际上就是这些理性人在一定规则约束下的行为表现。所以,地方政府在利益因素的驱动下,会有非常强烈的征地冲动。地方政府为了获取较高的收益,经常会置国家政策和法律于不顾,违反国家的总体用地规划而滥征地,也就是进行所谓的"圈地运动",导致我国大量农耕地被毁,影响到国家的粮食安全。

一、地方政府在土地征收过程中的利益

地方政府在土地征收过程中获得的利益主要是增加财政收入和促进经济综合发展。

政府的财政收入一般主要来自于税收,但是我国于1994年进行了分税制改革,中央与地方之间的财权被重新分配,税收被划分为中央税、地方税和中央地方共享税3种,税收立法权集中于中央政府,省、地级政府基本没有税收立法权。中央税和中央地方共享税一般都是税收来源稳定集中且增收潜力大的税种,而地方税则多是一些税收来源分散、不稳定,而且征收管理难度大、成本高的税种。这一改革严重减少了地方政府的财政收入,而同时地方政

府承担的社会管理和基础设施建设等工作并没有因此减少，甚至随着社会经济的发展而被迫担负起更多的职责。因此，其财政收入经常很难维持政府工作所必需的开销，并且由于农业税的取消，地方政府已经很难从农业中获得财政收入，农地所产生的收益对于地方政府而言近乎为零，理性的地方政府就会选择将农地征收转为建设用地以增加财政收入。

在土地征收过程中所产生的土地增值收益是巨大的，而且现行的制度安排非常有利于地方政府从土地征收和转让中获取巨大收益，因此，地方政府大多选择通过征地来增加政府的财政收入，增强政府的财政实力，弥补财政资金的缺口。地方政府为了在征地中获得更多的财政收入，经常会采取两种方式：一种是想方设法地多征收农民土地，另一种是征地后尽可能实现自身利益的最大化。所以，土地出让金收入实际上已经成为很多地方政府财政收入的主要来源。

在现代社会，土地是一种最基本的生产资源，是经济发展的重要生产要素。无论是道路市政建设，还是工业项目开发，或是房地产开发建设，土地都是其基础。在以经济建设为中心的发展大背景下，GDP 指标是考核地方政府及官员政绩的重要指标，政绩对于官员具有非常重要的意义和影响。因为政绩是决定官员职位升降的重要因素，而更高的职位就意味着更大的权力和更好的待遇，所以众多地方官员都竭力在自己的任期内促进当地经济的迅速发展以增加政绩。招商引资是促进地方经济发展最快捷、最有效的手段，而招商引资的前提就是保证土地的廉价供给。所以，土地的开发利用能够促进地方经济的综合发展，带动 GDP 的快速增长，增加地方政府的政绩，地方政府自然非常乐意开展这项工作。

二、各地方政府之间的利益博弈

假设有两个地方政府分别为地方政府甲和地方政府乙，他们面对征收土地时都有两种选择，即征收和不征收，那么他们之间一共可以形成4种策略组合:都选择征收;都选择不征收;甲选择征收,乙选择不征收;甲选择不征收,乙选择征收。这4种组合形成的博弈矩阵如表7-1所示。

表7-1 各地地方政府利益博弈矩阵

政府甲 ＼ 政府乙	不征收土地	征收土地
不征收土地	甲:财政收入少、经济发展慢 乙:财政收入少、经济发展慢	甲:财政收入少、经济发展慢 乙:财政收入多、经济发展快
征收土地	甲:财政收入多、经济发展快 乙:财政收入少、经济发展慢	甲:财政收入多、经济发展快 乙:财政收入多、经济发展快

在现代社会中,农业的经济效益远低于工业的经济效益,因此对于作为理性经济人的地方政府而言,他们的最佳选择是增加地方经济的工业比例,促进工业化发展,而工业发展的基本前提就是征收土地。只有征收了土地,才可以建立工业园区,才可以招商引资,才可以增加工业产值、提升工业比例,最终实现财政收入增加、经济发展加速的目标。所以理性的地方政府都会选择征收土地而放弃保护耕地,他们会充分运用法律赋予的有限的征地权,会去游说中央政府以争取更多的征地权,他们甚至有可能通过变相或违法的方式来征收更多的土地。对于地方政府甲来说,无论地方政府乙选择征收土地还是不征收土地,其最佳选择都是征收土地;而同样对于地方政府乙而言,无论地方政府甲的选择是什么,其最佳选择也同样是征收土地。每个理性的地方政府都知道,征收土地是自己的最好选择,他们都将保护耕地的希望寄托在其他地方政府身上。因为他们明白:如果全国所有地方都根据中央的规划来使用土地,会实现国家整体利益的最大化,但是各个地方所得的利益也都大致相当;而如果自己根据中央的规划用地,别的地方不根据中央的规划用地,从而获得更多的经济利益;反之则自己将得到更多的经济利益。因此,在经济利益的驱动下,地方政府甲和地方

政府乙最终都会选择征收土地，而另外 3 种选择的策略组合都是不稳定的组合，都很容易被利益驱动所破坏。

当所有地方政府都从自身利益最大化的角度出发来做决策时，全社会的利益却未必能够最大化。地方政府的赢利常常是以牺牲农民的长远利益和国家的整体利益为代价的，大量农地的丧失使农民失去了长期的基本生活保障。

三、上、下届地方政府间的利益博弈

土地资源是有限的，上、下届地方政府之间为了争夺土地资源必然存在利益冲突。本届地方政府和下届地方政府都有大量征地和适量征地两种选择。在实践中，由于本届地方政府通过采取"大量征地"的方式，可以获得较多的土地收益，保证本届地方政府财政的充裕，促进本地经济的发展，所以是本届政府首选。但是这会给下届地方政府带来可征收土地资源紧张的困境，并进一步影响到下届地方政府的财政收入、市政建设和政府声望等。为了改变这种状况，下届地方政府仍然选择大量征地，最终导致圈地现象越来越严重。所以，地方政府一般不会主动适量征地。这也可以从一个侧面解释为什么我国会不断地出现征地热潮。

第三节　农民集体土地征收的利益驱动分析

根据《土地管理法》第 43 条的规定："任何单位和个人进行建设，需要使用土地的，必须依法申请使用国有土地。"这就是说，国家对土地使用实行管制，禁止农民集体所有的土地直接进入土地交易市场。地方政府作为中央政府的代理人，一方面必须执行国家的政策，另一方面则是在巨大土地收益的驱动下自愿执行国家的政策，因此，地方政府往往会主动地严格管制土地交易，防止农民集体与土地需求者进行私下交易。这也就意味着地方政府必须

付出高昂的监督成本。

　　面对政府的管制,农民集体有两种选择,要么服从管制接受征收,要么不服从管制,进行私下交易。如果由政府征收土地,农民所能获得的土地收益较少,其中大部分利益被地方政府占有;如果与土地需求者私下交易,农民所能获得的土地收益较大,但这种行为是违法的,其所面临的违法风险成本也非常高昂。因此,农民往往会根据这两种选择的最终可能净收益来作出自己的判断。而由于农民所能掌握的信息是有限的,他们不可能接触到所有的土地需求者,因此在大多数情况下,农民的选择会是接受政府管制,由政府来征收土地。

　　在土地征收过程中,地方政府和农民集体为了给自己争取更多的利益而不断进行讨价还价,而议价的核心内容就是征地补偿标准和费用。一般由地方政府先提出一个关于土地补偿费和安置补助费标准的方案,农民可以根据自身的利益选择接受或拒绝该方案。大多数情况下,农民不会一次性完全认同政府提出的方案,他们会根据自己的要求对方案作出相应修改,而政府同样可以根据自身的利益判断是否接受修改过的方案,当政府不接受修改过的方案时,也可以再次提出新的修改方案,如此反复,直到达成一个双方都能接受的补偿方案。只要有一方不同意,议价过程就要继续进行,征地过程就要相应延长,征地成本也就随之增加。

　　对于政府而言,议价谈判每进行一次,成本就增加一定额度,净收益也就下降一定水平。征地耗费的时间越长,政府就损失越大,因为征地时间的拖长意味着项目工期的延误、资金闲置的利息损失和最佳市场时机的失去等。而对于农民集体而言,拖延时间所带来的损失几乎为零,因此农民为了实现自身利益的最大化会以时间为筹码来与政府谈判,当其所提出的要求不能达到时,他们会故意拖延时间。农民集体和地方政府之间的谈判是零和博弈,农民提出的要求无疑会减少政府的收益,但是时间的拖延也同样会减少政府的收益,所以只要前者所减少的收益小于后者,地方政府都会同意农民的要求，以尽早结束议价谈判过程。

　　农民集体在征地过程中所能获得的利益是土地补偿费和安置补助费，也就是国家规定的征地补偿。目前我国的征地补偿制度存在一些问题，并非完全公平、合理，对此将在下文中详细论述。

第八章

土地征收中的农民权益

权益是指在社会中产生,并以一定的社会承认作为前提的,由其享有者自主享有的权能和利益。从本质上讲,作为公民的被征地农民应该与其他公民享有相同的法律权益。但是考虑到被征地农民的主体特殊性与权利的丧失性,作为农民这个弱势群体中的特殊群体,他们主要是因为国家强制征收土地而丧失其所享有的土地上的权益。依法保护农民的土地权益,实际上就是保护农民的物质利益,尊重农民的生存权利和民主权利。本书认为,被征地农民权益就是指在土地征收过程中农民应该享有的不容侵犯的权利和利益,包括经济、政治以及其他与土地相关的权利和利益。

第一节　被征地农民权益的内容

一、被征地农民的应有权益

农民丧失土地的最主要的途径是其土地被国家征用或征收,因此在土地征收中,由于土地所有权的转移导致农民对土地享有的其他权利的丧失。根据我国相关法律法规的规定,在土地征收中,农民应当享有以下几方面的权益:

（一）补偿权

对被征地者予以公平合理的补偿,使其对土地的实物所有权转换为财产权价值形态,既是社会公平正义的必然要求,也是国家对农民土地所有权尊重的根本体现。我国《宪法》第 10 条明确规定："国家为了公共利益的需要,可以依照法律规定对土地实行征收或者征用,并给予补偿。"《物权法》第 42 条也规定,征收集体所有的土地,应当依法足额支付土地补偿费。这就确立了农民补偿权的最高法律地位,也为农民获得补偿提供了最可靠、最根本的法律依据。《土地管理法》中直接提到对征收农地直接提到补偿的规定多达 20 多处,这明确表明农民在土地征收中享有充分的补偿权。

(二) 安置权

土地具有生产和生活保障的功能,一旦土地被征收,则农民的土地承包经营权同时丧失,农民就失去了生活的依靠,因此,必须安置被征地农民。《土地管理法》直接提到对土地征收必须"安置"的规定有多处,《物权法》第 42 条第 2 款也对安置补助费的补偿作出了规定。这明确表明农民在土地征收中享有充分的安置权。这些规定维护了被征地农民的合法权益,有利于维护农村社会的稳定。

(三) 建议权

由于土地征收涉及农村集体经济组织和农民的切身利益,为了真正体现对农民土地权益的尊重,必须将被征地的补偿安置方案在当地予以公告,这是切实保护农民合法权益的必然要求。《土地管理法》规定："征地补偿安置方案确定后,有关地方人民政府应当公告,并听取被征地的农村集体经济组织和农民的意见。"《土地管理法实施条例》第 25 条还进一步明确规定："市县人民政府土地行政主管部门根据经批准的征用土地方案,会同有关部门拟订征地补偿、安置方案,在被征用土地所在地的乡(镇)、村予以公告,听取被征用土地的农村集体经济组织和农民的意见。"上述条款充分说明了农民在征地补偿及安置方面享有充分的建议权,这也符合《宪法》有关保护被征地农民的合法权益的精神。

(四) 监督权

由于土地征收属于政府行为,政府在土地征收过程中发挥主导作用,为提高征地工作透明度和工作效率,确保被征地农民的合法权益,法律必须赋予被征地农民应有的监督权。《土地管理法》第49条第1款明确规定:"被征地的农村集体经济组织应当将征收土地的补偿费用的收支状况向本集体经济组织的成员公布,接受监督。"可见,我国法律对被征地农民对土地征收的整个过程与行为的监督权是予以了明确的规定的。

二、被征地农民的受损权益
(一) 经济权益

被征地农民在土地征收过程中,权益受损最严重的就是经济权益。被征地农民的经济权益包括财产权益、基本生活保障权益、就业保障权益等。

第一,财产权益。土地不仅是一种重要的资源,同时也是一项重要的财产,隐含着巨大的价值。土地包含着一组财产权利,土地权利的分割、让渡同样会产生收益。我国《农村土地承包法》着重强调了农民家庭土地承包经营权的稳定性、排他性和自主性,把土地的使用权、流转权、收益权、继承权等权益赋予了农民个人。虽然目前土地产权制度造成了土地权属模糊,但土地集体所有制实际上具有"共有制"的特征。这种"共有"产权制度在集体成员之间分配只能是"平均地权",从而形成土地产权制度安排上的"公平性"与"福利性"。土地的集体产权还意味着集体中的每一位成员都应享有土地征收中的土地补偿安置费以及土地转用后的增值收益。尽管农民在土地上的权利是从集体那里取得的一项"土地承包经营权",但这种权利的物权化、财产化已经明朗,这就为土地的市场化流动创设了前提,也为农民的土地权利和利益提供了法律上的界定。随着土地资源的匮乏、人地矛盾的加剧、城市化的推进,土地增值效用将日益扩大,土地的含金量也越来越高,农民所拥有的土地的财产属性和财产权利属性将日益显化。但随着土地的丧失,农民也就相应的失去了在土地上获得收益的一切财产权利。

第二，基本生活保障权益。有地农民和被征地农民的最大区别就在于：被征地农民失去了最后的保障。有一份土地，农民就可以在这份土地上进行最基本的生产和生活，以维持家庭成员的基本生活需求。中国农村土地承载着农业生产与农民社会保障的双重功能，而且越来越多地转变为以承担农民的生存保障功能为主。根据著名心理学家马斯洛的"需求五层次论"，即生存需要—安全需要—归属需要—尊重需要—自我实现需要，生存需求和安全需求是人最基本的需求，在此基础上才有归属的需求、尊重的需求和自我实现的需求。[1] 生存风险决定了贫困农民需要首要的保障需求是对满足其生理需要的保障，即解决温饱问题。特别是被征地农民在失去土地进入城市生活以后，生活成本增加，生活压力加大，所以，土地所提供的保障是农民最基本的生存保障。失去了土地，也就意味着农民失去了享有最基本的生活保障的权益。

第三，就业保障权益。土地是农民最基本的劳动对象和经营基础。农民失去土地，则意味着失去了劳动对象和工作的场所，就等于失去了就业机会。农民只有以土地为劳动对象，其劳动价值才能在劳动过程中得以实现。离开了土地，许多农民就失去了谋生手段，面临着就业危机。在传统的计划经济体制下，农村欢迎国家征占其土地，因为国家会解决所有被占土地上的人口的就业和福利保障问题。进入市场经济以后，城市就业和保障体制发生根本变化，土地征占不再全部解决农村人口转移和劳动力的就业安置问题，各种矛盾甚至演化为直接冲突。当前，土地征收安置的主要方式是一次性货币安置，让农民自谋职业，就业安置很少；即便进行安置，也只能从事一些技术要求不高的体力劳动，收入低，保障性能差，再失业风险大。

---

[1] 杨鑫辉：《心理学通史：外国心理学流派（下）》第五卷，山东教育出版社，2000年，第258－261页。

（二）政治权益

农民作为农村集体土地的产权主体，拥有土地的大部分经营权和部分收益权，他们通过在土地上辛勤耕作获得基本生活保障，不断改善自身的经济状况，从而具备参与政治活动的经济基础。通常农民政治需求的表达，是通过村民自治的民主投票和监督行动来制约村级公共权利。如果农民经济状况不佳，就会导致农民政治权利的弱化，而政治权利的弱化往往会导致专制式管理。被征地农民失去土地后，经济状况不佳，政治权利随之弱化，自然就失去了对村民自治的热情。被征地农民参与决策的权利被淡化，使被征地农民在各种权益的处置中丧失谈判地位，农民那些与土地密切相关的教育、文化等方面权利的实现也受到极大的限制。而且，目前我国的公民保障机制不健全，公共权利运作机制不规范，更使农民成为权利易受侵犯的弱势群体。

（三）其他相关权益

土地是农民集体赖以存在的物质载体，农民的诸多社会权利都直接或间接地与所拥有的土地相关，主要包括教育权利、文化娱乐权利和个人发展权利等。农民失去土地后，其社会权利也逐渐弱化、消失。首先，政府对农民的技术、资金、农资、粮食补贴、优惠政策等方面的支持都是以土地为基础的，失去了土地，也就失去了获得这种支持的机会。其次，即使对于"兼业"农民来说，土地也具有重要的意义：当非农就业和非农收入不稳定时，他们可以退而经营农业，实现"再就业"，失去土地，农民连最基本的生活都难以维系，更谈不上接受教育、享受文化娱乐生活。因此，农民文化教育等方面的权利也伴随土地的流失而消失。

综上所述，农民"失地"就等于"失权"。[1] 农民在土地征收过程中由于财产权、保障权、就业权等基本权利受到侵害，导致其生

---

[1]　蒋和胜，涂文明：《解决城市化进程中失地农民问题需要新思路》，《农村经济》，2005 年第 2 期。

存权受到一定程度的损害。生存权是发展权的基础,在生存权出现危机的情况下,发展权必然难以实现。

第二节　被征地农民的现状

一、农民生活水平骤降

千百年来,土地作为农民生产和生活的重要保障,与农民唇齿相依,是农民维持家庭生计的可靠和稳定的收入来源,一旦土地被部分或全部征收,由于现有制度上的不足,农民的生活必将受到影响,有的甚至会陷入贫困的境地。国家统计局农村社会经济调查总队的一项全国性调查结果显示:土地被征收后,46%的被征地农民年人均纯收入下降,其中降幅最大的,是以农业收入为主要生活来源的纯农业户,这部分人大多集中在我国中西部以及东部沿海经济欠发达地区。有资料显示,在土地被征收后减收的农户中,云南省的被征地农民年人均纯收入总体下降了 26%[1],而江西省有三成的被征地农民年人均纯收入降幅在 10%以上。[2] 在东部沿海经济发达地区,虽然来自土地的收益不再是农民家庭收入的主要来源,但土地依然是相当一部分农民在生活出现风险时最后的"保险田"、"保命地"。因为不仅土地能帮助农民实现粮油和蔬菜的自给,农业收入也为那些缺乏基本社会保障的老年农民安度晚年提供了可靠而有效的经济来源。从这个意义上说,土地提供的食品以及随之而形成的低成本的生产生活方式,为这样的农民抵御各种生活风险构建了一道最后的"安全网"。在没有其他收入

---

[1]　云南省农调队:《云南省失地农民生产生活现状不容忽视》,2008 年 3 月 6 日,http://www. sannong. gov. cn/fxyc/ncjjfx/200501130673. htm。

[2]　江西省农调队:《江西省失地农民现状调查》,2008 年 3 月 6 日,http://www. sannong. gov. cn/fxyc/ncjjfx/200507110119. htm。

来源或其他收入来源不稳定的情况下,农民如果失去土地收益,就很容易陷入贫困境地。在收入水平总体下降的同时,被征地农民的生活消费支出却始终普遍上升。这主要表现在农户支出项目的增加上:土地征收前,农民家庭的食品消费如粮食、蔬菜和食用油等主要是自给自足,土地被征收后,则基本上要从市场购入,导致生活消费支出增加。据劳动和社会保障部的调查,与土地征收前相比,绝大多数地区耕地被征收后,农民的人均生活消费开支普遍增长了三成左右。[①]　一方面是缺乏收入,另一方面是无限支出,在这种情况下,被征地农民的基本生活前景堪忧。

二、农民就业困难

如今,由于社会经济的发展以及农业生产本身的季节性和局限性,许多地方尤其是沿海发达地区的农民就业已呈现出多元化和兼业化,虽然有一部分农民已经完全脱离农业成为了工商业专业人员,但是大多数还是兼业农民或专业农民,土地仍然是他们的主要劳动对象,这一点对大龄农民来说表现得尤为突出。因此,对被征地的农民而言,能获得稳定的就业机会重新就业是改善家庭生计的根本途径。然而从各种数据来看,目前我国被征地农民的就业状况不容乐观。有相当一部分被征地农民,尤其是男40岁、女35岁以上的农民,几乎陷入一种失地、失业、难创业的境地。他们在年龄、体力、文化、技术等"个人素质"方面,都不具备竞争优势。即使经过一定的培训,并给予优惠政策,也不能根本改变这种现状。据四川省劳动和社会保障厅的调查,截至2003年底,全省134.12万征地农转非人员中,仍处于法定劳动年龄内的有88.08万人,其中从土地征收后一直未就业的有45.64万人,占征地农转

---

① 劳动和社会保障部:《被征地农民社会保障综合调研报告》内部稿,2004年。

非劳动力人数的51.8%。[①] 需要指出的是,农民失地失业的实际状况可能比上述分析结果更为严峻。理由有二:一是在现时的农村,农业劳动力的实际从业状况是不存在劳动年龄段的,大多数人都要劳动到不能劳动为止,因而在被征地农民中可以劳动而没有劳动岗位的,实际上还应包括那些男60周岁、女50周岁以上的农民;二是在以上分析中用于数据对比的征地农转非人员只是庞大被征地农民队伍中的一小部分,保留农村户籍的仍占绝大多数。据劳动和社会保障部的估计,农民征地后转为城镇户口的占三成左右。[②]

对专业农民来说,失地往往给他们造成了巨大的直接影响。土地征收后,他们原有的种植特长得不到发挥,只能千方百计打短工或从事自己不擅长的行业,大部分找不到工作,收入明显减少。而对于兼业农民来说,失地就等于割断了他们与土地的联系,他们成了专业的工商业劳动者,一旦失业,离开工商业岗位,不仅很难重新上岗,而且已无法再回到农田上耕作。尽管有的地方采取了一些相应措施,引导部分农民进入了二、三产业,但仍然有相当一部分农民在短期内无法迅速找到谋生出路,暂时有地方打工的或有长期经营项目的,也存在长远生计忧虑。有的农民找不到生活出路,缺乏长远打算,只守着土地补偿费过日子,坐吃山空。

三、农民难以获得社会保障

在现阶段我国尚未建立起农村社会保障体系的情况下,土地不仅是农民最基本的生产资料,而且还是重要的保障机制。一旦失去土地,由于农民在就业、收入等方面的稳定性差,养老、医疗、失业等社会保障便成了他们特别是大龄被征地农民的后顾之忧。

---

① 四川省劳动和社会保障厅:《关于农民工和被征地农民社会保障的综合调研报告》内部稿,2004年。

② 劳动和社会保障部:《被征地农民社会保障综合调研报告》内部稿,2004年。

目前对被征地农民普遍适用的货币安置政策没有很好地解决被征地农民的社会保障问题,在土地征收行为过去几年之后,矛盾就逐渐凸显,使被征地农民成为社会的不稳定因素。首先,货币安置只是为被征地农民提供必要的生活补偿,就业机会则要到劳动力市场上去竞争,而他们的养老需求完全没有被考虑到。其次,现行征地价格满足不了被征地农民社会保障的需要。据杭州市劳动和社会保障部门测算,仅养老保险一项的费用,若按低标准进入、低标准享受的"双低"标准,一次性交费的方案,每个被征地农民的保险费需要5.18万元,而现行的安置补助费每人只有3万元,缺额2.18万元。即使有保障,其保障水平也是很低的,每个月只有100~200元,无法起到很好的效果。再次,一次性货币补偿金直接发放到被征地农民手中的做法则可能因其只注重眼前利益而使用不当,对解决社会保障问题反倒成为一个不利因素。同时,农民作为一个弱势群体,其最低生活保障权益往往以各种名义被剥夺,如1999年国务院颁布的《城市居民最低生活保障条例》,其适用范围仅限于城市居民,而将广大的农民排除在最低生活保障范围之外,更不用说城市户口享有的就业、养老、医疗、住房和粮食等一系列的社会保障和社会补贴了。对被征地农民这一群体而言,失去土地,就意味着失去生活保障,失去最后的生存和发展的保障,建立在土地之上的集体保障也随之瓦解。当被征地农民完全失去土地后,他们和城市居民一样承受着市场经济的巨大风险,但与城市居民相比,他们又处于无岗无保的境地,使得被征地农民成了最需要保障的群体。

四、农民心理上焦虑不安

被征地农民在土地被征收之前很多是凭借区域优势,建房租赁或种植经济作物供应城市市场,从而获得较丰厚的收入,因此大多数农民并不愿意失去农田。转为城市居民后没有了土地资源,自身又没有足够的知识技能,身份上又受到歧视,收入和生活水平急剧下降,生活压力和生活风险急剧上升。被征地农民希望和城市人一样获得工作机会、社会保障来支撑起他们未来的生活,但现实中却往往达不到理想。这就使得他们的思想、情感和心理复杂而矛盾,心理上焦虑不安,且带有明显的消极情绪和负面色彩。被征地农民产生忧虑的心理主要表现在两方面:(1)在工作方面,土地征收前,农民种田的收益虽然不一定很好,但是收入稳定,为他们提供了最低生活保障。土地征收后,农民失去了最稳定的经济来源,给他们的生活带来较大的冲击,尤其是对那些以种养业为主、年龄偏大又没有从事其他职业和技能的农民受影响最大。大部分被征地农民没有办法找工作,既没有田地可种,也不能自主创业,而是希望政府能安排其就业,形成了"等、靠、要"的不良心态。(2)在生活方面,被征地农民虽然得到了一笔土地补偿费,但是他们的生活同样面临很多困难,失去土地后,被征地农民的生活城市化,生活成本提高,生计难以维持,又因就业困难而潜伏着坐吃山空的危机,他们大多对今后的生活感到忧虑和担心。

综上所述,在工业化和城市化进程中,被征地农民的损失是全方位的、综合性的,他们失去的不仅仅是土地,还有就业岗位、居住房屋、生活保障以及集体资产等,从而失去了维持家庭生存、发展的低成本生活方式和发展方式。被征地农民这种困苦的生活状况和忧虑不安的心理状态不利于这一群体的健康发展,也直接影响了社会稳定的大局。

第九章

土地征收与农民权益冲突

　　土地征收能够满足社会公共利益要求,增进社会公共福利,加快城市化进程,提高人民生活水平,这是其积极的一面。但是,土地征收也有消极的一面,由于土地征收具有强制性和单向性,因而被征地农民不能抗辩土地征收的执行。而且,由于我国的补偿标准过低、社会保障不完善,因此在土地征收进程中必然会造成对农民利益的损害,特别是如果征地机关不严格按照法律规定的条件和程序征收,还会造成其他相关人员合法权益的损害。

　　农民利益得不到有效保障是现阶段我国农地征收中实际存在的一个不可忽视的问题。在土地征收中,从土地征收的范围到征收权的行使以及补偿费、安置费的发放,几乎每个环节农民的合法权益都会被侵害,就这些问题作出具体说明,有助于我们对土地征收与农民权益冲突原因进行分析。

第一节　土地征收与农民权益冲突的具体表现

一、土地征收范围过宽

　　各地政府以发展经济和城市化为名,大量征收土地,征地范围既包括国家公益性的建设项目,也包括经营性的建设项目,尤其是一些非国家建设项目的工商经营性用地,如房地产开发用地70%是通过土地征收取得的。

国家公益性的建设项目征地，主要基于"公共利益"的规定，而在实践中，农民的土地被地方政府在各种利益的驱动下乱征，大量的基本农业用地被转为城市建设用地，被用于盲目扩大城区、开发区以及建设高速公路等，土地征收的范围过宽、过乱。而非农建设占地主要集中在城郊和人多地少的经济发达地区。许多城镇为筹集建设资金，大肆圈地，片面追求城区规模的扩张。国务院发展研究中心农村部部长韩俊在2003年11月初第二次中国县域经济论坛发表演讲时谈到，1987年—2001年全国非农建设占用3 394.6万亩耕地，按人均耕地不足0.7亩计算，大体上每征收1亩地会造成1.4人失去土地。依此推算，目前全国至少有3 400万农民因征地失去或减少了土地，而且有逐年上升的趋势。按现在的经济发展速度，2000年—2030年的30年间，占用耕地将达到5 450万亩以上，失地和部分失地的农民将超过7 800万人。①

土地征收范围过宽，农村可耕地大量减少，大量无地农民涌入城市，增加了城市的就业压力，也给这些农民带来了工作、生活以及子女入学等诸多问题的困扰，严重影响了政治和社会的稳定。一些企业甚至以各种经济园区的名义变相圈地，对所征土地进行变相炒作，从中牟利；一些地方政府凭借手中的公权力将以低价从农民手中征来的土地转卖给开发商获取高额利润；更有大量耕地被征收后又被闲置，大量良田因而变成荒地。

二、土地补偿标准过低

我国的现行土地征收制度是计划经济体制的产物，征地政策体现的是农民利益要服从国家利益，牺牲农民和农业的利益，以农业的巨额"地租"来保护工业和发展经济。土地作为农民的生存之本，土地征收的补偿费用应是农民未来生活的基本保证，补偿费

---

① 韩俊：《将土地农民集体所有制界定为按份共有制》，《中国经济时报》，2003年11月11日。

用的多少直接关系到被征地农民的生存状态。

《土地管理法》第 47 条第 2 款的规定："征收耕地的补偿费用包括土地补偿费、安置补助费以及地上附着物和青苗的补偿费。"这一规定说明了我国的土地补偿仅限于直接损失,间接损失的补偿根本就不在考虑之内,并且按土地农业产值来计算补偿标准,对直接损失的补偿标准也过低。

依据法律规定,征收耕地的土地补偿费为该耕地被征收前 3 年平均产值的 6 至 10 倍,土地补偿费和安置补助费的总和不得超过土地被征收前 3 年平均产值的 30 倍。如果按照最高补偿 30 倍来计算,每亩地平均年产值 1 000 元,补偿费也只有 3 万元。土地补偿费以农地收益来计算,并不能反映土地的真实价值,被征地农民的利益并未在土地征收中得到应当的体现。这种补偿费的基数既非市场价格,也无参照系数,倍数的大小直接关系农民的切身利益。按照现行的补偿标准及农村居民人均生活消费支出计算,被征地农民得到的补偿只能维持 7 年左右的生活。因此,对于那些依靠土地而生存的被征地农民来说,土地被征收即意味着失去了日后的生活保障。我国的征收制度是一种"重征收,轻补偿"的制度,法律中只规定了征收农用地给予补偿,并没有说明是适当补偿、公平合理补偿还是完全补偿。征地补偿只是以保证被征地单位的农民生活水平不降低为原则,农民难以从社会经济发展中受益。并且,我国土地征收中多以货币补偿为主,由于农民整体素质普遍不高,缺乏就业能力和谋生手段,一旦失去土地,一次性的补偿费将很快被花光,农民的长远生计将成问题。

三、土地征收权行使违背依法行政的要求

土地征收作为各级政府及其土地主管部门行使的征收权,是实现公共利益的具体行政行为,其权力的取得并不以相对人同意为前提,而是完全取决于国家的意志和解释。但是,这并不意味着行政征收部门可以任意征收土地,将被征地者排除于土地征收程序,使

其毫无任何权利可言。然而现实情况却是某些地方政府为了追求政绩和地方经济的发展，采取多种形式、不惜代价地违规用地。

（一）行政征收权滥用

孟德斯鸠在《论法的精神》中说到："一切有权力的人都容易滥用权力，这是万古不变的一条经验。"①而土地征收权作为一种行政权力也不例外。土地征收是行政机关依法运用公权力对土地进行征收，在征收过程中，行政机关既是决策者又是执行者，很容易从自身利益出发，滥用行政权力。

我国法律规定，市、县级以上的人民政府及土地管理部门依据法律的相关规定，在法律规定的范围内有权征收集体土地。但是，某些地方市、县级政府和政府部门、乡镇政府、建设单位，甚至这些单位的领导人都可以不讲法律依据，以"开发建设"甚至是"形象工程"为由，强行违法征收农民集体土地，损害农民利益，而对此，被征收者只能服从征收土地的强制权，不得拒绝征收土地者的征收行为。更严重的是，有的县、乡两级政府把成百上千的土地批准权出让给用地单位或个人，大大超出了土地法规批准权限。

（二）行政征收过程中透明度不够

行政征收行为本应遵循严格的程序，按照相关法律办事，可事实上许多征地行为目的不清，程序方面严重缺乏透明度。作为征收利害关系人的农民一方在征地前被剥夺了知情权、协商权、参与权，完全处于被动的地位。

我国关于土地征收程序中的立法对征收相关信息的公开仅规定了"公告"一种方式。在实践中，虽然审批机关也会将各种信息进行公开，但由于城乡之间的信息沟通网络不畅通，加上农民因受教育程度不高对信息的敏感度有限以及公告的不规范等因素，致使农民对被征收土地的具体方位、征收的目的和范围、补偿标准等信息缺乏了解，土地征收存在一定程度上的暗箱操作的现象。

---

① ［法］孟德斯鸠：《论法的精神》，张雁深译，商务印书馆，2005年，第237页。

按照《土地管理法实施条例》第 25 条的规定："征用土地方案经依法批准后,由被征收土地所在地的市、县人民政府组织实施。并将批准征地机关、批准文号、征用土地的用途、范围、面积以及征地补偿标准、农业人员安置办法和办理征地补偿的期限等,在被征用土地所在地的乡/镇、村予以公告……征地补偿、安置争议不影响征用土地方案的实施。"从上述法律规定中可以看出,被征地的农民对土地征收的目的、方案等没有表达自己意见的机会,对已经拟订的征地补偿、安置方案所起的作用也是微乎其微的,农民的参与权被予以否决,征地方案完全由政府单方面作出,政府丝毫没有听取被征地农民的意见,相对方的参与权被剥夺了。

四、土地征收中被征地者司法救济权被剥夺

在我国现行的土地征收制度中,政府既是决策者,又是征收行为的执行者,甚至是征收争议的裁判者。《土地管理实施条例》第 25 条第 3 款规定："征地补偿、安置方案报市、县人民政府批准后,由市、县人民政府土地征收主管部门组织实施。对补偿标准有争议的,由县级以上地方人民政府协调;协调不成的,由批准征用土地的人民政府裁决。"该条规定实际上把补偿方案的批准权和争议的最终裁决权归于征收土地的批准机关即地方政府,没有规定当事人向司法机关获得救济的权利,这种做法显然不利于被征地农民利益的保护。

土地征收过程中,法律并未给被征收农民提供适当的司法救济途径,人民法院发挥的作用也微乎其微,由于法律规定人民法院只能审查具体行政行为的合法性,而不能审查抽象行政行为,法院可以以此为由拒绝受理。整个征地过程政府始终居于绝对的主导地位。这种制度安排给征收者以过大的权力,而被征收农民连起码的司法救济权都没有,双方攻防战略严重失衡,没有司法权制约政府征地行为,也不能有效地维护被征收农民利益。

从土地征收制度上可以看出,涉及征收的当事人主要是国家

和农民,因此土地征收制度的不完善将直接导致国家与农民之间关系紧张。在当前经济发展的要求下,土地征收是不可避免的正常现象,但是在征收过程中对农民利益所造成的侵害却是不正常的。对被征地农民的利益加以保护直接影响到土地征收活动和国家建设活动的顺利进行,更影响到农村和整个社会的安定团结,我们必须对此应加以关注。

第二节　土地征收与农民权益冲突的原因分析

我国现行的土地征收制度始于 1953 年的政务院《关于国家建设征用土地办法》,经过 1958 年的《国家建设征用土地办法》和1982 年的《国家建设征用土地条例》之后,在 1986 年的《土地管理法》中得以最终确立。不容置疑,我国的土地征收制度在经济建设中发挥了巨大作用,低成本取得土地为经济建设和工业发展节省了大量资金。但到目前,我国仍然没有一部具体而完善的土地征收法来规范土地征收法律关系主体的权利和义务,也没有一部针对农民权益保障的法律为失地农民提供法律救济。而显而易见的是,土地征收制度仍是一种计划经济体制下的产物,是为计划经济服务的,已不再适应 20 世纪 90 年代以来发展社会主义市场经济的需要。在《土地管理法》通过后的 1986 年至 1995 年,耕地累计减少 10 266 万亩,年均减少 1 027 万亩;从 1997 年 2006 年底,人均耕地已由 2002 年的 1.47 亿亩降为 1.39 亿亩,大部分耕地被征转用为城市建设用地和工业用地。① 耕地急剧减少造成了大量农民失业,同时由于补偿安置费用低、征收程序不合理、安置不到位等因素,失地农民生活得不到保障,给社会带来了许多不安定因素,同时也暴露了现行土地征收法律制度存在的缺陷与不足。

---

① 张猛,陈利根:《我国土地立法亟待完善》,《国土资源》,2007 年第 7 期。

一、土地征收立法不完善

（一）"公共利益"立法规定不明确

我国《宪法》第 10 条规定："国家为了公共利益的需要，可以依照法律规定对土地实行征收或征用并给予补偿。"《土地管理法》第 2 条规定："国家为了公共利益的需要，可以对土地实行征收或者征用并给予补偿。"《物权法》第 42 条规定："为了公共利益的需要，依照法律规定的权限和程序可以征收集体所有的土地和单位个人的房屋和其他个人财产。"从以上法律规定可以看出，征收集体所有的土地必须符合"公共利益"目的。然而，基于"公共利益"为目的的征收条件，却在法律上规定得相当笼统，只是一笔带过，无原则性的明确规定。过于原则性的规定会导致公共利益主观裁量性较大，不利于约束行政机关严格依法实施土地征收，导致征收权的滥用。

"公共利益"一般理解为：直接满足于全体公民生存发展需要所必需的基础性建设事项，而非以营利为目的。如国防建设、市政建设、交通运输、水利事业等，房地产开发、建设工业区等商业赢利行为当然不在此列。只有出于公共利益的需要，国家征收土地才是正当的。然而，从我国土地征收的实际情况来看，国家征收土地在很多情况下并非基于公用而是商用。一些地方政府在审批征地项目时，根本没有把"公共利益"之需要作为征地项目批准与否的前提，只要是符合城市的整体规则，就大开土地征收方便之门，从而使大量的被征收土地沦为房地产开发、高尔夫球场等商业目的之用。2009 年 1 月 28 日，国土资源部部长徐绍史表示，2009 年国土批准用地比 2008 年增长 21%，实际供地增长 44%，同时核准违规用地达 20.5 万亩；全国共立案查处违法案件 4.1 万件，没收建筑物 1 924 万平方米，各种土地违法罚没收入达到 15 亿元人民币。①

---

① 国土资源部部长徐绍史在全国国土工作会议上的讲话，中国新闻网，2010 年 1 月 19 日。

这种为了某种市场主体的经济利益而强制征收农民土地的行为，实际上是借国家公权力之手强制剥夺一部分人的利益来满足另一部分人的利益，这是国家权力对私人权利最严重的侵害。①政府可以通过低价征收土地，再以高价出让给开发商，从中获取高额的土地差价来经营城市。国务院发展研究中心副主任陈锡文透露，自改革开放以来到 2005 年，政府通过低价从农民手里征地后高价出让，至少使农民蒙受了 2 000 万亿元的损失。②农民丧失了对自己土地的处置权，只能接受微薄的征地补偿，成为商业利益的牺牲品。这也正应了民间流传的"政府出章子，开发商赚票子，老百姓哭鼻子"的顺口溜。

（二）相关法律法规自相矛盾

我国《土地管理法》第 2 条第 4 款规定"国家为了公共利益的需要，可以依法对集体所有的土地实行征收"，但第 43 条规定"任何单位和个人进行建设需要使用土地的，必须依法申请使用国有土地。兴办乡镇企业和村民建设住宅经依法批准使用本集体经济组织农民集体所有的土地的，或者乡（镇）村公共设施和公益事业建设经依法批准使用农民集体所有的土地的除外"。这就引发了一个矛盾：农村集体土地转换为城市国有土地，按照《土地管理法》第 2 条第 4 款规定，只有在符合公共利益的前提下才是合法的，才能真正地为国家所用。但是依照第 43 条的规定，除了兴办乡镇企业、村民建设住宅、乡（镇）村公共设施和公益事业建设不需要经过征收程序外，绝大部分需要利用集体土地的建设都需要经过国家征收程序，如房地产开发、建高尔夫球场等纯属商业盈利性的用途。这就意味着当单位和个人需要建设用地时，必须寻求国有土地；而当国家所有的土地无法满足需要时，国家可以征收原属于农民集体所有的土地。这就又出现一个矛盾，即不论单位和

---

① 皮纯协：《新土地管理法理论与适用》，中国法制出版社，1999 年，第 192－194 页。
② 邵道生：《土地、圈地与中国的农民问题》，《中国土地》，2004 年第 3 期。

个人所从事的经营活动目的如何,均不需以具备"公共利益"之目的来取得相应之土地使用权。显然,《土地管理法》的分则规定与总则及《宪法》的相关规定明显不一致、不相协调。根据法治统一性的宪法原则精神,下位法的规定不得违背上位法的规定,当然更不得违背宪法这一根本法的原则规定精神。

（三）土地征收补偿法律存在缺陷

在法治发达国家,为保障被征地者合法的权益,法律明文规定征收必须依据法律,且该征收法必须同时规定征收的补偿额度及种类,将征收与补偿强制性合为一体,被视为"唇齿条款"或"联合条款"。① 然而就我国目前土地征收的实践来看,土地征收补偿以直接损失为原则、以货币补偿为主要方式、补偿范围狭窄、补偿标准并非基于土地市场供求情况等这些补偿立法的规定,存在着不少漏洞,不能很好地保障被征地者权益。

1. 土地征收补偿法律违法授权

《土地管理法》第 47 条规定了征收耕地的土地补偿费和安置补助费的具体标准,而把征收其他土地的土地补偿费和安置补助费以及被征收土地上的附着物和青苗的补偿标准授权给省、自治区、直辖市规定。同时,为避免大规模的土地征收给农民权利造成大范围的影响,《土地管理法》第 51 条又规定:"大中型水利、水电工程建设土地的补偿费标准和移民安置办法,由国务院另行规定",这两项授权是不符合法律规定的。《立法法》第 8 条规定:"下列事项只能制定法律……（六）对非国有财产的征收……",因此,根据《立法法》关于立法权限的划分,征收事项只能由全国人大常委会制定法律加以规范,征收补偿和移民安置是征收制度非常重要的组成部分,只能制定法律,而征收补偿的法律规定却违背了这一法治统一原则。

---

① 陈应珍:《试论土地征收的理念重构与制度完善》,《理论与实践》,2007 年第 1 期。

2. 土地征收补偿范围过于狭窄

我国现行法律对农地征收补偿划定了具体的范围，《土地管理法》第47条规定："征收土地的，按照被征收土地的原用途给予补偿。征收耕地的补偿费用包括土地补偿费、安置补助费以及地上附着物和青苗的补偿费。"《土地管理法实施条例》第26条对农地征收补偿费的归属作出了明确的界定："土地补偿费归农民集体经济组织所有；地上附着物及青苗费归地上附着物及青苗的所有者所有。"也就是说，我国对农地征收进行补偿的项目就是3项，即土地补偿费、安置费、地上附着物和青苗的补偿费。其中，明确规定归失地农民所有的是地上附着物和青苗的补偿费。尽管国家在2004年《土地管理法》修改后又出台了一系列关于农地征收补偿方面的政策和措施，在对农地补偿费发放和使用的标准及其程序上作出了适当的调整，但是在农地征收补偿范围的问题上始终没有发生变化。我国对农地征收补偿，以被征地农民的直接损失为大限，以原用途给予补偿，以货币补偿为主要方式。一国对于农地征收补偿的范围到底应当如何确定，对于补偿范围的界限应当如何划定，归根到底是一国对农地征收实行什么样的补偿原则问题。我国《宪法》、《土地管理法》、《物权法》都没有明确地提出和规定农地征收补偿的原则，这样就直接制约着我国农地征收补偿范围的确定，也是导致长期以来我国农地征收补偿范围过窄的主要原因所在。

3. 土地征收补偿标准不合理

农民以土地的收益作为生活来源，在目前就业紧张的情况下，一旦土地被征收，他们暂时只能靠微薄的土地补偿金度日。然而我国的土地征收补偿标准极不合理，适用适当补偿标准，仅以直接损失补偿为限而非以土地实际价值计算。在农地征收补偿范围既定的情况下，失地农民所得到补偿费的多少，就完全取决于各个补偿项目标准的高低了。

确定土地征收的合理补偿标准，其实就是要给出一个公平、合理的土地征收价格。如何确定土地的价格以及补偿数额是否合理,对于失地农民家庭和农民土地权益保护来说是问题的关键所在。我国现行土地征收补偿标准的法律规定主要集中在《土地管理法》的第47条,该条规定:"征收土地的,按照被征收土地的原有用途给予补偿。征收耕地的补偿费用包括土地补偿费、安置补助费以及地上附着物和青苗的补偿费。征收耕地的土地补偿费,为该耕地被征收前三年平均年产值的六至十倍。征收耕地的安置补助费,按照需要安置的农业人口计算。需要安置的农业人口,按照被征收的耕地数量除以征地前被征收单位平均每人占有耕地的数量计算。每一个需要安置的农业人口的安置补助标准,为该耕地被征收前三年平均年产值的四到六倍。但是,每公顷被征收规定的安置补助费,最高不得超过被征收前三年平均年产值的十五倍……依据本条第二款的规定支付土地补偿费和安置补助费,尚不能使需要安置的农民保持原有生活水平的,经省、自治区、直辖市人民政府批准,可以增加安置补助费。但是土地补偿费和安置补助费的总和不得超过土地被征收前三年平均产值的三十倍。"

　　法律条文的陈述无疑表明,我国现行土地征收补偿标准既不是土地的价格,也不是土地使用的租金。征地补偿费用的计算依据是农业产值,按农地原用途年产值倍数测算,体现的是农业产值的收益,而非土地潜在价值和收益以及土地市场的供需状况,更不是土地承担的生产资料和社会保障的双重功能。这种征地补偿标准的确立从严格意义上讲,是建立在土地国家所有和集体所有两种公有制的基础上,根据原来计划经济条件下生产资料分配以及调配方式制定的,其基本的补偿思路一直沿用至今。现行的"年产值倍数法"征收补偿方式表现出两个基本特征:一是对人不对地。在计划经济条件下国家建设征收集体土地,按照被征土地的年产值进行补偿,并遵循不低于农民原生活标准的原则,补偿过程中更多考虑的是失地农业人口的安置和补偿,而不是根据被征地的区位和质量条件进行等价交换。二是征地的经济关系仅体现补偿关系。对被征收土地的补偿仅依据农业利用方式下的年产值进行补偿,不考虑土地的潜在利用价值或者市场价值,是一种纯粹的补偿关系,而非基于公平、合理的权利本位补偿。

在土地征收过程中,由于法律只是规定了补偿上限和大概的范围,产值倍数也是浮动的,因而现实中征地补偿标准的确定,带有极大的随意性,"年产值倍数法"也极易造成政府在征地过程中侵占农民的利益。从我国各地土地征收中失地农民的实际生活状况来看,这样的补偿标准不仅没有合理体现土地的不同位置差异以及各地不同的经济发展水平,而且没有真正体现土地对农民的生存保障的价值。由于农地征收后失地农民的农业收入减低有时甚至为零,这不仅影响到被征地农民的日常消费水平以及未来家庭教育方面的支出,而且这部分补偿的忽视,是对农民发展权的剥夺。

4. 土地征收补偿费用分配秩序不明确

根据《土地管理法》第47条、第49条规定,征收耕地的土地补偿费由农民集体经济组织所有;地上附着物和青苗补偿费归地上附着物及青苗的所有者所有。而安置补助费的归属则有3种情况:第一,由农村集体经济组织安置被征地人员时,安置补助费归农村集体经济组织,农村集体经济组织管理和使用;第二,由其他单位安置时,安置补助费归安置单位;第三,不需要统一安置时,安置补助费发放给被安置人员个人或者征其同意后用于支付其保险费用。我们应注意到,土地上附着物和青苗的补偿费在整个补偿费中所占比例较小,而且易算清,很少有被截留、挪用的现象。然而土地补偿费、安置补助费,被征地农民少则可得一两万,多则三五万,这可是一笔巨额的资金。于是一些农村集体经济组织找借口将土地补偿费、安置补助费归集体所有,说这些资金用于修路、建校舍等公益事业为村民谋福利,但是由于缺少监督,数百万甚至上千万征地补偿费被截留、挪用甚至被挥霍掉了。如《华商报》2006年5月10日报道,陕西省部分市区共截留、挪用农民1 503

万元征地补偿费。这种土地补偿费和安置补助费被截留、挪用的现象，既非个别的又非一时的，这与我国现行关于被征土地补偿费、安置补助费的分配、管理及其使用制度安排的不完善密切相关。

我国《土地管理法》虽规定土地补偿费归农村集体经济组织所有，但未明确规定在农村集体组织与村民之间如何分配。于是农村集体组织（实际上是少数村干部）以"维护集体经济组织利益"为名任意分配补偿费，表面上赋予农民集体自主分配及使用和管理补偿费的权利，实质上是少数村干部行使。本就偏低的补偿费，加上层层盘剥后能真正到被征地者手中的征地补偿款是少之又少。近年来全国发生大量村干部截留、挪用征地补偿费的案件就足以说明这一点。例如新浪网 2006 年 11 月 13 日新闻：安徽合肥泾县泾川镇原城东社区居委会主任、党支部副书记李昌明因挪用土地征收补偿费，被泾县法院判处刑罚。

二、土地征收程序中行政执法违法严重

土地行政征收的主体是国家，征收执行源于法律授予的征收权，而征收权作为一种行政行为具有国家强制力，征收者与被征收者处于不平等的地位。征收权在实践中由政府及有关行政机构在服务于公共利益和重点项目的前提下依法行使，被征收者不能拒绝征收行为，只有履行征收的义务，如果存在着违法征收的情况，对被征收者而言则更是雪上加霜。

（一）土地征收目的认定程序欠缺

我国立法只规定土地征收的条件是"公共利益"，并没有设立"公共利益"的认定程序，仅仅只要"有批准权的人民政府批准"即可，并没有一部法律明确规定有谁判定"公共利益"、依照何种程序来判定"公共利益"。国务院或各省级人民政府既是农用地转用审批机关，又是土地征收审批机关，各自在征收批准权限内批准农用地转用，极易造成"一人独大"内部操作。各地政府或土地管理部门对土地合法性审查不到位，无权或越权批地，通过化整为零审批土地规避法律，违反法定程序批准征收土地，未征先用，征而不用，少批多用。例如在 2004 年的江苏铁本钢铁公司违规建设项目一案中，当地政府及有关部门严重违反国家有关法律法规，越权分 22 次将投资高达 105.9 亿元的项目分拆审批，违规审批征地 6 541 亩，违规组织实施征地拆迁，致使 2 000 多户农民被迫搬迁，造成严重后果。[1]

尽管《土地管理法》第 42 条第 2 款明确规定："……严格限制农用地转为建设用地，控制建设用地总量，对耕地实行特殊保护。"第 31 条规定："国家保护耕地，严格控制耕地转为非耕地。"同时第 43 条第 1 款又规定："任何单位和个人进行建设，需要使用土地的，必须依法申请使用国有土地。"然而情况并非如此，某些地方政府受眼前利益驱使，钻法律空子，以低价土地征收补偿金从农民手中征收到土地，而后以高价转让给企业单位，不惜损害农民的切身利益，而农民则因失去赖以生存的土地又得不到合理补偿而变为"流民"。

（二）土地征收过程中公开、听证制度失当

在我国，国家强制性地征收农民土地主要是在政府部门和作为农地所有者的农村集体经济组织之间进行，由于被征地农民只拥有农地承包经营权，因而无法在事关自身财产权的农地征收过程中施加实体性的影响力。而农村集体经济组织由于和政府部门天然的行政隶属关系，使得其在忠实地维护农民利益上显得力不从心。现行法律对此也有明显"维护"，《土地管理法》第 48 条规定："征地补偿安置方案确定后，有关地方人民政府应当公告，并听取被征地的农村集体经济组织和农民的意见。"这种先征后公告的程序，使农民的意愿得不到有效、真实、及时的表达，更不能参与和影响征地方案的制订和实施。这种征地程序中，农民没有参

---

① 王富博：《土地征收的私权保护——兼论我国土地立法的完善》，《中国政法大学学报》，2005 年第 1 期。

与权、知情权和申诉权,是对农民合法权益的严重侵犯,从而导致了大量土地纠纷的出现。

我国现行土地征收程序基本上是政府内部操作程序。征地与补偿安置公告发布于征地申请批准补偿安置方案制订之后,属于事后程序,只有在审批通过后的征地过程中,被征地者才能对补偿、安置方案提出意见或要求听证,对于被征地者而言毫无任何实质意义。土地征收审批通过与否完全取决于有审批权的政府部门决定,土地征收过程中被征地者几乎没有任何发言权,征与不征,补与不补,补多少,完全由政府决定,并且已有的"两公告一登记"(指征地方案公告、补偿安置公告和补偿登记)制度,因其得不到地方政府的积极配合很难落实,征收公告流于形式。

而对于听证制度,我国《国家资源听证规定》中也明确规定了征收农地须进行听证,一些地方政府官员对国家这项规定的重要性认识不够,或者可以说是拒不执行。他们认为如果实施了听证程序,就会加大征地的困难,因此在实践中很少真正实施。而且,实施听证的听证人选也具有暗箱操作的嫌疑,炒作很热的听证制度对权利人而言只是流于形式。听证征地过程中由于缺乏被征地人的参与,也就缺乏了最有效的监督,其结果是相关权利人没有参与和申辩的机会,社会舆论也无从监督。

（三）土地征收监督审查机制不健全

从2004年起,中央政府出台的各项关于加强土地管理以及制止、打击土地违法方面的政策和措施,不乏其多,然而地方政府在土地问题上或明或暗的违法活动似乎是越打越凶、越压越强。纵观世界上许多国家和地区除设立土地决策、咨询、执行机构外,还专门设立仲裁机构裁决征用者与土地所有者之间的争议,以保证土地征用的合理性与公平性,而我国土地管理部门中没有这样一个部门来裁决征收中的争议及规范征收双方行为。① 县、乡（镇）

---

① 潘善斌:《农地征收法律制度研究》,民族出版社,2008年,第73页。

政府土地管理部门是土地主体的代表,又是所征收土地的使用者和管理者,在重大决策上需要听从于政府,政府集多种职能于一身而无有效监督,致使产生了大量违法征收土地的行为。目前违法征收、占用土地的主体有相当大的部门是各级政府。

土地征收目的的审查机制,既包括土地征收的申请、批准前有关机关对农地征收目的合法性的事前审查,也包括土地征收被批准后被征收者认为农地征收目的不具有合法性时的救济机制,可以称为事后审查。在我国,《土地管理法》中只规定了土地征收必须经过国务院或者省、自治区、直辖市人民政府批准,对被征地者认为土地征收目的不符合法律规定的救济途径,法律却没有任何的规定。尽管国家土地资源部每年都会派官员赴各省、市进行土地调研,但是这种事后审查能否有效制止违法土地征收尚待确认。正如有学者分析的那样,我国近年来,地方政府一轮又一轮的违法占地,中央政府一波又一波的运动式执法,不能说没有效果,只是这样的监督思路和办法,始终在"违法—查处—再违法—再查处"的恶性循环中"打转转",而每经历一轮循环,执法的综合成本更高,违法者的胆子更大、花样更多、手段更繁杂,20 年来这样的疯狂一轮胜过一轮。①

事实再一次证明,土地征收法律制度不改革,地方政府土地违法活动就不会停止,农民的土地权益就不可能得到有效保障。

三、土地征收法律救济机制不完善

（一）土地征收争议裁决机制不健全

《土地管理法实施条例》第 25 条规定:"对补偿标准有争议的,由县级以上地方人民政府协调;协调不成的,由批准征用土地的人民政府裁决。征地补偿安置争议不影响征收方案的实施。"从这一条文中可以看出,无论是由县级人民政府协调还是由批准

---

① 鲁宁:《土地制度不改违法占地难止》,《中国经济时报》,2006 年 4 月 18 日。

征地机关裁决,皆是土地征收的一方当事人自己裁决自己的决定,被征地者权益的侵犯是可想而知的。由于法律对征地裁决补偿纠纷的规定缺乏一整套征地争议裁决的实体、程序等内容的具体规定,从而使得一些征地裁决补偿纠纷问题很难得到解决。土地征收是地方财政收入的重要来源,而政府作为土地征收的当事人,又是处理征地争议的裁判者,由于自身的利益驱使,从而使其对征地裁决补偿纠纷很难公正,较少顾及被征地人的利益。这样一来,征地争议裁决制度便形同虚设。

（二）土地征收过程中的行政复议和行政诉讼立法存在缺陷

在我国,行政复议被认为是行政机关内部自我纠正错误的一种监督制度,而不是基于对公众权利的救济制度。我国的行政复议机构缺乏相对的独立性,使得行政复议的作用难以得到充分发挥。同时,《行政复议法》的规定过于简单、操作性不强,使得农地征收复议工作在实践中面临各种问题无法解决。

然而,诉讼的救济途径也是不尽如人意的。我国法律对土地征收的纠纷设置了复议前置程序,而对于可以提起行政诉讼的土地征收纠纷较为有限,在我国,只有对地级市人民政府所作的复议决定不服才可以提起诉讼,而国务院以及省级人民政府的行政复议把诉讼救济排除在外。《行政复议法》第14条规定:"对国务院部门或者省、自治区、直辖市人民政府的具体行政行为不服的,向作出该具体行政行为的国务院部门或者省、自治区、直辖市人民政府申请行政复议。对行政复议决定不服的,可以向人民法院提起行政诉讼;也可以向国务院申请裁决,国务院依照本法的规定作出最终裁决。"第30条规定:"公民、法人或者其他组织认为行政机关的具体行政行为侵犯其已经依法取得的土地、矿藏、水流、森林、山岭、草原、荒地、滩涂、海域等自然资源的所有权或者使用权的,应先申请行政复议;对行政复议决定不服的,可以依法向人民法院提起行政诉讼。根据国务院或者省、自治区、直辖市人民政府对行政区划的勘定、调整或者征用土地的决定,省、自治区、直辖市人民政府确认土地、矿藏、水流、森林、山岭、草原、荒地、滩涂、海域等自然资源的所有权或者使用权的行政复议决定为最终裁决。"从以上条文可以看出，某些土地征收情形设置了行政诉讼前置程序，如果相对人对国务院的批准行为不服，既不能提起复议要求，又不能提起行政诉讼；而对省级人民政府批准行为不服的，将省级人民政府作为行政复议的主体，违背了"自己不能当自己案件的法官"的诉讼原则，增加了诉讼成本。

我国土地征收的有关立法在一定程度上限制了被征地者的诉讼权利，对征收行政终局裁决不能向人民法院提出诉讼，违背了"有权利即有救济"的司法原则。

第十章

土地征收的条件——公共利益

　　土地征收作为一种以国家公共权力为后盾强行取得私人土地所有权的行为,历来是一个国家或地区的宪法和法律规范的对象。其强制取得的理论依据就是公共利益。公共利益是土地征收制度的基本要件之一,只有出于公共利益的需要,国家或政府才可能发动土地征收权,政府取得土地必须是为了公共目的,这也是市场经济国家普遍承认的基本原则。

　　确定了公共利益的内涵和外延,就是限定了土地征收权的边界,也是政府与市场对土地资源配置领域的分水岭,从而为被征地人的土地财产权免受侵害提供了保障。

第一节　公共利益概述

　　公共利益是一个高度抽象的概念,因此对其精确界定也是一件比较困难的事情。迄今为止,没有哪位学者能对公共利益作出一个令学界信服的界定,这主要是由公共利益的不确定性所决定的,但是这并不应当成为阻碍人们界定公共利益的理由。

一、公共利益的概念分析

　　"公共利益"一直是法学中最重要的概念之一。在国内外法学界,对于"公共利益"如何界定一直都存在很大的困惑。国外的学者对于公共利益这个概念的研究也持续多年。早在 1984 年，德国学者洛厚德就提出，将公共利益界定为"任何人，而不必是全体人们的利益"，由此产生的"地域基础"理论将一定的地域空间作为界定"人群"的标准。① 将公共利益界定为"相对空间内关系人数的大多数人的利益"。即只要居住于特定区域内的人们居多数，那么他们就能形成自己的公共利益。德国学者纽曼将"公益"分为两种：一种为主观的公益，即基于"文化关系"而形成的公益，是开放性的，任何人都可以接近，不封闭也不专门为某些个人所保留。② 另一种是客观的公益，是国家或者地方自治团体所设立的，维持其统治所掌握的职务，是基于国家目的和任务而形成的公益，在判断什么是国家目的和任务的时候，必须考虑当时社会的文化关系。因此，纽曼提出了"不确定多数人理论"，即公共的概念是指利益效果所及的范围，即以受益人的多寡的方式决定，只要大多数的不确定数目的利益人存在即公益。③ 19 世纪的社会功利主义学派代表边沁提出："公共利益"绝不是什么独立于个人利益的特殊利益。"共同体是个虚构体，由那些被认为可以说构成其成员的个人组成。那么，共同体的利益是什么呢？是组成共同体的若干成员的利益的总和：不理解什么是个人利益，谈共同体的利益便毫无意义。"④一个社会的公共利益，就是这个社会中所有的人的个人利益之和。国家的目的就是最大限度地促进公共利益，实现社会"最大多数人的最大幸福"。德国学者阿尔弗莱德·弗得罗斯则不同意边沁的上述观点。他认为：公共利益既不是单个个人所欲求的利益的总和，也不是人类整体的利益，而是一个社会通过个人的合作而生产出来的事物价值的总和；而这种合作极为必要，

---

① 陈新民：《宪法基本权利之基本理论》上，三民书局，1992 年，第135 页。

② 同①，第 137 页。

③ 杨晚香：《财产征收研究》，中国法制出版社，2006 年，第91 页。

④ ［英］边沁：《道德与立法原理导论》，时殷弘译，商务印书馆，2000 年，第58 页。

其目的就在于使人们通过努力和劳动而能够建构他们自己的生活,进而使之与人之个性的尊严相一致。美国的博登海默认为:公共利益这个概念"意味着在分配和行使个人权利时决不可以超越的外部界限"。"外部界限"的意思是:赋予个人权利以实质性的范围本身就是增进公共利益的一个基本条件。① 日本的宫泽俊义则有着与博登海默相似的看法:日本宪法中的"公共利益"包括自由国家公共利益(以平等地保障每个人的自由权为其首要目的)和社会国家公共利益(宪法不满足自由国家,还要进一步保障社会权,建立社会国家理念)两个侧面。② 英国的哈耶克则对公共利益有一种独特的见解:公共利益只能定义为一种抽象的秩序——"自由社会的共同福利或公共利益的概念,决不可定义为所要达至的已知的特定结果的总和,而只能定义为一种抽象的秩序。作为一个整体,它不指向任何特定的具体目标,而是仅仅提供最佳渠道,使无论哪个成员都可以将自己的知识用于自己的目的"。③ 马克思则认为公共利益不是仅仅作为一种"普遍的东西"存在于观念中,而是首先作为彼此分工的个人之间的相互依存关系存在于现实中。④

　　虽然很多学者都试图对公共利益的内涵作出一个明确的界定,但实际上这是个很难实现的目标。因为,公共利益本身是随着时代的发展而不断扩大和变化的,是一个时代性的概念。尽管如此,由法律来对公共利益进行界定还是一个通行的做法。

---

　　① [美]E·博登海默:《法理学:法律哲学与法律方法》,邓正来译,中国政法大学出版社,1998年,第298-311页。
　　② [日]宫泽俊义:《日本国宪法精解》,董舆译,中国民主法制出版社,1990年,第171页。
　　③ [英]哈耶克:《经济、科学与政治——哈耶克思想精粹》,冯克利译,江苏人民出版社,2000年,第393页。
　　④ 《马克思恩格斯全集》第3卷,人民出版社,1990年,第37页。

二、公共利益的特征

第一，公共利益优于个人利益，但二者法律地位平等。公共利益在市场中无法自动实现，政府是实现公共利益的主体。为实现公共利益政府可发动土地征收权，公共利益是土地征收权的依据和界限。公共利益优于个人利益，但并不意味着二者法律地位有高低，二者是平等的，如果为了公共利益不得不牺牲个人利益时，必须遵循法定的正当程序，并给受损害的个人利益以合理补偿。公共利益不仅关系到社会的稳定和发展，同时也是个人利益之所在，因为公共利益往往就是个人利益的集合。但并不能因为其中包含被征收者的利益就不予补偿，相反正是因为该个人利益为了公共利益承担了特殊牺牲，所以才应对其受到的损害进行补偿。

公共利益和私人利益没有高低之分。在宪政框架内，政府与个人是平等的。我们在强调公共利益时，应该强调对私有财产的保护。政府为了公共利益的需要，征收公民个人的土地是有理由的，但是，公民个人对于自己的土地或财产的权利也是完全正当的。为了公共利益需要，私人自然可以出让土地或财产，但其需要得到补偿，而且应该给予其双方都认为合理的补偿标准。唯有这样，才符合作为宪法基础的平等原则。

第二，公共利益具有公共性和直接性。所谓社会公共利益，是指全体社会成员的直接的利益。例如公共道路交通、公共卫生、灾害防治、国防、科学及文化教育事业，以及环境保护、文物古迹及风景名胜区的保护、公共水源及引水排水用地区域的保护、森林保护事业，均属于社会公共利益。在判断是否属于社会公共利益时，只有全体社会成员都能"直接"享受的利益，才属于社会公共利益。例如建设"经济开发区"、"科技园区"，虽可使社会成员"间接"得到利益，但仍属于商业目的，不属于社会公共利益。

公共利益是一个十分难以界定的法律概念，可以说任何一个合法的经营活动，都有一定的公共利益在里面。如私人使用土地，除了满足其本身的利益目标外，还向社会作了一定的贡献，如向国家提供税收,增加国民生产总值,促进整个社会经济的发展等,可以理解为间接地以"公共目的"为出发点。还有,如从"公共目的"的直接出发点上看,只有国家使用才是真正符合"公共目的"的,其他的间接作用都不能看做以"公共目的"为出发点。争论的结果曾使美国法律几经修改,将"公共目的"的使用一度解释为"公共的使用",后又增加了"除公共的使用外,还包括公共利益的用途"。我们很难说图书馆具有公共利益性质,而面包厂不具有公共利益性质。只是公共利益的程度和覆盖面不一样,因此,一个国家只能根据本国的经济、社会现状,确定符合本国实际的公共利益条件。随着时代的进步和经济社会的发展,公共利益的概念、条件也在不断地发生变化。以前不属于公共利益的概念,可能随着时代的发展就可能属于公共利益。如加油站,一旦汽车数量发展到一定程度,加油站可能就有了公共利益的性质。再如医院,以前都是公共利益性质,但是随着私人医院的兴起,其是否属于公共利益性质,就很难界定。另外公共利益还和营利性与非营利性有一定的关联。但不是说,公共利益的项目就不能以盈利为目的。

　　第三,公共利益具有不确定性。公共利益是个不确定的法律概念,模糊不清、弹性太大,在利益的内容和受益的对象上,都具有不确定性,不能构成标准。认可这种标准,则等于否定了标准的要件,因为任何立法授权都有必须符合公共利益的含义。[1]

　　为了避免行政机关自己认定"公共利益",应该从立法上给予一定程度的具体化,为行政执法以及法院司法提供依据。否则,不明确界定的"公共利益"无异于"不受立法控制的空白支票"。[2]如马来西亚在1993年对其土地征收法进行修改时,曾在原来的公共目的的基础上,增加了一项"由任何人或机构提出的、州政府认为有利于马来西亚、该地区经济发展或公众利益的目的"。后来,

---

　　① [美]伯纳德·施瓦茨:《行政法》,徐炳译,群众出版社,1986年,第47页。
　　② 同①,第53页。

他们认为这一方面有利于马来西亚政府和州政府实现自己的经济建设意图，但另一方面有可能会导致政府滥用土地征收权，给私人土地拥有者带来不安。因此，在1997年修改土地征收法时规定暂时停止使用这一条。

这种不确定性还体现在公共利益与个人利益之间的关系上。从辩证唯物主义的角度来看，公共利益与个人利益既存在统一的方面，也存在对立的方面。这种统一的方面主要体现为：公共利益是个人利益中共同的集合，二者还可以互相转化，一方面因为公共利益是社会成员的共同利益，最终仍须将其分配给社会成员享用；同时，当个人利益和个人权利受到侵害并具有经济秩序或社会正义的普遍性或典型意义时，就会转化为公共利益。①

第四，公共利益具有相对性和动态性，并呈逐步扩大趋势。从某种意义上看，公共利益是一个历史范畴，具有相对性和阶段性的特征。例如，城市垃圾处理厂曾是典型的公共利益项目，当其由私人建造并经营时，城市垃圾处理厂就成为非公共利益项目可以由私人企业提供的有力佐证。与此相反，在一定条件下，经营性项目也可以变得具有公共性。因此，在不同的社会制度、不同的经济发展阶段、不同的文化背景下，公共利益的范畴也会发生演变，如技术进步会使公共利益项目的排他性减弱而竞争性增强，如公用工程特许权（BOT）的出现使私人投资兴建公共利益项目成为可能并形成一种趋势。1993年沪宁高速公路作为市政项目征地，但它建成后要向来往车辆收费，2000年又在香港上市，失地农民认为这是明显赢利的项目。② 类似的案例，虽然征地出发点具有明显的公益性，但政策执行中的偏差很容易激发矛盾，影响政府在群众中

---

① 孙笑侠：《论法律和社会利益——对市场经济中公平问题的另一种思考》，《中国法学》，1995年第4期。

② 王永红，谢小灵：《还利于民——南京市征地制度调查》，鹿心社《研究征地问题探索改革之路》（一），中国大地出版社，2002年，第97页。

的公信力。

第五,公共利益具有社会负担性。公共利益的条件有大有小,大到整个国家或全社会,小到一个社区或一个群体。一定条件内的公共利益的实现,其成本自然应该由该条件内的全体成员或公民来承担,而没有理由将其成本转嫁给根本不能享受这种公共利益的其他成员。且不说那些仅仅为城市居民服务的公共设施和公益事业的征地成本不应该由农民来负担,即使是为全社会(包括农民在内)的公共利益而征地,其成本也不能只由农民来负担,而是应该由社会全体成员共同负担。因此,无论出于哪一种公共利益的需要而必须征收农民的土地,都必须给予农民公平、合理的补偿。这也是土地利用的特殊性——公益性所决定的:一方面体现在土地所有权的社会性上,即不得妨碍他人对土地的利用;另一方面体现在某一特定个体或群体必须将土地用于公共利益上。"在土地的私有权和公共利益间正在建立一种新的平衡,这反映了土地只是一种商品或私有财产形式的观念正向土地也是具有公共利益的自然资源的观念转变,对于后一种观念,私有土地所有者已无法继续视而不见。"①

第六,公共利益具有法定性。公共利益无论大小,都必须由法律规定,如日本《土地征收法》列举的35项土地征收前面均有依据道路法或依据铁道事业法等前提。德国《基本法》也规定,公用征收必须以法律为依据或基于法律。

三、公共利益与相关概念的区别

(一)公共利益与国家利益

对于公共利益与国家利益的关系,有的学者认为国家利益与公共利益属同一概念范畴,但很多学者持不同的态度,认为国家利

---

① [美]A. S. 马瑟:《土地利用》,国家土地管理局土地利用规划司译,中国财政经济出版社,1991年,第99页。

益应属于公共利益的一个下位概念。所谓国家利益，就是满足一个国家政治统治需要，主要是统治阶级的利益。因此，国家利益更注重于国家的政治利益，统治阶级的利益能否等同于公共利益，在利益范围上是否一致，应由该国统治阶级与被统治阶级之间的关系决定，在统治阶级为少数人的情况下，统治阶级的利益只是统治阶级作为一个阶层的"私益"，并不完全是"公共利益"。① 无论从任何角度进行分析，公共利益与国家利益都不能简单地画等号，国家利益主要是以维护统治阶级的政治统治为目的的，其包含的范围更侧重于政治方面的各项利益，如国家的安全利益、外交利益、军事利益以及意识形态利益等。

（二）公共利益与社会利益

庞德认为，社会利益是包含一切利益在内的各种要求、愿望，当然也包括公共利益。但是，社会利益和国家利益一样，也是从属于公共利益的下位概念。社会和国家的区分主要在于两者的关系上。市民社会与政治国家经历了一个从融合到分离的过程，在前资本主义的中世纪社会中，政治国家和市民社会是重合的。19世纪功利法学派的代表人物边沁认为：社会利益是"组成社会的各个成员国的利益之总和"。因此，社会利益在功利法学派那里并不优越于个人利益。因而，社会利益并不能对抗个人利益。20世纪美国的社会学法学创始人庞德对社会利益与个人利益作了比较明显的区分。而我国对于社会利益与公共利益则运用得较混乱，有些地方甚至把社会利益和公共利益混为一谈，不作区分。但实际上，社会利益与公共利益是存在区别的。民法学家史尚宽先生认为："在日本民法不用'公益'二字，而易以'公共福祉'者，盖以公益易解为偏于国家的利益，为强调社会性之意义，改用'公共福祉'字样，即为公共福利。其实，公共利益不单指国家的利益，社会的利益亦包括在内。"这表明，公共利益是上位概念，社会利益

①　郭清：《土地征用补偿法律问题探析》，《当代法学》，2002年第8期。

和国家利益同为并列的下位概念。那么,社会利益与公共利益存在哪些具体区别? 本书认为,社会利益是全体社会成员共同追求的某种社会价值的愿望和要求。它主要包括要求公共安全的社会利益、追求社会制度之安全和社会利益、追求公共首先的社会利益、追求社会资源保护的社会利益和追求社会进步的社会利益。公共利益相比,则公共利益概念下的主体更为广泛,内容则更为丰富。

（三）公共利益与集体利益

集体利益并不完全是公共利益,相对于集体中的少数人来说,集体中的大多数人的利益就是公共利益,但是相对于集体所从属的更大的共同体中的大多数人来说,集体的利益又是个别利益。所以,集体利益与公共利益并不能简单地画等号,而是要针对不同的对象具体分析。对于作为公共利益的集体利益而言,集体利益仍然从属于公共利益,是公共利益的下位概念。①

第二节　当前我国土地征收的条件

一、我国现行土地征收的条件

1953 年,我国开始实行第一个五年计划,同年颁布实施了《国家建设征用土地办法》。这个办法规定"凡兴建国防工程、厂矿、铁路、交通、水利工程、市政建设及其他经济、文化建设等所需之土地,均依本办法征用之"。1986 年的《土地管理法》规定,"国家进行经济、文化、国防建设以及兴办社会公共事业"可以征收土地。在当时的计划经济体制下,城镇建设和交通、水利等基础设施建设与工商企业的用地目的高度一致,都是国家投资和建设的项目,都

---

① 张千帆:《"公共利益"的困境与出路——美国公用征收条款的宪法解释及其对中国的启示》,《中国法学》,2005 年第 5 期。

是为了公共利益。与此相适应的土地制度安排就是：但凡上述项目需占用农村集体土地的，均可以由国家通过征收的方式取得；征地制度与供地政策也是一致的，就是国家征收后划拨给用地单位。虽然征地补偿费很低，但被征地农民可以转为非农业户口，获得"铁饭碗"。因此，当时的土地征收制度为社会普遍接受，受到被征地农民的欢迎。

随着整个经济体制由计划经济向市场经济转轨，用地单位从单一的国有和集体所有制变成包括个体和外商等多种经济成分并存，用地目的从单一的公益目的变成公益事业和营利项目共在。

在市场经济条件和用地主体多元化的情况下，与土地征收制度相适应的供地率先引入了市场机制，国家改革了供地方式，从全部无偿划拨变为部分实行有偿使用，且有偿使用比例逐步提高。这种政策变化，实际是承认了用地行为并不都是纯粹的公共利益目的。供地办法变了，征地制度却没有变。虽然《宪法》、《土地管理法》和《物权法》都明确规定征收的唯一条件是公共利益，但都没有进一步明确规定公共利益的范畴，而集体土地又不能直接进入土地市场，所以客观上也造成了实践中只能继续沿用原来的土地征收条件。

征地成了各类项目（农村集体兴办的乡镇企业、公共设施及公益事业、宅基地3项建设除外）取得新增建设用地的唯一途径。《土地管理法》客观上将"公共利益的需要"从公共设施、公益事业等扩大到了包括非公共利益建设在内的所有用地项目，客观上造成了这样一种状况：任何单位和个人进行任何非农建设，哪怕是个体老板开个路边店，只要涉及使用农民集体的土地，就可以向政府提出用地申请，让政府行使国家的征地权，否则不能用于建设。

政府以发展经济为名，先征收农村土地变为国有土地，然后政府代表国家将这部分土地以招标、拍卖或挂牌的方式出让给私人利益单位，此时就不必考证是否为公共利益目的，因为这是第二次土地资源配置，并不受此约束。当前我国各地国土资源部门广泛成立下属土地储备机构,专门实行土地收购储备和一级开发制度,要求今后各种建设用地经土地储备机构一级开发以后,即统一征地、拆迁和"三通一平"或"七通一平"后,逐步纳入政府储备,实现一个"口子"供地。其中的一级开发就包含着土地征收,并且意味着这种征地模式将是经常化的。储备机构虽然代表政府行使职权,但是由其作为征地的申请主体不一定就意味着该征地符合公共利益的范畴。

事实上,在大部分国家,政府都有权在强制的基础上获得土地,但被严格限定于某些特定的情形,且受制于某些具体的条件。但是在中国,这一权力的条件太宽,且政府动不动就使用这一权力,而且作为一项经常性许可事项,尤其在其对城市快速扩张举足轻重的作用这一现实下情形更是如此。正因如此,中国政府强制征收土地所产生的影响也不像有些国家是相对地方性和孤立的,而是影响相当广泛的,且会产生重大的社会和经济结果。法律对征收条件规定不明确,直接导致了征收权的滥用。在实际操作中,在一些场合,强制征地已成为引起群众不满的来源。

但与存在的问题相对应的是,公共利益作为一种价值判断,是与一个社会的政治、经济、文化、意识形态等因素的变迁相关联的,因而体现出动态的特性。如何合理地界定公共利益条件,如何协调征收限制与土地供给的矛盾,如何认识公益目的性与规划间的关系都是必须解决的问题。

二、我国土地征收条件的缺陷

征地已成为我国城市化中满足各类建设用地需求的主要方式,当前征地实践中普遍存在征地权过度使用、征地目的超出"公共利益"的范畴及侵犯农民土地财产权等问题,征地目的扩大至企业利益、个人利益等各种利益,任何单位和个人都可以申请国家动用土地征收权来满足其用地需求。考察其成因,主要有以下几点:

第一，征地制度与市场经济体制不相适应，明显滞后。我国目前的征地制度基本是以 20 世纪 50 年代计划经济时期的征地制度为蓝本确立的。经过当时生产资料的社会主义改造之后，国有国营成为企业生存的基本形式，在统收统支的财政体制下，国家是企业唯一的投资主体，国家与企业的利益目标是高度一致的，无论企业是否为营利性企业，其征地和用地的最终目标都是为"公共利益"及实现国家工业化，征地制度和用地制度与我国当时的计划经济体制是高度一致的，也被全社会普遍接受。但在市场经济体制下，企业已经成为独立核算、自主经营、自负盈亏的经济实体，其最直接的利益目标就是利润最大化，征地的目的已非完全是法律所规定的为"公共利益"，因而频繁动用征地权、以牺牲农民利益为代价满足各类主体的用地需求，是引发当前征地矛盾和农民不满的主要因素之一。这种以政府垄断土地一级市场作为高速工业化和城市化扩张的制度保障是滞后的，表明征地制度已不适应市场经济发展的需要，必须进行彻底的改革。

在我国现行土地征收的制度框架和实践中，政府不仅仅是公共利益的决策者，也是土地收益的参与者。土地收益已经成为地方"第二财政"，最高可达至 60%，"经营土地"收入成为地方发动土地征收权力的动力之一。可见，政府和政府官员对土地征收与开发有着自身的利益驱动，并不总是与公共利益保持一致。

第二，法律对"公共利益"缺乏明确的界定，相关法律对征地与用地的规定相互冲突。为了遏制我国耕地流失的情况，1998 年修改《土地管理法》时对土地征收条件作了一定的修正。1998 年《土地管理法》在总则中保留了"公共利益的需要"的原则性规定，但在第 5 章"建设用地"部分关于土地征收相关规定中，并未限制建设用地必须用于公共用途，分则中土地征收规则脱离总则要求的公共利益。《土地管理法》同时还规定，"任何单位和个人进行建设，需要使用土地的，必须依法申请使用国有土地。依法申请使用的国有土地包括国家所有的土地和国家征收的原属于农民集体的土地"。根据这些规定,只有国有土地使用权才能上市流转,而征收权的行使是集体土地变为国有的唯一途径。当建设用地需求上升,非公益性经营项目建设需占用集体土地时,土地征收成为目前唯一可行的制度安排。建设用地不仅限于公共利益的情形,还包括非公益性质的工商业用地。所以在征地实践中,国家不仅要为公共利益从事建设所需土地动用土地征收权力,还要为满足经营主体的一般营利需要而发动土地征收权力。

2004 年,我国对《宪法》进行了修正,第 10 条第 3 款规定:"国家为了公共利益的需要,可以依照法律规定对土地实行征收或者征用,并给予补偿。"2004 年 8 月 28 日全国人民代表大会常务委员会通过《关于修改〈中华人民共和国土地管理法〉的决定》,对《土地管理法》第 2 条第 4 款及其他部分用语作了相应修改。但什么是公共利益的需要,什么是非公共利益的需要,《土地管理法》没有进行必要的阐释和界定,对后面的分则规定也未作修改。

关于公共利益,《物权法》第 42 条第 1 款规定:"为了公共利益的需要,依照法律规定的权限和程序可以征收集体所有的土地和单位、个人的房屋和其他不动产。"但对于公共利益的具体内容并未加以进一步明确规定,主要是考虑到在不同领域内、不同情形下,公共利益是不同的。由《物权法》对公共利益作统一界定比较困难,而留由《土地管理法》、《城市房地产管理法》等单行法律对此作出规定则更切合实际。现有的法律如《信托法》、《测绘法》已经对公共利益的条件作了一些具体界定。针对现实生活中滥用征收权力、违法征地的行为,《物权法》第 43 条明确规定:"国家对耕地实行特殊保护,严格限制农用地转为建设用地,控制建设用地总量。不得违反法律规定的权限和程序征收集体所有的土地。"

同时,我国现行立法上缺乏土地征收目的或条件合法性的审查机制。土地征收目的或条件的审查机制既包括土地征收申请、批准前,有关机关对土地征收目的合法性的事前审查,也包括土地征收被批准后,被征收人认为土地征收目的不具有合法性时的救

济机制,可以称为事后审查。在我国《土地管理法》中,只规定了
土地征收必须经过国务院或省、自治区、直辖市人民政府批准,但
如何审查并未明确规定,对被征收人认为土地征收目的不符合法
律规定时的救济机制也没有任何的规定。

第三,当前征地制度过分强调征地的强制性和集体土地产权
制度存在的缺陷,是征地中剥夺农民权益的制度基础。我国 20 世
纪 50 年代制定的《国家建设征用土地办法》,在立法精神上体现
了对农民土地所有权的尊重和保护,强调在动用征地权时要坚持
"公平合理"的原则,并"给群众以必要的准备时间,使群众在当前
切身利益得到照顾的条件下,自觉地服从国家利益",不突出土地
征用的强制性。改革开放后的土地立法,则十分突出征地是国家
特权及征地的强制性,以耕地保护为由强化了集体土地产权的不
完全性,并以此为出发点制定了对集体土地产权主体给予不完全
补偿的补偿原则,致使农民在征地中完全处于劣势,难以就征地补
偿和安置问题与征地方——政府进行平等的谈判。就此而论,我
国土地征用制度的出发点是强制性低价征收农民对土地的权利,
以降低用地成本,扩大利益主体的利益空间,满足政府财政目标,
而不是以市场经济平等交换原则置换农民对土地的财产权。

第三节　建立我国土地征收条件模式

行政的最主要特征就是实现公共利益。公共利益是行政的基
本取向。"公共利益"之所以两次出现在宪法修正案上,就是因为
政府以公共利益之名,损害了个人的权利,并最终酿造了恶性事
件。2004 年《宪法修正案》中提出了"两个补偿",其意图是为了
更好地平衡私人利益与公共利益,也是为了纠正目前征收土地和
私有财产过程中,遭到征收侵害的私人利益不能得到切实保障的
现象。

一、严格限定我国土地征收条件是必然趋势

政府是公共利益的代表,政府取得土地应该严格限定在公共利益条件内。政府用强制手段获得农民集体土地,再用市场手段去牟利,不符合市场经济条件下的政府职能,不仅损害社会公平,而且容易滋生腐败。

将我国土地征收条件严格限定于公共利益范围是对农民权利的应有尊重,农户承包地转为建设用地的过程,应当是农民分享城市化和工业化成果的过程。征地条件过宽,与《农村土地承包法》有冲突。《农村土地承包法》规定,国家依法保护农村土地承包关系的长期稳定,任何组织及个人不能剥夺和非法限制农村集体组织成员承包土地的权利,农民享有承包地使用、收益和承包经营权流转的权利,土地承包经营权可以转包、出租、互换、转让。现在,任何企业和个人用地都通过政府进行征地,实际是由政府出面帮助企业和个人剥夺农民的土地权利。

将我国土地征收条件严格限定于公共利益范围也是有效保护我国最宝贵的耕地资源的需要。提高取得农民集体土地的交易成本,客观上有利于各地转变经济增长方式,促进用地单位减少用地,集约利用土地,尽量盘活存量土地,更好地保护耕地,保障我国的粮食安全。

二、土地征收条件的立法模式

世界上关于公共利益的立法模式主要有 3 种形式:一种是概括式的规定,即对于公共利益的范畴只是作出了笼统性的规定,没有明确,如英国、美国、法国、澳大利亚、加拿大、德国、菲律宾、越南等国以及我国目前的立法体例;第二种是列举式的规定,即将公共利益以逐一列举的方法加以规定,如日本、巴西、波兰、印度和我国香港地区等;第三种是概括加列举式的规定,即上述两种模式的混合模式,如我国的台湾地区和韩国等。

由于我国的法律体系和司法制度与英美等国相比仍然还有一些差距，部分执法者和法官的法律素质与人文素质还有待提高，且我国也不属于判例法的国家，故判例法国家通常采用的概括式的界定方式不适合我国的实际情况。

列举式的代表国家是日本，在其土地征收法中列举了多达35种公共事业项目。① 但日本的穷尽式列举模式并不适合我国的国情，因为这种方式的界定范围十分狭窄，无法涵盖所有的情况，也不能对社会经济发展变化作出弹性反应。特别是我国目前正处于一个转型期，会出现许多新的不确定的情况，就更加不适合采用这种方式了。②

鉴于我国土地征收权行使的频繁程度较高，而被征地农民集体和农户的权利意识薄弱、认知不足，应对我国这种频繁发动的土地征收权给予明确的权力边界。即除了《宪法》和《物权法》规定，应参照日本和我国台湾地区的规定，采用概括式加列举式，除了明确规定土地征收仅限于公共利益目的之外，还应对公共利益的条件加以列举，如列举不清或不全的，可指引适用相关法律规定，但仅限于法律，法规、规章等不得设定征收权。采用列举式可以明确土地征收权利行使的部分具体条件，可最大限度地减少征用权行使的自由裁量权，维护公共利益的权威性，强化征收权行使的操作性。概括式的方式是为了适应社会发展，落实国家经济政策的实施需要，给予一定的法律空间，在符合公共利益需要的时候由法律授权相关部门确定用地符合公共利益性质而允许行使征收权，是对列举式方式存在缺憾的补救。这样可以兼采二者之长。

三、土地征收中界定公共利益应坚持的原则

（一）比例原则

比例原则是从目的和手段的角度确定衡量公共利益的方法。

---

① 杨建顺：《日本行政法通论》，中国法制出版社，1998年，第472页。
② 刘文贤：《浅谈日本土地制度》，《北京房地产》，2006年第3期。

对物权的限制须基于防止妨害他人利益、发展公共事业。此等限制须符合所谓的比例原则。比例原则源于德国,并且借助联邦宪法法院的判决,将此原则概念化与体系化,它具有3层含义:一是政府采取的手段确实可以实现政府希望实现的目的(妥当性原则);二是政府采取的手段是在各种可选择的手段中对个人或组织权益有最小侵害的(尽可能最小侵害原则);三是受侵害个人或组织的利益损害不应超过政府所要实现的公共利益(狭义的比例原则或均衡原则)。① 其中尽可能最小侵害原则是比例原则的核心,是指公权力机关在存在多种方式可以达到同一目的的时候,应该尽可能采用损害最小的方法为之。其考量的焦点集中在各个手段的取舍上,即这些手段可以实现同一目的,但应该给予考虑及评估,看哪一个(或几个)手段给人民权利造成的侵害最小。要求采取"最温和手段"的必要性原则是源于德国的警察法理论,魏玛时代的行政法学者弗莱纳(Fleiner)有一句名言:"警察不可用大炮打麻雀。"这表明严厉的手段唯有在已成为最后手段时方可使用。在土地征收中必须严格遵守最小侵害原则。

(二) 价值衡量原则

价值衡量原则适用于公共利益的目的比较模糊或公共利益仅仅是推测之中的情况。法律判断中的价值衡量(balance)是一种"基本权利之间的权衡"。各国都在宪法中不同程度地确认了公民对土地和房屋的财产权利是一种任何人都无权剥夺的宪法权利,关乎公民的生存权和发展权。只有当公共利益的价值超过财产所有人享有财产所体现的价值时,才能强制性地转移私人土地权利。公共利益排除政府利用权力损害私人财产权。征收是少数人为公共利益所作出的牺牲,但是公共利益不能简单地由受益人数的多少来认定。例如,建休闲广场、大型绿地等,经常被认为是

---

① 王泽鉴:《物权法上的自由与限制》,http://www.atuda.net/minfa/061108/10085538.html。

美化环境，会使大多数人受益，但需少数人搬迁，这符合公共利益。但是，即使多数人受益，也不能建立在少数人的痛苦之上。即使多数人同意，也不能剥夺少数人的基本人权，这是法治社会的基本原理。政府有钱搞休闲广场，让多数人得到享受，同样也有义务让少数人的居住条件得到改善，公共利益及其确定机制得到改善。①再如，很多地方的古老建筑被推倒，虽然盖上高楼大厦可以改善很多人的居住条件，但是古人给我们留下的这些古老建筑的文化价值却被忽略了。因此，保留这些古建筑就是考虑到其文化价值比拆毁后所得的经济价值更高。

（三）合理范围原则

土地征收在我国引发的最严重问题就是滥用公共利益、夸大公共利益的强制性，过分倚重政府的强制力量征地，同时又不给被征地者足够的补偿和安置，直接侵害了公民的基本权利。针对一个具体的征收项目，政府有义务说明征收理由并进行可行性论证。比如，某地要修建一条高速公路，政府必须说明目前的交通状况，需要花费多少预算、征多少地、拆多少房、征地拆迁费用是多少以及建多宽多长、修路有哪几种方案、为什么拟征收这块土地而不是另外一块土地等。这样做，才能体现政府足够的公信力。另外，在各个具体的公共利益之间，也会有价值判断的问题。我们要把眼光放长远，坚持走可持续发展的道路。

（四）经济分析原则

从事公共利益事业，必须应用经济学的均衡、最大化、边际效用以及效率等原理，对权衡结论进行成本收益分析，从而实现利益最大化，即应该进行成本—效益分析，在各种可能采取的方案中，选择效益成本比率最大的方案。在各种可能采取的方式中，选择既能增进公共利益，又能最大限度地减少对被征收人损害的方式，这是促进社会和谐的一个重要手段。行政机关实施行政行为，必

---

① 蔡定剑：《加强公民房产权法律保护刻不容缓》，《财经》，2003 年第 24 期。

须在多种方案中进行选择,择其成本最小的、收益最大的、给相对人权益损害最小的方案实施。也就是说,在以不违反或减弱该行政行为所追求之目的前提下,行政主体应该选择成本最小的方法。土地征收必须以公共利益为前提,同时也必须有利于促进公共利益的发展,对其促进的事业与所受到的损失进行比较,力求实现利益最大化。

(五)正当法律程序原则

公共利益代表的应该是社会大多数人的共同利益的需要,而不是社会某个强势集团的需要。但是,要确定公共利益是否符合大多数人的利益,就必须确保每一个利益集团都有充分的话语权来表达自己的愿望,这就需要以公开、公平和公正的程序为基础。例如,土地征收前的公告或公示程序要告知土地征收的目的、范围等事项;听证程序要就征收事业是否公平、正确和合理倾听双方的意见,并就补偿方案倾听双方意见;司法救济程序要允许土地权利人寻求司法救济,法院就征收的合理性和合法性作出裁决,制约政府的征收行为,从而最大限度地体现形式公正以及人道和人格尊严;正当程序不仅能够促进实体正义的实现还能够维护公共利益,而且能够最大限度地保障公民的基本权利。

综上所述,土地征收中公共利益的考量方式可以归纳为以下5点:(1)土地征收对于实现公共利益事业是必须必要的;(2)土地征收是依据法律正当程序所决定的;(3)必须使征收的成本最小而收益最大;(4)各种可能采取的方式中,选择既能实现公共利益事业目的,又能最大限度减少被征收人损害的方式;(5)没有更好的方案可以替代对被征收人财产的剥夺,也不存在更适宜的其他征收主体。

第十一章

土地征收的核心——补偿

由于国家应承担维护公共利益的职能,宪法便赋予政府基于公共利益需要对私人财产进行征收的权力,而在公共利益需要与私人权利的保障之间的平衡点,就是补偿。土地征收予以合理或公正补偿是土地征收制度的核心,有征收权必然要有合理、公正、充分的补偿,从某种程度上补偿比征收权本身还要重要。"对于征收,最重要的法律限制方式便是必须给予土地权利人公正的补偿……补偿所必须支付的高昂成本是防止政府滥施征收权最有效手段。"① 若没有补偿,便不能证成征收权。② 在德国,不按规定补偿的征收是违宪、无效的。

第一节　我国土地征收补偿制度的现状与问题

一、现行土地征收补偿制度的现状

我国现行土地征收补偿法律制度规定,主要散见于《中华人民共和国宪法》、《中华人民共和国物权法》、《中华人民共和国土地管理法》及其实施条例,以及《国务院关于深化改革严格土地管

---

① 沈开举:《中国土地征收补偿标准研究》,2007 年 7 月 1 日在北京举办的中日土地征收征用与物权登记研讨会材料,第 33 页。

② [美]斯蒂芬·芒泽:《财产理论》,彭诚信译,北京大学出版社,2006 年,第 395 页。

理的决定》、《征用土地公告办法》、《国土资源听证办法》等行政法规和部门规章中。现行土地征收补偿制度具有以下特点：

（一）征地补偿原则——"按土地原有用途补偿"

我国《物权法》第42条规定："征收集体所有的土地,应当依法足额支付土地补偿费、安置补助费、地上附着物和青苗补偿等费用,安排被征地农民的社会保障费用,保证被征地农民的生活,维护被征地农民的合法权益。"《土地管理法》第47条规定："征收土地,按照被征收土地的原用途给予补偿。"由《物权法》和《土地管理法》可以看出,我国土地征收补偿确立的原则是"按土地原有用途补偿"。

（二）征地补偿标准——"年产值倍数法"和"三十倍限制"

《土地管理法》第47条第2款规定："征收耕地的土地补偿费,为该耕地被征收前三年平均年产值的六至十倍。依照本条第二款的规定支付土地补偿费和安置补助费,尚不能使需要安置的农民保持原有生活水平的,经省、自治区、直辖市人民政府批准,可以增加安置补助费。但是,土地补偿费和安置补助费的总和不得超过土地被征收前三年平均年产值的三十倍。"由此可见,我国征地补偿的标准是按照被征收耕地的前3年年产值的倍数计算,一般是6~10倍。法律限定了最高的补偿倍数——不得高于30倍。

（三）征地补偿范围——"不足弥补实际损失"

《土地管理法》第47条规定："征收耕地的补偿费用包括土地补偿费、安置补助费以及地上附着物和青苗的补偿费。"土地补偿费是对集体土地所有权的补偿;安置补助费是带有政治色彩的术语,是政府用于安置失地农民的费用;地上附着物一般包括土地征收时土地现有的建筑设施,一般有房屋、地上草坪、水井、家禽家畜间、茅坑、坟墓等。至于投入农作物的损失、搬迁费等由征地行为带来的实际损失并不在征地补偿范围之内,更不用说农作物预期的利益了。由此可见,法律规定的征地补偿范围狭窄,不足以弥补实际损失。

（四）征地补偿对象——"土地所有权"

《土地管理法实施细则》第 26 条规定："土地补偿费归农村集体经济组织所有；地上附着物及青苗补偿费归地上附着物及青苗的所有者所有。征用土地的安置补助费必须专款专用，不得挪作他用。需要安置的人员由农村集体经济组织安置的，安置补助费支付给农村集体经济组织，由农村集体经济组织管理和使用；由其他单位安置的，安置补助费支付给安置单位；不需要统一安置的，安置补助费发放给被安置人员个人或者征得被安置人员同意后用于支付被安置人员的保险费用。"根据以上规定，土地补偿款是依法补偿给农村集体经济组织而不是农民个人；安置补助费是补偿给农民集体经济组织或者安置单位统一安排，只有不需要统一安置的农民才能直接领取安置补助费；农民个人只得到青苗和地上附作物的补偿。

（五）征地补偿方案确定及救济程序——"行政批准和行政救济"

《土地管理法实施细则》第 25 条规定："征用土地方案经依法批准后，由被征用土地所在地的市、县人民政府组织实施，并将批准征地机关、批准文号、征用土地的用途、范围、面积以及征地补偿标准、农业人员安置办法和办理征地补偿的期限等，在被征用土地所在地的乡（镇）、村予以公告。"据此可知，征地补偿方案完全采用行政批准的方式，经批准后公告实施，农民不享有任何参与权。根据《行政复议法》第 6 条及第 30 条第 2 款规定，土地所有人或使用人对国务院、省、自治区、直辖市人民政府作出的征地决定不服的，可以申请行政复议，但行政复议的决定为最终裁决。《土地管理法实施细则》第 25 条第 3 款规定："对补偿标准有争议的，由县级以上地方人民政府协调；协调不成的，由批准征收土地的人民政府裁决。征地补偿、安置争议不影响征用土地方案的实施。"据此可见，土地征收补偿的救济以行政救济为主，缺乏司法救济程序。

二、现行土地征收补偿制度存在的问题

从我国土地征收补偿制度的原则、补偿标准、补偿范围、补偿对象、补偿方案的确定和救济途径可以看出，现行土地征收补偿制度的主要问题是：

（一）征地补偿原则不公平

土地征收补偿制度的立法目的应是保证被征地农民的生活，维护被征地农民的合法利益。土地征收补偿的原则应当体现公平，能体现土地对于农民的对等的价值，否则农民土地利益无法得到有效的保护。但是，我国现行征地补偿制度确立的"按土地原有用途补偿"的原则却无法保证这一立法目的的实现：第一，该原则没有体现土地对农民的生存和保障价值。土地是一种特殊的生产资料，农民不仅通过投入劳动获取农作物，解决全家的温饱问题，还可以利用农作物在市场上交换获取其他生活费用。因此土地更是农民解决温饱问题和失业问题的长远生活保障，仅仅按照征收土地原有的用途给予补偿只能维持农民几年的生计问题，显然没有考虑到农民的长远生计和社会保障需求。第二，该原则没有体现土地交换后增值的价值。土地是最稀缺的资源，既可以用于产生生产资料，满足人的衣食住行，又可以用于商业领域，产生巨大的商业价值。国家征收土地把农用地改为建设用地，再通过公开出让使土地产生巨大的利润，但该原则没有让农民享受到土地增值带来的收益。

（二）征地补偿标准和范围确定不科学

征地补偿标准和范围的制定科学合理才能体现土地的价值，但是根据现行法律规定，征地补偿范围狭窄且测算标准不科学，无法体现土地对于农民的价值。

首先，征地补偿范围不足以弥补农民的实际损失，更不用说土地征收造成的间接损失，如农产品预期利益的损失、残余地和边角地的损失等。其次，产值倍数缺乏具体的操作标准。一是不同地类、种植不同作物产生的产值不一样，同一地段种蔬菜和种珍贵林

木产生的产值相差悬殊；二是产值倍数由地方政府按征收耕地的产值来制定，缺乏具体标准，地方政府往往为了压低征地成本而降低倍数，使得被征地农民的利益无法得到保护。最后，法律规定产值倍数高限额是 30 倍，限定了补偿倍数的最高标准，没有考虑到随着经济发展地价快速上升的价值，导致了按照此标准在发达地区已经出现无法征地的情况。全国各地即使按照 30 倍来补偿，对于当前的社会经济水平还是偏低的。按照土地年产值计算土地补偿必然使补偿标准低，但法律又对补偿标准作出最高限制，与社会经济水平的发展不同步，必然造成实践中征地工作推进困难重重。

（三）征地补偿费用分配不到位

补偿款能否公平合理分配，关系到农民的切身利益，我国在征地补偿款分配问题的规定过于原则化，可操作性不强。《土地管理法》第 49 条规定："被征地的农村集体经济组织应当将征收土地的补偿费用的收支状况向本集体经济组织成员公布，接受监督。"《物权法》第 42 条第 3 款规定："任何单位和个人不得贪污、挪用、私分、截留、拖欠征收补偿费等费用。"以上是我国征地制度中对征地补偿款的规定，但对于征地补偿款如何分配，法律上没有明确规定，这导致了实践中征地补偿款使用混乱，分配不到位。

《物权法》明确规定征地补偿的对象是集体土地所有权，土地补偿款依法只能补偿到村集体而不是补偿给农民个人，但农民在土地上因享有土地承包经营权而实际使用土地享受收益。因土地上承载着土地所有权和土地承包经营权等权利，实践中征地补偿款的分配会出现混乱：一是征地补偿款、安置补助费一般先支付给村经济集体组织，补偿款分配得不到有效监督，造成层层截留，最后分到农民手上的补偿款所剩无几。二是给村集体组织的补偿款由村委会、村组掌握，因缺乏有效的制约和监督机制容易造成个人贪污挪用或者任意挥霍。三是分配方式难以平衡集体土地所有权和土地承包经营权之间的冲突，实践中往往出现虽不是被征收土地的承包户，但以村民身份要求分配村集体分配给承包户同等的补偿款的情况,而对于非本村村民接受承包地转包的,对承包地进行投入却无权分得征地补偿款等不公平的现象。

（四）征地补偿程序缺位

完善的征地补偿程序能够保障个人权利和有效制约国家权力,但我国征地补偿程序严格来说没有从法律层面上确立,只是散见于国土资源部的部门规章和工作文件之中,立法层次低,缺乏有效约束力,农民在征地补偿程序中参与性过低,具有明显的"重实体、轻程序"的特点。国土资源部 2001 年出台的《征用土地公告办法》（国土资源部令第 10 号发布）虽然规定地方政府收到土地批准文件后要将征地补偿方案、安置方案进行公告,农民有不同意见可以向土地行政部门提出听证,但是征地补偿方案按照法律规定只需要取得集体土地所有权人的同意,而不是土地使用权人的同意。现实中地方政府往往与村民委员会勾结,以取得村干部的同意代替听取被征地农民的意见,将广大农民排斥在征收土地协商参与补偿谈判之外,严重剥夺了被征地农民的知情权和参与协商权。

三、现行土地征收补偿制度导致农民利益受损的根源分析

土地征收是一种国家强制性行为,造成农民权利受损的原因是多方面的,征地制度规定的补偿原则不公平、补偿标准和范围不科学、补偿款分配不到位等是直接原因,而农村集体土地所有制主体虚位和土地使用权补偿缺位是造成农民权利受损的根本原因,程序立法不健全是关键原因。

（一）土地所有权主体虚位——农民无法行使权利

《土地管理法》规定,农民集体所有的土地依法属于村农民集体所有,由村集体经济组织或村民委员会、乡（镇）农民集体经济组织经营、管理。物权法则规定了这三级组织代表集体行使所有权,物权法明确规定这三级组织代表不是组织经营、管理,而是代表村集体经济组织行使所有权。但是现行法律还是回避了农民在

集体土地所有权中享有什么权利,对集体土地所有权行使享有怎样的决定权、行使权利的程序如何、这三级组织如何代表农户集体行使权利等关键问题,事实上导致了集体土地所有权权利无法行使。民法意义上的所有权应当是具体的权利,是特定的民事主体对特定的财产享有的具体权利。[①] 农民集体所有虽然在立法上被授予集体土地所有权主体的资格,事实上农民却无力行使其所拥有的对土地的特定权利,无法参与征地补偿的确定、收益分配,实践中演变成了村干部、村委会行使了征地补偿的分配权利,集体土地所有权主体实际上是虚位的。

（二）土地使用权补偿缺失——农民得不到合理补偿

土地使用权是指单位和个人在法律允许的范围内对土地所享有的占有、使用、收益的权利。在我国,农民个体对集体所有的土地拥有集体土地使用权,体现在土地承包经营权、宅基地使用权和建设用地使用权等权利上。农民土地使用权的确立,使广大农民占有、使用土地并获得土地带来的收益,土地使用权已经成为解决农民生计问题以及提供社会保障的一种基本的财产权利。但是,我国土地征收补偿制度没有规定对土地使用权作出补偿,农村土地集体所有权的主体"虚位",征地补偿法律制度又没有授予土地使用权人——农民主体地位,直接导致的后果是土地补偿款无法直接落到农民手上,致使农民作为土地使用权人的合法利益难以得到有效的保护。

（三）程序立法缺位——农民利益得不到救济

完善的救济制度是保证农民权利必不可少的程序之一,只有给被征地农民提供充分的救济制度,才能确保弱势群体得到合理的保护。但《行政复议法》和《土地管理法实施细则》关于征地补偿争议机制规定明显不合理,缺乏监督,农民因征地利益受损缺乏

---

① 于大水,吴力军:《农村集体土地所有的性质与农民利益的保护》,刘保玉、董翠香《民商法问题研究与立法完善》,中国人民公安大学出版社,2008 年,第83 页。

合理有效的救济途径。一是把司法最终审判排除在外,政府从征地、收地到裁决一手包办,成为整个征地过程的主宰者,难以实施有效的监督。二是裁决主体是政府,政府既是土地征收主体又是裁决主体,难以保证裁决公平、公正。三是裁决争议实际难以发生作用。法律规定征地、安置争议不影响征用土地方案的实施,这意味着政府可以在补偿、安置等关键问题还未最终谈妥的情况下,无视被征地农民的反对强行征地,裁决的结果也无法改变土地被征的事实,这样的救济制度形同虚设。

第二节 我国土地征收补偿制度改革的现实基础

1999 年国家启动征地制度改革,国务院和国土资源部先后出台了一些突破现行土地管理法规定的行政法规和部门规章。同时,国土资源部在全国范围内确定 19 个城市开展征地制度改革的试点工作,这些城市结合当地实际,积累了一些好的做法和经验,并以地方性立法形式确定下来,成为我国征地补偿制度的必要补充。这些做法不仅在缓解征地矛盾、保障经济建设用地、维护被征地农民利益等方面起到了积极的作用,也为征地补偿制度的改革提供了大量的实证经验。

一、征地补偿标准不断突破和提高

（一）国务院 28 号文突破了年产值标准和 30 倍的上限

2004 年国务院发布《国务院关于深化改革严格土地管理的决定》(国发〔2004〕28 号),对各地提高征地补偿标准作出了原则性规定,明确规定年产值标准和征地补偿倍数可以突破 30 倍,成为我国征地补偿制度改革历史上的里程碑。国务院 28 号文第 12 条规定:"依照现行法律规定支付土地补偿费和安置补助费,尚不能使被征地农民保持原有生活水平的,省、自治区、直辖市人民政府应当批准增加安置补助费,土地补偿费和安置补助费额总和达到法定上限,尚不足以使被征地农民保持原有生活水平的,当地人民政府可以用国有土地有偿使用收入予以补贴。"该规定首次突破了土地管理法关于征地补偿倍数不能超过 30 倍的法定上限。土地管理法的规定使农民利益难以得到有效的保护,已不适应社会经济的发展,国务院规定当地政府可以从土地有偿使用收入中对农民征地补偿给予补贴,为各地提高征地补偿标准提供了行政法上的依据。

（二）国土资源部 114 号文规定征地补偿标准要做到同地同价且兼顾多方面因素

2005 年国土资源部出台了《关于开展制订征地统一年产值标准和征地区片综合地价工作的通知》（国土资发〔2005〕144 号），明确了征地补偿以统一年产值标准和征地区片综合地价为标准计算,不再采用年产值倍数法。144 号文第 1 条规定："制订征地统一年产值标准要考虑被征收耕地的类型、质量、农民对土地的投入、农产品价格及农用地等级等因素,在一定区域范围内（以县域范围为主）,在主导性农用地类别和耕作制度条件下,以前三年主要农产品平均产量、价格及相关附加收益为主要依据进行测算。以统一年产值标准为基数,同时综合考虑当地经济发展水平、居民生活水平、被征地农民社会保障需要等其他条件,确定补偿倍数,计算征地补偿费用;征地区片综合地价是征地综合补偿标准,制订时要考虑地类、产值、土地区位、农用地等级、人均耕地数量、土地供求关系、当地经济发展水平和城镇居民最低生活保障水平等多方面因素进行测算。"

征地统一年产值标准和综合区片价的适用以因地制宜为原则,东部和沿海发达地区应该制定综合区片价,暂不具备条件的其他地区可制定征地统一年产值标准,待条件成熟后再逐步推行综合区片地价标准。

但是,综合区片价的测算方式尚未完全体现土地物权等价交换的原则,尤其在当前房地产市场过热、土地拍卖频频出现"地土"的情况下,按照综合区片价标准进行补偿未能体现土地增值的价值,农民依然无法享受到土地增值带来的利益;而在贫困地区,综合区片地价难以维系农民的长远生计。这在很大程度上是因为:第一,综合区片地价仍然是由地方政府统一制定的,难以体现中立性。虽然综合区片地价的制定必须举行听证会听取各界的意见,但是确定综合区片地价的多种综合因素仍然是政府组织测算出来的,听证的规则也是政府制定的,社会各界的意见是否真正被采纳、尤其是农民的意见真正被采纳的程度有待证实,政府必然会出于财政支付力的考虑而尽量压低综合区片地价的标准。征地补偿标准的确定直接关系到农民的土地补偿,不应由征地主体——政府来主导制定,而应该交给中立的第三方评估机构来制定,这样才更能显示公平。第二,综合区片地价制定虽然综合考虑多方面因素,但重点是解决同地同价的问题,尚未能完全按照市场规律来定价,农民当然无法享受土地增值带来的收益,只有按照市场规律来定价才能体现公平交易的原则。

(三)地方政府不断调高征地补偿最低保护标准

在中央文件指导下,各地政府纷纷设定最低征地补偿保护标准或者根据经济发展水平的不同随时提高征地补偿标准,让农民获得更多的土地补偿款,补偿标准与社会经济发展同步的特性逐步得到体现。近几年上海市不断提高征地补偿费标准,目前中心城区征地土地补偿费已经达到 33 000 元/亩 ~ 43 000 元/亩,加上安置补助费,每亩可达 50 000 元/亩 ~ 70 000 元/亩,提高幅度至少达到20%。① 广东省针对各地区经济发展程度的情况,制定了土地补偿费的征地补偿保护标准,防止人为压低征地补偿标准的行为。该标准将全省征地分为十类,细化到镇一级:一类到四类地区最低保护

---

① 上海市发展和改革委员会,上海市财政局:《关于同意调整本市征地土地补偿费标准的函的复函》(沪发改价商〔2008〕011 号)。

标准为 66 300 元/亩～38 800 元/亩,五类到十类地区最低保护标准为 31 200 元/亩～15 600 元/亩,体现了不同地段土地的不同价值。自实施以来,征地补偿标准比原来提高了 23%。[1] 同时,广东省规定该标准根据实际情况变化一般 2～3 年调整、更新一次,充分体现了征地补偿标准与社会发展水平同步的思想。

实践证明,征地补偿标准已经突破了《土地管理法》的规定,并根据社会经济发展水平不断进行调整,补偿标准的提高证明征地补偿越来越与土地价值趋向一致,凸显出政府在征地工作中保护农民利益的决心。征地补偿标准应当是随着社会经济发展不断发展的一个动态概念,现行《土地管理法》作出最高的限制性规定是不合理的。《土地管理法》的法律效力高于国务院的行政法规、部门立法和地方性法规,征地补偿标准不断被提高,严格意义上是违背土地管理法而无效的,但是这样的做法有效弥补了土地管理法的滞后,充分体现了“以人为本,以民为本”的思想,是顺应法制时代发展的。货币补偿的最终追求目标是按照市场价格来补偿以实现真正的公平正义,但是我们国家还处于社会主义初级阶段,经济发展需要在公平和效率之间寻求平衡,按照我国目前的经济发展水平,各地政府还是依靠引进项目带动当地经济发展,补偿费用按照市场价格进行补偿固然是公平的,但显然不利于推动经济的快速发展,按照我国目前的发展水平也难以实现,因此,有必要在货币补偿的基础上寻求替代性的补偿方式,以弥补货币补偿不能按照市场价格进行给农民带来的损失。

二、征地补偿形式从单一趋向多样化

根据现行《土地管理法》第 47 条的规定,土地征收补偿只规定货币补偿的方式,根据第 50 条规定,地方各级政府应支持农村

---

① 广东省国土资源厅:《关于实施广东省征地补偿保护标准的通知》(粤国土资发〔2006〕149 号)。

集体经济组织和农民进行开发经营,兴办企业。据此可见,土地征收补偿形式法律只规定了货币补偿、政府有责任支持第三产业的发展等单一的方式。但是目前货币补偿标准低,即使按照统一年产值标准和综合区片地价标准进行补偿,还是未能体现土地等价交换的价值,对农民来讲有失公平,因此实践中地方政府积极探索多种除了货币以外的补偿形式,又称为安置途径,弥补货币补偿标准低的不足,成为货币补偿的有益补充,目的是为了确保被征地农民的生活不因征地受到影响。征地实务中安置方式包括留地安置、集体土地使用股权入股、农业生产安置①、异地移民安置②、住房安置、组织就业培训、鼓励农民自主创业、用地单位招工、社会保障安置等。各种安置方式带来的作用各不相同,农业生产安置重新调整耕地还给农民,并没有改变农民的生活状态;农民自主创业、用地单位招工、组织就业培训等安置方式与政府的政策、市场的投资环境、企业用人制度以及农民自身素质等多方面因素有关,具有极大的不稳定性;异地移民征地成本高,是迫不得已才实行的安置方式。因此,在各种安置方式中,能给农民长远生计带来经济效益或者保障的是以下的3种安置方式:

(一)留地安置——以地换地

留地安置是指在征地时,预留一定比例的建设用地,交回给被征地村集体经济组织使用,以建设用地替代农用地作为对村经济集体组织和农民的补偿。广东省率先试行留地安置的方式,根据《广东省征收农村集体土地留用地管理办法(试行)的通知》(粤府

---

① 农业生产安置是指把农村集体机动地、承包农户自愿交回的承包地、承包地流转和土地开发整理新增加的耕地等重新调整给征地农民,保证农民有必要的耕地,继续从事农业生产。这种安置方式主要是征收城市规划区外或者偏远山区的农民集体土地时采用。

② 异地移民安置指因征地而导致无法给被征地农民提供基本生产生活条件的区域,由政府统一组织,实行异地移民安置。这种安置方式各方面费用成本非常大、造成的影响深,一般在大型水利工程、交通、能源等国家重点建设项目上才采取。

办〔2009〕41号）规定,留地安置的特点有:(1) 留地安置的比例一般在5%~10%,最高可以达到15%;(2) 留地安置是货币补偿以外的一种实物安置方式,留地安置不影响货币补偿,不得因留地安置的实施降低征地补偿标准;(3) 留用地可以根据情况折算为货币方式补偿,其标准不得低于该留用地办理转为建设用地需要的所有费用总和,具体标准根据土地平均收益和经济发展水平制定;(4) 留用地既可以作为集体所有的资产进行经营,也可以为被征地农民建造工厂、厂房用于出租,通过留地给予被征地农民土地用于发展经济,为被征地农民提供基本的生活保障。

留地安置产生于走在改革开放前沿的珠江三角洲,由于珠三角经济的快速发展,土地市场价格较高,大量的项目拟在珠三角地区落户却找不到合适的建设用地,导致了建设用地紧张;另外,按照现行征地补偿标准征地使农民无法维持当前生活水平,更不用说长远的社会保障,因此"以地换地"的留地安置模式顺应而生。留地安置间接提高了农民的补偿标准,又能妥善解决被征地农民的长远生计问题;既为农村集体经济的发展提供了必要的场所和发展基础,又为农民提供了良好的就业机会,取得较好的社会效果,①这种模式后来相继被浙江、上海等沿海发达地区借鉴实施,并以地方性立法形式确认下来。

留地安置是典型的以地易地的实物补偿方式,用建设用地来更换农民原种植生产资料的农用地,同样能产生长远的经济效益,体现了对土地补偿的对等性,甚至比农民种地产生更好的效益,因而受到沿海城市农民的欢迎。但是,实践中并没有明确的行政性法规来规范如何规划实施,各地做法不一致,在实践中容易出现以

---

① 据广东省2003年的调查,留地安置一定程度上壮大了村集体经济组织,特别是在大城市的近郊区和工业化程度较高的地区,村集体经济组织通过房屋、店铺、厂房的出租获得不菲的收入。如在深圳市南沙区南山街原来农民的土地被征收后,集体经济物业收入1.2亿元,人均年分红2万元。潘明才:《中国征地工作实务与探索》,中国大地出版社,2009年,第510页。

下问题:(1)留地选址困难、指标落实困难、与城市规划协调难度大,容易产生"城中村"现象,不利于城市土地的合理利用;(2)留地的权属性质在地方性法规中没有明确规定,实践中农民都希望保留为农民集体所有而不转为国家所有,这将会面临集体建设用地流转的问题,不利于国家统一管理;(3)留地只在发达地区和地段较好的地区适用,具有一定的局限性。

（二）土地使用权入股——以地换股

"土地使用权入股"模式是以土地为主要纽带联系起来的一定社区(乡或村)范围内的农民,按照股份合作制原则、采取股份的形式,实行劳动联合与资本联合相结合的一种新型的集体经济产权制度。① 在征地实务操作中,土地使用权入股的特点有:(1)把农村村民的土地使用权转化为股份形式投入到用地企业中,农民变成企业的股东;(2)农村集体经济组织将土地使用权折算金额以资产形式入股到用地项目中;(3)村民可以到开发建设引进的企业中就业,使部分村民既获得股权分红又获得劳动收入;(4)部分地方把企业开发建设和安置房建设结合起来,形成产业园建设,建设所得的项目收益由项目公司和农村集体经济组织按股份分红,农民按其在村集体经济组织中享有的土地使用权份额分红。拆迁安置房主要用于农民居住,保障农民的安居问题。

土地使用权入股既解决了村民居住问题又解决了其长远生计问题,同时也减轻了政府的财政负担,在征地中达到村民和政府"双赢"的局面。这种模式实际上是农民土地使用权流转在征收补偿制度中的体现,国务院28号文第13条规定,"对于有稳定收益的项目,农民可以经依法批准的建设用地土地使用权入股"。这是目前土地使用权入股具有指导意义的国家政策,实践中各地仍处于探索阶段,目前尚无明确的法律和地方性法规对此问题进

---

① 李春梅,林伯海:《地价入股——新农村建设中征地补偿新模式》,《中国行政管理》,2007年第3期。

行规定,操作起来存在不少困难:一是该模式的规定散见于一些地方政府的规章或规范性文件之中,法律效力低,实践中一般依靠农村集体组织和项目公司签订的协议来规范,出现问题农民的利益难以得到法律有效保护。二是农民的股权回报与项目的经营收入密切相关,如果企业经营不善或者经济效益下滑,甚至破产,农民的长远权益将无从保证。三是既然农民以股份行使入股企业,那么股份是否可以相应转移和退出? 而对于转移和退出该如何规定实践中没有明确的规定,如果农民转让了股份后将无从保障其生计。四是实践中出现地方政府为了加快征地工作进程,以土地使用权入股的形式让企业和农民签订协议,回避办理用农地转为建设用地的手续,因此该种模式在实践中必须慎重推行。

(三)用土地补偿费购买社会保障——以地换社保

社会保障是政府征收农村集体土地后,通过购买社保使被征地农民享受基本养老保险或者医疗保险待遇,从而补偿土地被征收后农民失去长远生计保障的损失。在这方面,江苏、天津、上海、浙江等地走在全国前列。在这方面,江苏省规定国家将农民集体所有土地征收后,建立被征地农民基本生活保障制度,将不低于70%的土地补助费和全部安置补助费划入被征地农民生活资金社保专户;[①]浙江省也有类似的规定。天津市在2004年已经建立被征地农民社保制度,规定社保费用从土地补偿费和安置补助费中缴付。[②]

社保安置具有以下特点:(1)社保安置已经在全国范围内推行,是一种法定安置措施,凡是征地都要求地方政府替被征地农民购买社保,但有个别地方规定征地后人均耕地低于一定数值才替

---

① 《江苏省征地补偿和被征地农民基本生活保障办法》(2005年7月31日,江苏省人民政府令第26号)第10条。

② 《关于印发〈天津市被征地农民社会保障试行办法〉的通知》(津政发〔2004〕112号)第7条:"土地管理部门从征用土地单位缴付的土地补偿款和安置补助费中,按照报乡、镇政府备案后的具体保障人员名单,向社会保险经办机构划转社会保障费用。"

农民购买社保①;(2)被征地农民社会保障所需资金,原则上由农民个人、农村集体、当地政府共同承担,但是在实践中被征地农民社会保障所需资金,一般规定从被征地农民的土地补偿费或安置补助费中列支,不足部分才由政府缴付;(3)不同地方替被征地农民购买的险种不一样,一般是养老保险、医疗保险、最低生活保障、失业保险等一种或者几种,但实践中大部分政府只购买基本养老保险一个险种。社保安置方式在全国推行,在一定程度上解决了被征地农民年老后的养老保障问题,免除了失地农民的后顾之忧,普遍受到被征地农民的欢迎,在一定程度上缓解了被征地农民和政府之间的矛盾。

各地政府基本上是把国家应当支付给农民的土地补偿费和安置补助费的一定比例,最多高达70%~80%,用于替被征地农民购买社会保险,这样购买社保的方式从物权法意义上来说值得探讨:第一,农民对土地拥有的是财产权,社会保障是政府应当对公民承担的一种义务和给予公民的福利,在农地被征收后,农民通过社会保障等形式所获得的社保金属于福利,而福利并不是财产权。② 土地补偿费和安置补助费是目前法律规定下对征收后的农民土地财产权进行的补偿,是农民可以自由支配的财产,但政府把应该以货币形式支付给被征地农民的土地补偿费和安置补助费强制性地用于缴纳社保费用,这从某种意思上说是对被征地农民自由支配的财产权的剥夺,违背了《物权法》的要求。第二,财产是可以继承的,而社会福利是不能继承的,如果农民未到保障金发放年龄就已经离开人世,这意味着其应得的财产权——"征地补偿

---

① 根据《关于做好被征地农民就业培训和社会保障工作的意见》(鄂政办发〔2009〕39号)第2条第1款规定,征地后人均占有耕地在0.3亩以下的农民应纳入被征地农民社会保障。

② 傅蔚冈:《制度创新的逻辑错位——对被征地农民社会保障制度的批评》,中国法学会行政法学研究会《财产权与行政法保护》,武汉大学出版社,2008年,第230页。

费"转变为政府的收益或者是其他人的福利,而不是给予其后代继承的财产,这不但剥夺了农民对财产的自由处分权,也剥夺了财产的继承权。另外,目前法律没有规定被征地农民购买社保的险种,部分地方政府为了减少财政支出,仅替被征地农民购买基本的养老保险,而把为城镇居民应当购买的失业保险、医疗保险排除在外,使被征地农民无法享受与城镇居民同等的社会保险待遇,这显然是不公平的。

国土资源部 114 号文规定的统一年产值标准和综合区片价标准虽然已经比现行土地管理法规定的征地补偿标准大幅度提高,但实践中尚未能够解决农民长远生计问题,各地政府大胆突破《土地管理法》的框架,在按照现行法律规定给予货币补偿的基础上,增加形式多样的补偿。在我国目前经济发展水平不高,国家财政支付力有限,货币补偿不可能完全按照市场价进行补偿的情况下,采取多种有稳定性收益的安置方式进行补偿,解决了货币补偿不能解决的问题,反映了对土地物权对价的补偿,符合我国的国情。

三、征地补偿款逐步分配到位

征地补偿款落实到位才是保护农民利益的关键,集体土地所有权的补偿如何分配关系到集体成员——农民个体权利的实现,各地政府在实践中积极探索解决农村土地集体所有权虚位导致补偿款分配不规范的问题,并以地方性法规的形式确立下来。

（一）农民分配到的份额以法定比例予以明确

山西省规定土地补偿费主要用于被征地农户,土地补偿费以不低于80%的比例支付给被征地农户,其余20%留给村集体经济组织,并规定设立征地补偿费专户,专款专用,应当将征地补偿费依法进行分配使用①;辽宁、甘肃等多个省份都有类似比例的规定;广东省规定土地补偿费用于被征地农民并推行征地补偿款实名支付制度,将大部分土地补偿费、安置补助费和全部青苗及地上附着物补偿费直接支付给被征地农户,为了保护外来土地承包户的利益,将青苗及属其投入建设的地上附着物补偿费直接支付给外来承包户。②

这类规定在全国来说比较普遍,农民集体所有本来是适应我国社会主义公有制的一种所有制形式,从经济角度来说是适应先进生产力发展的,具有强大的生命力,只是我国物权立法没有解决农民如何有效行使这种所有权的问题。因此农村土地所有权虚位的原因不在于农村集体土地所有权的制度问题,而在于法律制度在如何保障农民集体所有权的权利的行使方面缺位。在法律没有赋予农民如何行使所有权权利的程序和方法的情况下,地方政府为了减少土地补偿款带来的纠纷,直接规定土地补偿款中村集体经济组织和农民的受偿比例,确定村集体经济组织和农民对于分配土地补偿款的权利和义务,简单明确且便于操作,体现了农民和集体组织权利的确定性,对保护农民利益十分有利。土地补偿款大部分的比例(一般是 70%～80%)直接补偿给农民个人,能有效缓解土地集体所有权虚位带来的弊端以及农民作为土地使用权人在土地征收补偿制度中的主体地位缺失的问题。同时也有效弥补了土地征收补偿制度中没有确立对土地承包经营权进行补偿的立法缺陷,也加强了对承包经营权人利益的保护。由此可见,对土地经营承包权进行单独补偿已经得到地方立法的重视,因此这不仅是物权理论的要求,也是实践的迫切需要。

---

① 《山西省征收征用农民集体所有土地征地补偿费分配使用办法》(2005 年 10 月 18 日,山西省人民政府令第 182 号)第 11 条至第 13 条。

② 《广东省国土资源厅关于深入开展征地制度改革有关问题的通知》(粤国土资发〔2005〕51 号)。

（二）土地补偿款入专户控制且在收地前必须足额支付

贵州省推行征地预存款制度，规定了"专户存储、专款专用、封闭运行、直补农户"的原则，对征地补偿款实行统一封闭管理，预存专户设在国土部门①；广东省规定在征收土地报批前，征地单位应将拟支付的征地补偿款存入银行账户，并将预存款到位的证明作为征收土地报批的必备材料，同时规定在征地批准后，应按规定在 3 个月内全部兑现征地补偿款，征地补偿款不兑现落实的，不得强行使用被征土地②；福建省改革征地补偿费用支付方式，确保征地补偿费用落实到位，规定各市县在申请征地前，必须预先落实征地补偿费用，将不低于 50% 的征地补偿资金存入专户；补偿费用没有足额到位支付前，被征地农村集体经济组织和农民有权拒绝交地③；北京市也有在征地补偿款没有足额支付或者未按约定支付的，被征地单位有权拒绝交地，土地主管部门不得办理供地手续的规定。④

以上的规定十分有利于保护被征地农民的利益，确保被征地农民切实分到征地补偿款。第一，通过建立征地补偿款专款专用的制度，使补偿款的使用得到有效的控制，防止农村集体土地所有权"虚位"带来的土地补偿款被村委会、村干部截留或者肆意挥霍的现象。第二，把征地补偿款支付到位作为农民交地的前置条件，是对我国目前征地补偿制度规定的又一重大突破，这里涉及农村集体土地所有权转移时间的问题。《物权法》第 42 条规定，征收集体土地的，应当依法足额支付土地补偿费等各项费用，但是没有

---

① 贵州省《关于试行征地补偿款预存制度的通知》（黔国土资发〔2006〕133 号）。

② 《广东省国土资源厅关于深入开展征地制度改革有关问题的通知》（粤国土资发〔2005〕51 号）。

③ 《福建省人民政府关于加强征地补偿管理切实保护被征地农民合法利益的通知》（闽政〔2004〕2 号）。

④ 《关于印发〈北京市征地补偿费征缴监督管理暂行规定〉的通知》（京国土征〔2008〕16 号）。

规定支付的时间;《土地管理法》第46条规定:"国家征收土地的,依照法定程序批准后,由县级以上地方人民政府予以公告并组织实施。"可以理解为土地所有权转移的时间是地方政府"依照法定程序批准"之时或者"县级以上人民政府予以公告"之时。该规定很可能导致土地征收补偿尚未支付完毕农村集体土地所有权已经转移给国家所有,农民没有获得补偿的情况下就丧失了对土地的所有权或其他土地物权,在补偿款监管不到位的情况下,农民很可能交出土地之后得不到任何的补偿,这将严重损害了农民的合法权益。因此,明确规定土地所有权转移的时间,能有效遏制政府在未付清补偿款之前就强行收地的行为,有效保护了作为弱势群体的农民的利益,在立法上十分值得参考。

四、合理的征地程序和有效的争议裁决机制逐步建立

(一)农民个体意思自治逐步体现

政府征地前要以公告形式告知农民,农民如有异议,可以申请听证,这是现行征地制度下农民知情权和参与权的体现。为进一步扩大农民的知情权和参与权范围,一些地方政府除了按正常程序公告告知以外,还规定农民有权参与补偿标准制定和协商的过程。佛山市在征地工作中引进"征地预公告程序",明确在征地前须预先告知被征地农民,农民有权参与协商征地补偿价格和安置补偿协议,后来该程序被广东省以地方立法形式确立下来。① 北京市规定在征地前被征地单位与被征地农村集体经济组织和村民委员会应协商签订书面征地补偿安置协议,协议应当包括补偿方式、补偿款金额以及支付方式等,给予农民更多的参与征地协商的

---

① 《关于深入开展征地制度改革有关问题的通知》(粤国土资发〔2005年〕51号)。

权利。①

以上规定在土地征收补偿过程中更多尊重了农民个体的意思自治。意思自治是民法的基本原则，是指民事主体可以按照自己的判断设定自己的权利和义务，法律尊重这种选择。土地征收是国家的一种公权行为，国家强制性使私人物权权属发生变动，本来不应当适用意思自治原则。但是土地征收补偿具有民事法律关系的属性，补偿理应与土地的价值相当，农民作为土地所有权和使用权的牺牲者当然有权利参与整个征地补偿标准的制定和征地补偿款的协商，为自己争取更多的利益。意思自治原则在土地征收中得到体现，是我国征地补偿程序制度立法中一个重大的进步。正当程序就是要求一切权利的行使在剥夺私人的生命、自由和财产时，必须听取当事人的意见，当事人具有要求听证的权利，因此具有强制性特点。土地征收行为作出必须遵守合理的程序，才能有效保护农民的土地财产，而正当合理的程序可以规范国家征收的行为，保证土地征收能够公开、透明地实施。

（二）征地补偿安置争议裁决机制逐步建立

从 2001 年起，国土资源部先后在湖南、重庆和安徽等 3 个省市推行征地补偿安置争议协调裁决制度的试点工作，自国务院 28 号文要求加快建立和完善征地补偿安置争议的协调和裁决机制、以正当的程序来维护农民的个体权利以来，征地补偿安置争议的协调和裁决机制的建立工作在全国铺开。辽宁、黑龙江、浙江、海南、山东等省相继出台关于征地补偿安置争议处理办法或者实施条例，规定安置补偿争议的处理遵循"协调前置、重在协调，协调

---

① 《北京市建设征地补偿安置办法》(2004 年 5 月 21 日，北京市人民政府令第148 号)第 10 条规定："被征地单位与被征地农村集体经济组织或者村民委员会应当在不低于本市征地补偿费最低保护标准的基础上，协商签订书面征地补偿安置协议。协议应当包括补偿方式、补偿款金额以及支付方式、安置人员数量以及安置方式、青苗及土地附着物、违约责任和纠纷处理方式。"其第 2 款规定，协议内容应经村民大会或者村民代表大会等民主程序形成书面协议。

不成再行裁决"的原则,并详细规定了使用该办法的申请人、申请内容、裁决的程序、裁决书的内容等,是我国关于征地补偿争议程序规定得比较完善的地方性法规,标志着作为我国征地补偿争议的程序制度进入法制化轨道,以地方立法形式赋予被征地农民关于征地补偿争议救济的途径,征地补偿制度中的救济程序开始受到立法的重视。

　　但是,以上地方性法规仍然没有突破土地管理法关于争议解决的规定,具有以下局限性:一是土地征收补偿机制的裁决部门仍是政府的土地管理部门,难以保证争议解决的中立性和公正性;二是土地争议裁决期间仍然不能影响征地方案的实施,即补偿标准尚未与农民谈妥的情况下,政府有权强制性征地,这必然会进一步激化农民与政府之间的矛盾。政府为了保证征地工作的效率和征地的强制性,不能因为申请人提出异议就停止征地工作,立法的目的是维护公权力的权威,但是土地征收的本质是在保护农民土地利益的前提先实现国家的征收权,而不是为了国家的征收权而侵害农民的利益,争议尚未解决之前就进行征地,是过度保护公权力而侵害私权利的体现。因此,农民利益的保护除了具有体现物权法原理的实体内容规定外,还有赖于有效的救济程序。土地征收补偿是国家的强制性行为,其强制性特点容易造成公权力的滥用;当农民实体权利受到侵害时,有效的救济程序使土地相关权利人能对抗国家公权力的滥用,以保护农民物权权利的实现,因此,确立有效的救济程序以保护农民实体权利的实现也是《物权法》的必然要求。

　　实践证明,国家政策、部门规章、地方性立法的规定在征地补偿制度改革中缓解了政府和农民之间的矛盾,取得了一定的效果,成为我国处于渐进式改革过程中对滞后的法律法规的有益补充。正如有的学者所认为的,中国征地制度的演变很好证实了政府干预的时效性、灵活性,弥补了正规法律的僵化性和滞后性,中国政策对法律的干预和影响,实现了一定法律意义上的弹性。国家政策、部门规章以及地方性法规正是在根据各地的实际情况突破了法律的规定,有效弥补了《土地管理法》的滞后性,体现了法律制度的弹性和创新性,成为我国征地补偿制度改革的实证法基础。但行政法规、地方性立法效力层次低、内容有限、稳定性差,其所发挥的作用注定是有限的,通过一系列的各层次立法尝试和实践探索,征地补偿制度改革各方面的现实基础已经具备,但最终只有在更高层次的法律层面进行改革,才能有效维护农民的土地利益。

第三节　以农民利益保护为核心
构建我国专门的土地征收补偿法

一、构建我国专门的土地征收补偿法的立法思路

实践中地方政府摸索出来的各种做法为我国土地征收补偿制度的改革提供了良好的现实基础,我国征地补偿制度改革各方面条件已具备,但根本还是需要依靠高层次的立法来解决现行征地补偿制度存在的各种问题。

（一）《物权法》是保护农民利益的基础性法律

《物权法》是规范财产权利的基础法律,其首要功能是确定财产的归属,平息冲突与纷争。财产权只有归属于特定的主体,才能最大限度地发挥财产的作用,对于土地这一特殊的财产来说更是如此。土地所有人只有对土地进行完全的支配,才能激励其积极投入生产创造财富,促进社会经济的发展。在现行征地补偿制度下,农村集体土地所有权主体虚位、农民使用权权利主体缺失等问题的根源是农民土地财产权制度以及财产权的行使方式等一系列问题尚未在《物权法》中清晰地确立和界定,农村土地财产不是由特定的权利人掌握,导致农民的土地利益容易受到侵害。

但是,《物权法》颁布实施才4年,作为基本法律具有一定的权威性和稳定性,不能随意修改,必须在较为成熟的实践经验上修

改。《物权法》既要尽可能总结改革的经验、反映改革的成果以及现实的财产状况，又不能过于迁就现实、忽视未来发展。因此现实中很多问题变化很快，那些临时性、过渡性的改革措施不宜在《物权法》中加以规定，物权立法的完善不但要确保农民有效行使集体土地所有权和保护农民用益物权等权利，还要从长远着眼去确立"产权明晰"的农村土地产权制度。土地权利规定的完善是一国物权制度成熟的标志，明晰的土地产权结构和通畅的流转机制，才是维护农民正当利益的重要保障。而实践证明，针对土地征收补偿制度中集体所有权虚位和用益物权保护不到位等现实中迫切需要解决的问题，地方性立法已经通过明确土地征收补偿的范围、明确补偿对象和补偿款的分配规则等途径给予解决，这有效确保农民分配到补偿款，维护了农民的利益，因此这些问题的解决不一定非要修改《物权法》，而是应当在《物权法》理论的指导下通过完善土地征收补偿制度来解决，同时需要不断进行总结和发展，最后为《物权法》的完善提供有益的借鉴。

（二）《土地管理法》是保护农民利益的指导性法律

《土地管理法》是我国加强土地管理、保护土地权利的基本法律，对我国土地管理起着指导性的作用。土地征收补偿制度是土地征收工作的核心问题，关系着农民土地利益的实现，应该在《土地管理法》中得到足够的重视。现行《土地管理法》关于征地补偿制度共设有3个条款，分别是《土地管理法》第47条、第48条和第49条，列在第5章"建设用地"的内容之中。现行法律对土地征收补偿的原则、补偿的范围和内容作了简单的规定，程序立法空白，这是导致征地补偿制度农民利益受损的直接原因。从国家政策、行政法规、地方性法规对征地补偿制度的规定可以看出，征地补偿制度不仅仅是解决征地补偿范围和内容等实体法的问题，还涉及一系列程序法的内容，把土地征收补偿制度列在"建设用地"这一章节中显然是不合理的。土地征收属于土地管理工作中相对独立的工作，完善征地补偿制度，并不能简单地对《土地管理法》几个涉及征地条款的条文进行修改，而是需要大幅度修改。因此笔者认为，应在《土地管理法》中把"征地制度"单独列为一章；而且需要确立征地的目的、征地补偿的标准、征地补偿的范围、征地补偿的程序、征地补偿款的分配、征地补偿的救济等一系列原则性的规定，这样才能规范土地征收以及土地征收补偿行为，指导地方政府征地工作，有效保护农民的利益。

但是，即使在《土地管理法》中把土地征收制度单列一章，也只能对征地补偿作出原则性的指导，不可能细致地规定土地征收补偿的具体工作。目前关于我国征地补偿的法律法规散见于《物权法》、《土地管理法》以及相关的实施条例、行政法规、部门规章以及地方性立法之中，法律体系分散不统一，实践操作各地各有做法，难以有效地保护农民利益，因此我国有必要考虑建立关于土地征收补偿的专门性法律，用于指导征地补偿的具体工作和维护被征收人的利益。

（三）土地征收补偿法才是保护农民利益的专门性法律

《物权法》在土地征收补偿制度中为保护农民的土地财产权利奠定了基础，《土地管理法》对土地征收补偿制度的补偿原则、补偿标准、补偿程序、补偿款的分配等关键性问题提供了原则性的指导意见，但两者都没有解决土地征收补偿制度中具体的操作问题，目前我国征地补偿制度的具体操作细则实际上是通过地方立法来解决的。地方立法立足于当地实际，确实探索出不少有效的经验，及时化解了被征地农民与政府之间的矛盾。但是，土地问题与地方政府利益密切相关，征地补偿以及各项安置措施涉及各地政府的财政收入和支出能力等问题，地方政府有可能为保护地方利益而变相抵制国家的政策法规，偏离国家对土地征收补偿立法的宏观精神。从长远来看，地方立法的局面不利于建立统一的土地征收的法律体系，不利于切实保护农村经济集体组织和农民的个体权利。因此笔者认为，有必要在国家层面制定统一的土地征收补偿立法，在《物权法》、《土地管理法》的基础上对土地征收补偿制度作出细化的规定,作为《物权法》、《土地管理法》的必要补充。土地征收补偿法必须以土地管理法为指导,体现土地征收补偿的具体可操作的内容,通过细化征收补偿的内容和设置一系列土地征收的补偿程序、法律责任来达到保护农民个体权利的目的。

根据《立法法》第 8 条第 9 项"对非国有财产的征收"只能制定法律的规定,土地征收制度的最高立法目标应当是制定法律,只有这样才能有效保护农民的财产权利。但由于目前我国土地征收的单独立法是空白的,立法时机不成熟,因此可以根据现实情况由国务院先行制定《土地征收补偿条例》填补土地征收补偿制度立法的空白,待时机成熟后再提请全国人大常委会进行立法。基于《土地管理法》是土地管理的指导性法律,应先行修改土地管理法,设置独立的章节规定征地补偿制度,对征地补偿的原则、补偿标准、补偿程序、补偿款的分配、争议解决机制等加以规定;再制定《土地征收补偿条例》或者《土地征收补偿法》,对《土地管理法》中关于"土地征收补偿"内容进行细化。但归根到底,土地征收补偿制度改革的最终任务还是落在《土地征收补偿法》的构建上。

二、构建我国专门的《土地征收补偿法》的立法框架

我国《土地征收补偿法》立法框架大体应该包括以下基本内容,以后逐步完善。

第一章为总则。主要包括土地征收补偿法的立法目的、指导思想、土地征收补偿的含义、适用范围和基本原则。

第二章为土地征收补偿的主体和内容。主要包括土地征收补偿的主体、补偿对象的规定、土地征收补偿标准、补偿的范围、多途径补偿以及安置方式的规定。

第三章为土地征收补偿的程序。一是土地征收补偿的行政审批程序,包括土地征收界定、批准机关、批准权限、批准条件以及政府审批部门在土地征收补偿中各自履行的审批责任;二是对于征收补偿方案公告、听证、农民参与协商的程序、征地补偿款的支付

方式、支付时间等内容的规定。

　　第四章为征地补偿款的分配程序。主要是土地征收补偿款分配的主体、分配原则、土地补偿款专户管理的有关规定。

　　第五章为土地征收补偿的救济途径。主要包括土地纠纷裁决、土地行政监察的救济以及行政复议、行政诉讼、民事诉讼等救济程序的申请、受理范围和条件、审理以及裁决（裁判）等程序性规定。

　　第六章为土地征收补偿的法律责任。主要包括土地征收补偿中行政责任、行政赔偿责任以及刑事责任的规定。

　　第七章为附则。一是规定该法生效日期，法律术语解释等内容；二是把实践中特殊的征收类型，如大中型水利工程的征收补偿、事实征收等，纳入本法的保护范围。

第十二章

土地征收的程序

土地征收是宪法授予政府的一项特别权力,是对行政相对人的土地财产权最为严厉的制约方式。因此,从申请核准到实施都应有严格的法定正当程序来加以限制。"程序的控制之所以重要就是因为在实体上不得不赋予行政机关很大的权力。"①土地征收程序是国家土地征收制度的3个基本要件之一,是为保障农民土地财产权益,避免公权力过度扩张及滥用,限制政府土地征收权的任意发动,限定征地机关的自由裁量权所采取的必要措施之一。这种正当程序被视为政府行使征收权过程中保障农民土地权利所必须经过的步骤、应当采取的方式、不可或缺的过程,从事前调查、目的性批准决定到征收实施与反馈,积极听取土地所有者和使用者的意见,最大限度减少或消除自由裁量权的可能性。

设定土地征收程序不仅可以促使土地征收机关依法征收,维护其征收决定的准确性和合法性,为行政相对人提供参与决策的机会(当然这也是督促征收机关作出正确合法的土地征收决定的保障之一),而且可以缓和土地征收中的公权力和强制性色彩,尽量取得行政相对人的支持。在有些国家和地区甚至还可以起到代替行政救济的作用,如德国《联邦行政程序法》规定,凡经过正式程序作出的行政行为,应迳行提起行政诉讼,不必经过行政复议程序;我国台湾地区《行政程序法》第109条亦规定,经过听证程序

---

① 王名扬:《英国行政法》,中国政法大学出版社,1989年,第62页。

作出的行政行为,相对人如不服可直接提起撤销诉讼,不必经过诉愿程序。

第一节　我国土地征收程序现状及存在问题

一、现行的法律规定及实际做法

1998 年《土地管理法》对土地征收程序方面的规定主要包括:第一,配合新实施的土地用途管制制度,实行更为严格的土地征收程序。《土地管理法》强化了土地利用总体规划和土地利用年度计划的地位,新增了农用地转用审批制度。这些都是启动土地征收程序时必须同时考虑的因素。由于我国国务院、省级人民政府两级机关既是农用地转用审批机关,又是土地征收审批机关,因此,国务院和省级人民政府在征地批准权限内批准农用地转用的,同时办理征地审批手续。第二,将征地审批权集中到省和国务院两级政府,县市人民政府只有执行权。第三,增加土地征收方案、补偿安置方案公告制度和补偿登记制度,完善土地征收程序,提高土地征收程序的公开性和透明度。

2001 年,国土资源部出台了《征收土地公告办法》(10 号令),将《土地管理法》有关规定加以细化,如时限、步骤等进一步明确。该《办法》规定:征收农村集体所有土地的,被征收土地所在地的市、县人民政府应当在收到征收土地方案批准文件之日起 10 个工作日内进行征收土地公告,被征地农村集体经济组织、农村村民或者其他权利人应当在征收土地公告规定的期限内持土地权属证书到指定地点办理征地补偿登记手续;有关市、县人民政府土地行政主管部门会同有关部门根据批准的征收土地方案,在征收土地公告之日起 45 日内以被征收土地的所有权人为单位拟定征地补偿、安置方案并予以公告。被征地农村集体经济组织、农村村民或者其他权利人对征地补偿、安置方案有不同意见的或者要求举行听证会的,应当在征地补偿、安置方案公告之日起10个工作日内向有关市、县人民政府土地行政主管部门提出;有关市、县人民政府土地行政主管部门应举行听证会,并附具听证笔录,将征地补偿、安置方案报市、县人民政府审批。因未按照依法批准的征收土地方案和征地补偿、安置方案进行补偿、安置引发争议的,由市、县人民政府协调;协调不成的,由上一级地方人民政府裁决;征地补偿、安置争议不影响征收土地方案的实施。

如果土地征收的对象是集体所有的农用地,则在征收之前必须由有关机关进行农用地转用的审批。农用地转用审批可以视为土地征收的一个前置程序,可起到约束土地征收、防止耕地流失的作用。

2004年,国土资源部发布了《国土资源听证规定》,要求当基本农田被转为非农使用时,必须举行听证,以及在发生其他征地情形时,相关当事人必须被告知:他们有权在补偿标准和安置方案被认可前对其进行听证,且这一听证必须在向被征地当事人发出通知后的5天内举行。2004年国务院发布了28号文,将这一规定又向前推进了一步,声明在征地方案被批准之前,其征地目的、位置、补偿标准、安置措施都应当告知被征地农民,对即将被征土地的现况调查结果也应得到农村集体和农户的确认。2007年3月通过的《物权法》第43条规定:"国家对耕地实行特殊保护,严格限制农用地转为建设用地,控制建设用地总量。不得违反法律规定的权限和程序征收集体所有的土地。"

二、目前土地征收程序中的主要问题

程序严密是控制土地征收的直接减速器,我国在完善土地征收程序方面始终持积极、努力的态度。简言之,改进征地程序的努力从集体所有者和农民方面都已经迈出了重要步骤。然而,还仍然存在一些问题有待进一步修正,如土地征收程序过于原则、单薄和滞后,缺乏监督,被征地参与不够,具体表现在以下几个方面:

一是公共利益认定程序缺失。《土地管理法》规定了征地分级限额审批制度，上收了征地审批权，增加了征地获批的难度，但对其审批内容并未明确规定，对拟批准的征地项目是否属于公共利益项目不作要求，有关主管部门关注更多的是是否在审批权限范围之内。似乎只要用地单位申请征地，在审批权限内即可获批。

二是土地征收中对被征收人知情权、参与权保护不足，征地双方信息不对称。现行征地制度中征地双方信息不对称，透明度有待提高。土地行政当局对土地规划、征收土地的价值、征收后的具体用途、可能出让收益，比被征地单位（集体经济组织和农民）拥有更多更真实的信息，农民在此过程中没有多少知情权，他们只要明白土地要被征收了，只要多争取点儿补偿就行了。

《土地管理法》规定了"两公告"：第一次是征收土地公告，在征地经批准后进行，被征地农村集体经济组织和农民据此公告办理补偿登记；第二次是具体的征地补偿安置方案公告，在被征地村、组听取农民意见。听取集体土地所有者的意见，体现了对集体土地所有权的尊重和保护。集体内部也应通过村民代表大会的形式，广泛听取村民的意见，最后以 2/3 村民代表同意的方式进行表决。而现在的一套土地征收程序，是在农民不太知晓的情况下进行的。土地是否被征收以及补偿标准和安置办法都由政府决定，与被征地农民没有关系。法律上虽然规定了征收土地公告程序，但也是政府批准征地以后才公告，更多的是告知而不是征求意见。这实际是事后公告，农民只能被动接受。因此，一些地方把公告理解成通知性的公告，甚至是强制性的通告。

被征地权利及权益人参与程序缺乏，征地双方法律地位不平等，强化了征地的强制性，削减了与农民平等协商的环节，被征收人在土地征收过程中缺乏表达自己意见的机会。《土地管理法》规定征地补偿安置方案确定后，有关地方政府应听取被征地方的意见，但实际上既然征地补偿方案已经确定，被征地人的意见就不能起到作用。国土资源部 2004 年出台了《国土资源听证规定》，对国土资源听证事项进行了规范。但是根据《规定》，只有当拟征地因占用基本农田需要调整修改土地利用总体规划或拟定或者修改区域性征地补偿标准时，国土资源部门必须组织听证，对于征地补偿和安置方案则需被征地人申请，经主管部门同意后才可以举办听证会。

新《土地管理法》在上收征地审批权的同时，又强化了征地的强制性，取消了与农民平等协商的环节，新《土地管理法》与1953年的《国家建设征收土地办法》相比，减少了如征收大量土地、迁移大量居民甚至迁移整个村庄者，应在当地"召开人民代表大会讨论解决之"的环节，比1982年的《国家建设征收土地条例》减少了与"被征地单位以及有关单位，商定预计征收的土地面积和补偿、安置方案，签订初步协议"的环节，比1986年的《土地管理法实施条例》减少了"组织建设单位与被征地单位以及有关单位依法商定征收土地的补偿、安置方案，报县级人民政府批准"的环节。在实施新《土地管理法》的一套标准程序后，有些农民发现，现实情况是更不公平了，因为它省去了农民与用地者之间的接触与"讨价还价"环节，整个过程均由地方政府官员包办了。

广大被征地人在征地过程中完全处于被动状态和不平等的地位，从土地征收的认定，到补偿费的确定和劳动力的安置等，基本上由政府和申请用地单位说了算，以致弊端丛生。他们被排斥在征地进程之外，既不能事先参与审查要征收的面积，没有机会表达自己对不同措施的看法，也无法商谈对将要征收土地的补偿计算方法。

三是征地补偿款的分配和监管等征地后期程序缺失，征而未用、多征少用以及补偿费被克扣、挪用甚至贪污的现象严重，主要包括征收后土地闲置或不需要时被征地方的回收权以及补偿费的分配程序。

对于征地中的回收权程序，我国《土地管理法》第37条规定：如已办理审批手续的非农建设占用耕地，一年内不用又可以耕种收获的，应当由原耕种该耕地的集体或者个人恢复耕种，也可以由用地单位组织耕种；一年以上未动工建设的，应当按照省、自治区、直辖市的规定缴纳闲置费；连续两年未使用的，经原批准机关批准，由县级以上人民政府无偿收回用地单位的土地使用权；该幅土地原为农民集体所有的，应当交由原农村集体经济组织恢复耕种。农民对闲置的被征土地只有耕种权，所有权并不能回转。但是没有进一步明细的程序性规定，《土地管理法实施条例》也未对此加以明确和细化。

由于我国集体土地产权的特殊性，与其他国家相比，土地征收程序除了发生在政府与被征地方——农村集体之外，农村集体与农户个体之间土地补偿费的分配程序，在我国集体土地产权制度创新前，也是其中极其重要的一部分。

补偿及其多少为适当的问题由于以下事实而变得复杂，即在农村土地层面，有3个层次的当事人介入：政府、集体和单个农户。即便补偿的数额在理论上是适当的，也还有一个重要问题，即这些资金是否能到达农户手中。在实际操作中，这一补偿款中的很大部分被集体拿走，并被集体用于投资，这些投资有可能最终为失地农民提供可选择的就业机会。但是，农民常常抱怨他们很少获得工作或其他所预期的收益。

2004年国务院发布了28号文件敦促地方政府努力改进这一状况，旨在寻求将土地补偿集中于农户手上。该文件提出，有关的地方政府应当制定土地补偿在农村集体经济组织内部的分配程序，其基本原则是："土地补偿首先要用于被征地农户。"但囿于现行集体土地产权的局限性，各地还没有出台完全成形的程序性规定，如北京市除了通过银行监管确保用地单位的征地补偿款存到被征地农村集体的账户外，已将土地补偿在农村集体经济组织内部的分配程序纳入农业部门的集体产权制度改革中一并考虑。

第二节 土地征收程序比较

一、美国土地征收程序

在美国,征收主要分为两种形式。第一种属于无偿征收,或称政府警察权,英文称为 taking,是政府为了保护公众健康、安全、伦理以及福利而无偿对所有人的财产施以限制乃至剥夺的行为。这种无偿征收的方式得以适用的场合非常有限,并受到相关法律的严格制约。第二种是有偿征收,英文称为 eminent domain,指政府依法有偿取得财产所有人财产的行为。土地征收是指第二种征收形式。

美国《联邦宪法》第五条修正案关于征收(eminent domain)的规定具有决定性的意义,该修正案规定了征收的 3 个要件:正当的法律程序(due process of law);公平补偿(just compensation);公共使用(public use)。

作为正当的法律程序,通常征收行为应当遵循如下步骤:政府预先发布土地征收的通告和对土地进行评估后,向被征收方送交评估报告并提出补偿价金的初次要约;被征收方可以提出反要约(counter-offer)。之后政府召开公开的听证会(Public hearing),说明征收行为的必要性和合理性;如果被征收方对政府的征收本身提出质疑,可以提出司法挑战,迫使政府放弃征收行为。

如果政府和被征收方在补偿数额上无法达成协议,通常由政府方将案件送交法院处理。为了不影响公共利益,政府方可以预先向法庭支付一笔适当数额的补偿金作为定金,并请求法庭在最终判决前提前取得被征收财产。除非财产所有人可以举证说明该定金的数额过低,法庭将维持定金的数额不变。法庭要求双方分别聘请的独立资产评估师提出评估报告并在法庭当庭交换。在法庭上,法官让双方最后一次进行补偿价金的平等协商,为和解争取最后的努力。如果双方仍不能达成一致，将由普通公民组成的民事陪审团来确定"合理的补偿"数额。

法律要求补偿的价金应当以"公平的市场价值（fair market value）"为依据。目前确定的方式是：双方分别聘请独立的资产评估师提出评估报告。如果各自的评估报告结论相差悬殊，则由法庭组成的陪审团裁定。在司法实践中，美国法院通常都认定高出政府补偿价格的评估报告。此外，在美国拥有房地产的人，每年都会收到政府的税务官寄来的房地产税单，其中就包含着对其房地产的市场价格的估价，因为房产人要据此纳税。税单上的房地产市场价格基本上可以作为补偿的依据，即使再经评估和讨价还价也不会相差太多。判决生效后，政府在30天内支付补偿价金并取得被征收的财产。①

二、日本土地征收程序

日本《土地征收法》规定，征收土地的公益事业，必须遵循法律的条件和程序进行。

首先是政府对公益事业项目进行资格认定。一般情况下，公益事业项目要由项目申请人所在的都、道、府、县地方政府知事进行审议和认定。但是，如果公益事业项目由国家或者都、道、府、县地方政府进行，或公益事业项目涉及两个以上都、道、府、县地方政府管辖区，公益事业项目跨较大区域，影响到各地方政府利益关系的项目，法律中规定的铁路、港湾、机场、电讯、广播、电力、发电送电事业等设施项目，其公益项目的审议和认定工作要由中央政府的建设大臣来进行。建设大臣或者都、道、府、县地方政府知事在收到公益事业项目人的认定申请后3个月内围绕以下几项内容进行审查：看项目是否属于法律规定的范畴，项目人是否具有能力，项目是否有利于土地的合理利用，土地的征收是否是公益需要。

---

① 刘洪：《美国征地的法律程序和补偿办法》，《内参选编》，2006年第2期。

在听取相关土地管理者、相关行政机构以及有关专家的意见后,建设大臣和知事还要召开听证会听取公众意见,将申请书和有关附件的副本送到项目所在地,将有关材料向公众公布,听取各方面意见。一旦项目认定后,建设大臣或者知事要通知项目人,并发布认定公告。公告后,被征土地权利人可以对要求征地申请人支付补偿金;如果公告后1年内项目申请人不申请征收裁决,或4年内不申请腾出裁决,则认定无效。

其次是项目申请人编写土地调查报告。项目认定后,就进入土地调查报告的编写阶段。土地调查报告是进行土地征收裁决的重要依据。编写土地调查报告结果,要求相关当事人都到场,并取得双方的认可,保证权力机构裁决过程的公正和公平。土地调查报告的编写,主要是在项目认定公告发布后,由项目人按照规定的内容和格式,在事先通知土地所有人的情况下,携带证件进入他人土地进行土地和附着物的调查与土地测量,在此基础上编写调查报告和土地附着物调查报告。土地调查报告上要有项目人、土地所有人、土地关系人的签名和盖章。一旦土地所有人和关系人对土地调查报告有异议,要写入报告,保留在以后程序中的发言权,如果土地所有人无正当理由拒绝项目人调查时,项目人可以用其他方式编写土地调查报告。翔实的调查报告为日后争议解决提供依据。

最后是由土地征收委员会对征收土地的具体事项进行裁决。土地征收委员会是代表各都、道、府、县地方政府行使政府行政权力的机构,独立行使职权,在政府批准征地资格后,对土地的具体征收和使用事项进行裁决。在项目人提交编写的土地调查报告和裁决申请书后,土地征收委员会要将申请裁决的情况通知土地所有人和关系人,基层地方政府同时要将裁决申请的材料向公众公布2周,在此期间,土地征收委员会要听取土地所有人和关系人的意见。公布自由阅览的期限结束后,土地征收委员会就要进入裁决审理程序。首先,发布公告,并将相关土地的土地权利进行注册,对土地权利进行保护。其次,要将审理的时间和地点通知所有当事人。土地所有人和关系人在项目认定公告发布后,以及土地征收委员会裁决前,可以提出赔偿请求。裁决可以分为驳回裁决以及征收裁决。①

三、法国土地征收程序

为了维持征收主体和私人之间利益的平衡,法国的土地征收程序同时有行政机关和法院参加,程序上也分为行政阶段和司法阶段两个阶段。行政阶段主要包括事前调查、公用目的批准和作出可以转让的决定;司法阶段主要是移转所有权和确定补偿金,但两个阶段并没有截然分开,司法阶段中补偿金额的确定可以和行政阶段同时进行,以便征收单位可以在认为费用太高时停止征收。

首先看行政阶段。需用地者向被征收土地所在地省长递交申请调查书,省长作出进行调查的决定后,必须将该决定公开发表,并张贴在调查条件内各市镇政府的公告场所;如果调查被拒绝时,申请人可向行政法院起诉。省长作出调查决定后,调查专员或调查委员会写出报告,提出结论报给省长;调查副本存放在进行调查地的市镇、专区和省政府内供公众查阅。除调查之外,还必须咨询不动产行政计划委员会以及其他有关部门的意见。在调查结束后1年内,总理、部长和省长按照事前调查意见、征收项目分类、征收土地分布条件等对征收的公用目的进行批准;批准的命令必须在政府公报或地方新闻上发表或张贴于公共场所。批准的有效期通常为5年,必要时可延长至10年。省长还需根据与事前调查同时进行的具体位置的调查(主要调查拟征土地的具体位置以及应受补偿的权利人)作出可以转让决定。决定做出后,分别通知所有的利害关系人,并在6个月内移送普通法院,作为裁判所有权转移的根据,否则将失效。

---

① 杨建顺:《日本行政法通论》,中国法制出版社,1998年,第473页。

其次看司法阶段。司法阶段主要由普通法院内的公用征收法庭开展,因为法国人认为普通法院是私人财产权的保护者。应被征地所在地省长或其委托代理人的申请,公用征收法庭对其提交的材料进行书面审理;如果行政阶段的各个程序都已完成,该法庭就会作出公用征收裁判。确定补偿金程序,可以在公用征收程序中任何阶段、任何时候进行。征收法庭确定补偿权利人后,要求需用地人与被征地的权利人协商确定补偿金;如确不能达成一致意见,可请求法庭确定;法庭庭审理结束后不能立即宣判,以便双方当事人仍有机会达成协议;经实地调查后才能宣判。1958 年法国公用征收立法改革前,还设有评价仲裁委员会决定补偿金,不服该决定的,可向普通法院起诉;后因委员会对不动产市场情况不熟悉,而且程序又慢,无法适应当时大规模复杂征地的需要,就改由专职的法官决定补偿金额。①

法国是欧洲动用征收权力最频繁的国家之一,其程序设计非常严谨,基于"普通法院是私人自由和财产的可靠保障,只有它才有权剥夺私人的财产权利;同时公用征收的目的是为了满足公共利益的需要,行政机关作为公共利益的裁判者,也必须参加"的传统观念,设计了现行行政与司法两阶段的征收程序。

四、英国土地征收程序

在英国,征地权被称为强制购买(compulsory purchase),该权力被政府以及具有公用设施功能的单位,如自来水公司所拥有。征地权的行使,会使土地所有权不能自由地决定出卖土地的时间和对象,因而一般来说,不受土地所有者欢迎。

在英国,土地征收的依据是《强制征购土地法》,这部法律在英格兰和威尔士实施。土地征收权的行使必须经过议会的批准才可进行,而确认是否适用《强制征购土地法》的门槛很高。由于征

---

① 王名扬:《法国行政法》,中国政法大学出版社,2003 年,第 375 – 391 页。

地权在法律上有着严格的规定,因此,在英国征地的事例相对较少。征地部门必须证明该项目是"一个令人信服的符合公众利益的案例",比如证明该项目所带来的好处超过某些被剥夺土地的人受到的损失。在议会确认土地的使用目的是有利于公众利益后,用地部门才可以依法获得强制征收土地的权力。强制征地程序作为法定程序,有关大臣将主持召开一个公开的调查会,听取各方对动用强制征地权的意见,并指定一位独立督察员进行评估。这位督察员随后向国务大臣递交报告,由国务大臣确认此项目是否适用《强制征购土地法》。法律规定只有法定机构才有强制征地权,如地方政府或政府中负责经济振兴的部门。中央政府也拥有强制征地的权力,但这种权力通常用于重大的基础设施项目,需要议会通过。

一般来说,在英国要进行征地,必须按照以下的步骤:一是通知。政府一般会由特别授权的有关主体(acquiring authority)起草发布征地通知(compulsory purchase order),通知要描述所需征收的地产状况。二是在地方报纸上连续两周发布公告,将征地信息送达有关方面。三是将土地征收通知递交国务大臣(Secretary of State)确认。四是在国务大臣收到文件以后,要征询各方面意见,如果反对意见很广泛,国务大臣还要举行公开听证会。在这些工作的基础上,国务大臣作出决定。五是土地征收局再行发布强制购买的决定。如果有人认为这个购买使自己的利益受到伤害,可以在6周之内采取法律行动,即向土地裁判所(Land Tribunal)提出诉讼。①

五、我国台湾地区土地征收程序

根据我国台湾地区《土地法》、《土地征收条例》有关规定,土

---

① Brain Schwaczwalder. Legal impediments to effective rural land relations in eastern Europe and central Asia, World Bank Technical Paper No. 436.

地征收必须严格遵循如下程序：

首先是申请和核准。请求权人，即需用土地人向征收主管机关（"中央内政部"）申请征收，如果需用土地人拟征地的目的需报经该目的事业主管部门许可的，还应在申请前举办听证会，听取土地权利人及利害关系人的意见后，获得该主管部门的同意。

其次是通知和公告。经征收主管机关核准同意后，由其向所在地的县（市）主管机关发布通知，并由所在地的县（市）主管机关发布公告，通知被征收人，征收请求权人向其缴交补偿费，该机关向被征收人转发补偿费，征收请求权人与被征收人不发生关系。协议价购是土地征收的前置程序。除国防、交通、水利、公共卫生或者环境保护事业，因公共安全急需使用土地未与土地所有权人达成协议外，需要征收土地的人，应当事先与所有权人协议购买或者以其他方式取得；只有所有权人拒绝参与协议或开会未能达成协议的，才可以依法申请征收。这一步骤有助于缓解需征地者与被需征地者之间的矛盾，使土地征收权的强制性以缓和方式体现出来，避免双方当事人之间的对立情绪。

"中央内政部"成立了土地征收委员会，审查土地征收是否合法和公正。土地权利利害关系人对征收公告事项有异议的，应在公告期间，即30日内向市、县政府地政机关书面提出。地政机关接收异议后应即查明处理，并将查处情况以书面形式通知土地权利关系人。土地权利关系人对于征地补偿价额不服查处情形的，地政机关应当提请地价评议委员会复议，土地权利关系人不服复议结果的，可依法提起行政救济。市、县主管机关应在公告期满15日内将补偿费发放完毕，否则征收行为即失效。在补偿费发放完毕后，不因土地权利关系人提出异议或提起行政救济而停止公告征收处分的执行。

我国台湾地区"土地法"同时还规定了对于征收补偿发完后1年未依征收计划开始使用或未按核准征收原定用途使用的，原土地所有人有权在征收补偿发完后5年内要求按原价收回的权

利,同时规定了程序及时限,即县(市)地政机关收到原土地所有
权人的申请后,经查明符合上述条件的,应上报原核准征收机关核
准后,通知原土地权利人在6个月内退回原征地补偿费,逾期则视
为放弃收回权。但如系因原土地所有权人或使用权人的原因的,
不得申请收回。①

六、简要评析

在了解了一些市场经济国家(地区)政府取得土地的程序后
可以发现,其中有一些共同的特点和做法是值得我们学习与借鉴
的,如:原土地的权利人有权参与全过程,有充分的知情权,对土地
赔偿等问题的争议可以协商、申诉直至由法院仲裁等等。其主要
包括以下程序:

第一,公共利益的认定程序,并与补偿金确定程序相分离。需
用地人向政府有关部门提出土地征收申请后,通常是由政府土地
征收主管部门根据需用地人提出的申请文件和有关法律规定,在
听取相关部门、专家、土地权利人以及公众意见的基础上,对是否
属于公共利益进行界定,并据此作出是否批准土地征收的决定。
但有些国家和地区,如台湾地区规定在征地申请之前应经事业主
管部门许可,还应在申请前举办听证会,获得该主管部门的同意,
以增强公共利益认定的准确程度。有一些国家和地区在政府之内
设有专门的土地征收委员会,处理土地征收事务。

土地征收中,土地征收的批准和征收补偿金的确定往往是分
开的,如德国的计划确定裁决具有特殊的意义,具有征收法上的预
决效力,即征收的实体已定,在征收程序中需要解决的问题只是补

---

① 陈立夫:《土地法规》(2005—2006年最新修订版),新学林出版股份有限公司,2005年,第86－90页。

偿数额的高低而已。① 法国的行政阶段与司法阶段分开,补偿金的确定是在司法阶段完成的。课予土地征收机关这些程序义务,要求公益的认定机关不仅要对周边居民的利益、环境利益、文化价值、历史价值等多样的各种价值进行综合考虑,也可以说是判断过程的透明化以及课予说明责任。②

第二,被征地权利人及权益人的参与程序。通过赋予被征地人更多、更充分的参与机会,提高他们对被征地的理解和认知程度,"保证政府的行动镶嵌于社会之中,而不是强加给社会和公民"。③ 如美国征收前的预通告、非经申请而举办的听证会。日本在对公益事业认定阶段,必须召开听证会,公布有关材料,听取相关人以及公众意见,公益项目认定后仍要公告。土地征收过程中被征地人的实质性参与要求参与人必须获取充分、及时、可靠的信息,为被征收土地的权利人和公众监督征地是否符合公共利益提供一个信息充分且对称的参与环境,从而也形成一种决策压力,防止政府滥用公共利益名义违法、违规征地。其中包括(1)公告或通知程序,这是保障被征地权利人及权益人知情权的主要手段,也是被征地权利人及权益人参与谈判和抉择的前提条件。政府一旦决定要征收某一地块,总要事先通知到家或公告通知土地所有者,并让其有一段相对长的时间考虑是否卖给政府或选择被征收,改变当前征地决定公告实际上变成一种要求农民在一定时间和条件内做好征地准备的最后通牒。如俄罗斯《民法》规定,有关机构在作出征收土地决定后,至少提前1年以书面形式通知土地所有人。

---

① [德]汉斯·J·沃尔夫奥托·巴霍夫,罗尔夫·施托贝尔:《行政法》第2卷,高家伟译,商务印书馆,2002年,第405页。

② 市桥克哉:《都市计划事业土地征收方法的司法审查现状与课题——以"林业试验森林案"为材料》,中日土地征收征用与物权登记研讨会材料,2007年7月1日,第51页。

③ 杨春禧:《论我国土地征收法律制度中公共利益决策机制的反思与重构》,http://fangdichan.lawtime.cn/tdztzhengshou/2006091531693 2.html。

土地征收的申请被批准以后，必须予以公告并通知被征收人。这一环节对保证土地征收程序的公开性和透明度非常重要。此外，土地征收核准的公告在土地征收程序中对土地权利的确定、需用地人和土地权利人行为的限制等具有特殊的效力。

这种参与的充分性还体现在公告或通知的时限上，应让被征地人有足够的时间去发现和思考征地的发生以及补偿高低。

（2）补偿金确定程序。目前征地补偿款均由征地的申请人支付，征收审批部门虽与征地申请人一样都是国家的代表，都是国家财政支出，但并不直接参与土地征收，也不是被征地人的代表，所以对于土地征收补偿款的多少并不关心，也不宜由其直接确定补偿款数额。因此，各国基本上都是由需用地方和被征地权利人及权益人双方自行商定补偿金，只有双方协商不成才由法院或土地征收委员会裁定。如美国通常尽量让双方就补偿金进行平等协商，只有因双方达不成协议时，才送请法庭陪审团确定。因为土地征收行为本身合法与否及是否为了公共利益等是征收审批部门的审查重点，补偿款的确定应更多地交由征地双方协商确定。只要双方能在自愿平等的基础上达成交易的事项，政府或国家就不必也不宜介入。

听证程序是各国（地区）土地征收中的必经程序。在确定土地征收行为的合法性、合理性以及必要性和征收补偿费时，各国（地区）都要举行公开的听证会，听取各方的意见。就我国现行征地程序的现状来看，听证程序只适用于征地补偿阶段，而有关征地的决定本身是否符合公共利益尚未引入听证程序来保障被征地农民和农民集体的参与权。只有将征地听证程序向前延伸到征地公告前的阶段，才能让被征地农民充分行使参与权以及由此带来的监督权。

第三，注重协商程序。如美国政府与被征收方先行协商补偿数额，如无法达成协议才提交法院处理；即使到了法院，也要在法院主持下再次进行平等协商，为和解做最后的努力。法国在征收法庭确定补偿权利人后,要求需用地人与被征地的权利人协商确定补偿金;如确不能达成一致意见,才可请求法庭确定;法庭审理结束后也不能立即宣判,以便双方当事人仍有机会达成协议。我国台湾地区则明确协议价购是土地征收中的先行程序。除国防、交通、水利、公共卫生或者环境保护事业,因公共安全急需使用土地未与土地所有权人协议外,需要征收土地的人,应当事先与所有权人协议购买或者以其他方式取得。只有所有权人拒绝参与协议或开会未能达成协议的,才可以依法申请征收。这一步骤可使被征地人能够就补偿额度充分表达其意见,借助于协商增进双方了解,淡化土地征收权的强制性,减弱双方当事人之间的对立情绪。

第四,土地征收批后监管程序。各国(地区)都确定了土地征收批准的有效期,如法国规定土地征收批准的有效期通常为 5 年,必要时可延长至 10 年。逾期则失效。有的国家(地区)还进一步明确规定了逾期未使用或未按计划用途使用的土地收回制度。如我国台湾地区《土地征收条例》第 49 条规定:需用地人应该每年检查其举办的公共利益事业计划,并由该事业上级主管部门列管。如有下列情形之一的,应办理撤销征收:(1) 因施工错误或工程变更设计,致使原征收土地不在工程用地条件内;(2) 公告征收时,都市计划已规定以联合开发、市地重划或其他方式开发的;(3) 按照征收计划开始使用前,因都市计划变更,规定以联合开发、市地重划或其他方式开发的;(4) 按照征收计划开始使用前,其兴办的事业改变或被注销的;(5) 按照征收计划开始使用前,尚未依征收计划完成使用的土地,因情势变更致使原征收的土地的全部或一部分已无使用的必要的。

按照我国台湾地区《土地征收条例》第 50 条规定,撤销征收由需用地人向"中央"主管机关申请,如需用地人没申请的,原土地所有权人应向土地所在地市或县主管机关申请。属地市或县主管机关接到申请后,会同需用地人以及其他有关机关审查,如符合上述条件的,由需用地人向"中央"主管机关申请,如不符合则由县或是主管机关函告原土地所有权人；原土地所有权人不服处理结果的，应向"中央"主管机关请求，经土地征收审议委员会审议符合条件的，由"中央"主管机关迳予撤销。[①]

第三节　我国土地征收程序的完善

"合理的征收程序是理性与经验的结合，具有很高的行政效率性，能使程序安排支持效果最大化。"[②]鉴于我国现行土地征收程序存在的种种弊端，我国应借鉴有关国家和地区的有效做法，吸收实践中的一些合理、有效做法，改变征地手续中"前期像傻子，后期像疯子"的现状，完善我国土地征收程序。

一、建立公共利益的认定程序

目前，对于征地用途是否属于公共利益需要问题缺乏专门审查。法律没有赋予被征地者和其他单位、公民对征地目的或条件的质疑权利。这从程序上免除了政府对所有用地项目一概实行征收，从而垄断土地经营的障碍，也导致《宪法》关于公共利益需要的规定形同虚设，无从鉴别，从而导致土地征收权的滥用。因此，要设立"公共利益的需要"的认定程序，严格对行使征地权的监督。只有确实符合公共利益需要、进入征收目录的项目才能批准征收。

随着经济、社会的发展，公共利益用途的条件也在变化，在土地征收制度中应考虑设计一项审核机制，即由第三方机构审核征地项目是否符合公共利益。为防止寻租现象，建议各地参照当前

---

① 陈立夫：《土地法规》（2005—2006年最新修订版），新学林出版股份有限公司，2005年，第159页。
② 江平：《中国土地立法研究》，中国政法大学出版社，1999年，第401页。

建设用地联合审批的做法,设立土地征收审查委员会,由国务院或省级政府领导牵头,土地、规划等各相关部门参与,对上报的征地项目是否符合公共利益原则进行审查。

同时,认定公共利益的程序要与征收补偿方式及额度的确定程序相分离,认定公共利益的权力归征地审批主体,即国务院和省级人民政府;征收补偿方式及额度的确定则归市县人民政府。原因在于为了公共利益的界定作为控制征地前置条件,认定主体的高位性有助于控制征地规模,而补偿具有地域性,最终确定和实施主体应有更熟悉当地市场行情以及其他情况的市、县政府。

目前,征地审批机关在征地审批过程中主要对地方上报的"一书四方案"进行审查。"一书"是指建设用地呈报说明书;"四方案"是指补偿安置方案、补充耕地方案、征地方案和供地方案,其中征地安置补偿方案只是征地方案中的一个内容,而恰恰这个内容关系着被征地农民的切身利益。但该项内容在审查和审批时又不是重点内容,这就导致该项征地行为的审批本身没有过错,但补偿费用明显偏低,而被征地农民对此产生的补偿争议无法解决的情况大量存在。对于征地行为本身的审批与农用地转用、耕地补充以及补偿费用的多少要彻底分开,因为这解决的是不同的问题。征地是否可以进行,主要看上报的项目是否属于公共利益的条件。如果符合公共利益的,审批机关就可以动用征地权。征地审批的层级宜高不宜低,目前实行的国务院和省级政府两级审批依旧比较合适。征地审批同意,只是表明可以动用国家力量将集体土地所有权转移给国家,应该与农用地转用和征地补偿高低没有必然的联系。农用地转用和耕地补充方案可由国土资源管理部门批准,因为该项审批主要解决的耕地保护问题。在国家法律关于征地补偿标准尽量细化的情况下,征地补偿标准可以由市县级人民政府审批。对于不服市县级人民政府批准的,可以提请裁决或者向人民法院起诉。

除了严格依照公共利益的条件目录进行界定外,也需要土地征收机关在土地征收个案中建立判断公共利益的程序和机制，其核心就是被征地权利人的参与、表达和认同，即对话程序和机制。① 即主要通过召开听证会，由被征地人以及各界人士对拟征地项目是否真正用于公共利益进行质证和论证。通过土地征收程序的安排，将是否属于公共利益的范畴界定交由公众来讨论和界定。听证程序是土地征收机关主动采取的必经程序，无须被征地人申请。

二、完善参与程序

首先，改变公告与通知程序。大多数国家的土地征收法律法规均规定政府要采取通知或公告的方式告知相关权利人，这是确保相关权利人的知情权的主要手段，也是相关权利人参与土地征收程序的前提条件。征地公告环节应提前，土地征收目的和补偿标准、安置办法应向社会公告。未予公告的，农民有权拒绝征地。在批准征地前要预公告，批准之后也要公告，而且对被征地农民要直接通知，防止被征地农民或农户因未能及时看到公告而不知情，需征地者也应像城市房屋拆迁单位一样进村入户，与农民进行面对面的协商。

其次，完善参与程序。为了确保强制性征地的公平性，或者至少被认为是公平的，在现行的制度环境下，创造积极的参与机制，将农民纳入到土地征收谈判中来，给予其平等的主体地位，是推进土地征收制度改进的关键所在。有必要设置公开透明的程序，建立与被征地农民集体和农户的协商程序，以使相关当事人有机会参与征地补偿谈判，并让他们得到相关的信息。补偿问题固然是当前的主要问题，但程序价值也不容忽视，要进一步增强协商机制，允许农民直接参与征地谈判，征收方案要与每一个被征地农户直接见面，并进行充分协商。

---

① 傅士成，郭乐琦：《实践中的公共利益：理解、认识和问题》，《当代中国行政法的源流》，中国法制出版社，2006年，第233页。

这样的话,无论补偿标准高低都是农民自己意志的体现,农户自我意见的参与度和补偿价格决定的透明度得到保障,农户对补偿标准和价格也更能理解与接受。一方面,农民直接参与谈判,减少了集体代理人对原属于农民土地财产权利的攫取,有助于对集体代理人的行为形成有效的监督。另一方面,政府出于节约交易费用和延迟成本的目的,将充分考虑由农民主观价值度量所认可的补偿标准,进而推动对现行补偿机制的改革。规定征地补偿费由征地双方依法协商确定,并要求被征地农村集体经济组织或者村民委员会就协议主要内容经村民大会或者村民代表大会等民主程序形成书面决议。充分尊重农村集体和农民的财产权,保障每一个农民对征地的知情权、参与权、监督权,维护农民的合法权益,也有利于解决土地征收及后续过程的争议。农村土地集体所有及其权力机构形式,决定着村农民集体成员大会或代表大会将是形成全体成员共同意志的最好形式。

再次,完善补偿安置方案确定程序。借鉴日本进地调查的做法,改变现行法律规定的补偿登记做法,建立征地补偿安置方案与被征地农户协商程序,即前期调查协商取代现行法律规定的补偿登记环节。即在进行土地调查时,国土资源管理部门就与被征地单位协商征地补偿安置标准及有关问题,签订征地协议书,确定拟征收土地的地类、面积、权属、地上附着物及补偿标准,然后才组织材料报批。这种协商确定补偿费的程序类似于我国台湾地区的协议价购程序,是征收程序比例原则中必要性原则的具体体现,应确定法定程序的一个环节。政策制定成本低而执行成本高,民意路线的成效则刚好相反。[①] 这样实地勘察得到的情况和数据更准确、客观,需用地者主动与被征地者平等协商,有利于达成一致意见,弱化了土地征收的强制性。这也是比例性原则的体现。经由民意协商确定的征地补偿标准更客观,更接近于市场价格。

---

① 章敬平:《拐点》,新世界出版社,2004 年,第 138 页。

三、完善听证程序

听证程序体现了公开和参与的两大价值。阳光是最好的防腐剂。通过听证程序,首先,可以促使土地征收机关提高依法办事、依法行政的自觉性,从制度上防止任意行政,遏止腐败现象的发生,保障土地征收的正确和效率。其次,由于土地征收听证程序的公开进行,增强了被征地人对土地征收行为的可预期性,使他们能事先做好必要的思想和物质方面的准备工作,以配合用地者履行职责,更好地履行自己的义务和保护自己的合法权利。并且,土地征收的公开为相对人接受不利的行政决定奠定了心理基础,将土地征收行为作出之后引起的冲突减少到最低限度。再次,土地征收的公开为土地征收双方提供了说理机制,增强了土地征收行为的安定性。让被征收人参与征收过程之中,客观上营造了一个征收机关、用地者与被征地人可以平等对话的良好环境,让被征地人心中的"积怨"能得到适当的宣泄,并在说理过程中获得一定程度的安抚,必然会增强土地征收行为的安定性,由此消除利益冲突。

为规范征地行为,政府应组织相关各方,对被征地用途是否属于公共利益、征收补偿标准等举行听证。从听证的内容来看,不应仅限于征地补偿标准高低,还应对是否应该征地作出抉择。

征地前要就征地用途的公益性质和补偿标准进行科学的论证,需征地者要召开由被征地集体经济单位的农民、政府土地管理部门、人大代表等社会各界参加的听证会,就土地征收进行充分论证,并经过同级人民代表大会 2/3 投票通过方才有效。这样可以在程序上防止政府滥用行政征地权,或以公共利益的名义征收农民土地。这样在一定程度上也弥补了农村土地产权虚化、农民不易表达诉求的缺陷。

听证程序是保证当事人积极地参与土地征收的过程。参与原则是最直观体现出土地征收程序公正的一个环节,因为法律的正义只有通过公正的程序才能得到真正的实现。行政权力行使的结果将对行政相对人的权利义务产生影响,如果一个人对影响自己命运的安排不能发表意见,那么,他只是行政管理的客体,只能被动接受国家的安排,对于他来说,这是不公正的。

作为一种制度化的设计,听证是现代行政程序的核心制度,是行政相对人参与行政程序的重要形式,被认为是正当程序的最低限度要求。行政机关进行某些活动之前必须告知可能受不利影响的个人有关情况,并提供听证的机会,以及由一个没有偏私的、独立的裁判者来主持程序和作出决定,其目的是保障程序的公平。听证程序是行政行为,当然也是土地征收过程的重要程序。行政机关在行使土地征收给公民权利带来不利影响时,必须听取当事人意见,只有公正地听取了当事人的意见后,权力的行使才有效。土地所有权是农民安身立命的根基,是农民一项至关重要的权利,对农民土地所有权的征收无异于剥夺了农民生产和生活来源。因此建议参照其他国家和地区的做法,将听证程序纳入必经程序,无须被征地人申请。听证是被征地人的权利,更是征收机关的义务在土地征收公共利益事业批准之前,土地征收机关须举行听证会,需征地者应就征地用途的公益性质和补偿标准进行阐述,并对被征地集体经济单位的农民、政府、土地管理部门、人大、社会各界进行充分论证。这样可以在程序上防止政府滥用行政征地权,或以公共利益的名义征收农民土地。也可在一定程度上也弥补农村土地产权虚化、农民不易表达诉求的缺陷。

为了避免"只听不证"的可能,尤其是对权利人或利害关系人反对意见缺乏应有的反应,借鉴有关国家的做法,应要求征收机关必须对听证的时间、步骤、记录的内容以及意见采纳情况进行详细规定,在土地征收审批中的听证记录必须有足够的证据证明土地征收所有的程序要求已经得到真正的实现。

四、收回权制度

被征收土地的收回权制度(以下简称收回权制度)是土地征收程序的附属程序或补救性程序。目前,对该制度的研究集中在少数实行土地私有制的国家,如德国、韩国。而在实行土地公有制的社会主义国家以及其他国家,该制度一直都未能引起人们的重视,以致被我国台湾地区学者陈新民先生称为:"财产权保障的阴暗角落"。① 这一方面是由于土地公有制度对土地所有权流转的内在排斥性,另一方面却是对收回权制度本身的关注不足,忽略了其存在的合理性与运作的可能性。所谓收回权,是指被征收土地原所有者在征收所据以存在的公益目的未能实现的情况下请求收回该幅土地的权利。

与我国台湾地区的收回权制度相比较而言,我国大陆的闲置土地收回是一种对于未依法使用土地的行政处罚。台湾地区的收回权一定程度上是基于当时征地时的合意确定补偿费后的回转。我国大陆的闲置土地收回条件更宽松,两年以上才收回,而且是由政府收回的是土地使用权,也就是说,此时"收回"的土地所有权并没有回转为农民集体所有权,原农村集体经济组织只享有耕种权。国家收回土地使用权时也没有要将土地补偿费退还给需征地者。此外,对具体办理程序也没有规定。

征而不用、多征少用、早征迟用是我国土地征收权"滥用"的典型表现。究其原因,一方面是我国法律未对"公共利益"这一启动土地征收权的前提条件作出明确的界定,使得在实际操作中扩大到所有的经济建设领域;另一方面则是缺乏与土地征收权力结构相平衡的权利体系,无法对权力的行使进行有效的抵制与监督,因此,收回权制度之于土地征收制度,是"以权利制约权力"理论的具体运用。这种公民权利对行政权力的渗透不仅是法的精神的内在要求,也是依法行政的重要保证。因此,为促进被征收土地的合理利用,维护被征收土地原所有人(集体组织)的合法权益,提高土地征收效率,

---

① 陈新民:《财产权保障的阴暗角落——论被征收人的回复权制度》,《公共行政组织及其法律规制暨行政征收与权利保护——东亚行政法学会第七届国际学术大会论文集》,浙江大学出版社,2008 年,第 230 页。

建议借鉴我国台湾地区收回权制度,进一步充实和完善当前我国的闲置土地收回制度,淡化行政管理或行政处罚色彩。

收回权虽然作为征收程序的附属程序存在,但它并非以退回土地征收的补偿金和收回被征收土地为行使目的。相反,它是在认同土地征收的法律效果的前提下启动的又一项所有权转移的请求程序,具有相对独立性。收回权是一种具有公权性质的私权。收回权首先是作为私权存在的,在法律所规定的"公益目的"未实现状态下,行使收回权的目的具有相对私益性。并且,收回权中的主要法律关系也具有私法性质,因为政府在与原所有人(不论是私有制中的个人还是公有制的集体)就被征收土地所有权回购问题进行协商时,双方处于平等地位,所达成的协议也是双方合意的结果。其次,收回权又体现出很强的公法性质,一方面,它附属于土地征收程序,须通过专门的土地征收法或行政法等公法来进行规制;另一方面,政府作为"所有权人"与"管理人"的双重身份的竞合,及被征收土地原所有人在征收程序中的行政相对人身份,不可避免地会对收回权行使产生潜在影响,使政府在协商过程中处于一种相对优位。因此,收回权作为一种请求政府作出特定给付的私权,受到了较多的来自公法的限制,这使得该项权利一经确立即被赋予较强的公法色彩。

收回权的这一特性,导致了它在法律适用上的二元性。在缺乏专门性规定的情况下,民法规则与行政法规则均可成为裁判依据。法国在收回权诉讼方面就规定,对于征收单位拒绝原所有者的收回权主张的,原所有者及其继承人可向一般民事法庭起诉,由民事法庭裁决收回权是否存在;而当对公用征收所指定的目的使用问题存在争议时,则应由行政法院裁判,这也是民事法庭进行审判的前提。

根据新制度经济学的观念,合意的法律规则是使交易成本的效应减至最低的规则。简单地说就是,如果我们选择基于合意的收回权制度,则可以减少不必要的交易成本。相对于强制性规范而言,它更易于达到土地资源最优化配置的最有效益的结果。

第十三章

土地征收争议的解决机制

　　权利依赖救济，土地征收法律关系中被征地农民的权利保护的最后手段就是事后救济，包括行政上的和司法上的救济。

第一节　当前我国土地征收救济现状

一、土地征收争议类型

　　征地过程中发生的争议情况比较复杂。既有征地本身引起的争议，如土地征收行为合法性争议、补偿标准和分配的争议，也有征地引起的其他方面的争议，如权属争议等。

　　土地征收补偿是征地制度中的核心内容，也与被征地人的利益关系最大，因此引发的问题也最多。一是土地征收补偿标准争议。对征地补偿标准主要集中在按照年产值进行计算的依据、过程与算法的不同而产生争议；各地在计算安置补助费的标准时理解方法不一致，使得补偿不到位产生争议；地面附着物的增加产生争议；一些大型公共工程建设多数存在补偿不到位现象从而产生争议。二是补偿分配方面的争议。征地补偿费用在被征地集体经济组织和农民之间分配不合理，使用管理较混乱。基层干部暗箱操作，随意行政，层层截留征地补偿安置费用，引发农民大量上访。

　　权属不清、界线不明实际上也是引起征地争议的主要原因之一。由于历史的原因，许多省、自治区、直辖市基础工作比较薄弱，特别是农村集体土地登记发证工作的之后,直接导致征地过程中权属争议的大量产生。其中既有集体与集体的使用权争议,也有国有与集体的所有权争议。而以集体经济组织之间的争议数量大且较难解决。

因法律或政策因素产生的争议包括:一是新法实施后,没有按照新法规定的程序、标准进行征地,从而引发争议。二是政策之间的不平衡,也容易引发征地争议。不同的征地项目,同一村组的农民得到补偿的标准差异很大,引起农民的攀比和不满。

对土地征收行为本身的合法性的争议,是指就土地征收条件是否属于法律认定的公共利益条件,是否违反法定程序等问题而引起的争议。

随着经济的快速发展和用地量的大量增加,征地的数量也急剧增加,目前因征地引起的争议数量增加、规模增大,涉及征地补偿标准、分配或权属争议等,专业性也较强。但是,目前的争议解决通道不畅通,不少问题没有得到根本解决,部分农民采取了阻止施工等过激行为,导致矛盾的激化,影响了社会稳定。有的地方甚至因为争议不能得到及时化解,还产生了比较严重的后果。据统计,我国有关征地补偿方面的争议在农民来信来访总数量中占60% ~ 80%,在一定程度上影响了社会安定和经济平稳发展。2005 年,监察部和国务院纠风办把"纠正征收征用土地中侵害农民利益问题"列为十项主要任务之首。

二、当前土地征收争议的解决现状

很长时间以来,我国并未重视征地中矛盾争议的解决,特别是主要依靠运用法律的手段解决矛盾。如 1953 年的《政务院关于国家建设征收土地办法》中,除了补偿标准需要由包括被征地权利人在内的各方参加协商外,更多的是采取说服解释工作,劝说群众服从国家建设的需要。根据《土地管理法》以及其他法律法规的有关规定,当前土地征收争议的主要解决途径有信访、调解、行政裁决和诉讼。

一是信访。一直以来，信访在我国有着悠久的历史和广泛的群众基础。信访制度作为各级政府同人民群众保持联系、消除民怨的手段，申诉门槛低、方便、简捷，受理范围广泛，在弥补我国当前投诉途径的欠缺和保障体系不足方面起到了很重要的作用。长期以来，公众已形成了向其投诉的倾向和习惯。目前由于诉讼的局限性和行政裁决机制尚未真正建立与完善，大量的征地补偿争议都通过信访等途径解决。但是，信访的答复并不具有约束力和强制力，信访并未真正形成制度化的法律救济手段，2005年发布的《信访条例》主要在于规范行政机关信访工作机构的活动，并没有对信访程序、答复效力等作出明确规定，实践中对于行政机关没有按期答复没有认定为行政不作为。

二是调解。目前，调解仍是各地解决征地过程中争议问题的首选方法，也是主要方法。尽管《土地管理法》已规定土地征收的权力主体是政府，但按照目前征地的操作方式，地方政府及国土资源管理部门往往在农村集体经济组织和农民与用地单位居间调停，促使双方达成征地补偿安置协议，解决征地中的争议。调解主要是征地过程中促成用地者和被征地人达成协议的一种办法与环节，或者是行政裁决前的解决争议手段之一。调解通常不具有法律效力，但因其体现双方合意，易为双方接受。

三是行政裁决。《土地管理法实施条例》第25条明确规定："征地补偿、安置争议不影响征收土地方案的实施……对补偿标准有争议的，由县级以上人民政府协调；协调不成的，由批准征收土地的人民政府裁决。"《土地管理法实施条例》将对征地补偿标准争议的最终裁决权赋予批准征地人民政府。部分省、自治区、直辖市国土资源管理部门已经开始运用裁决手段，解决征地补偿标准争议问题，如广东省国土资源厅、湖南省国土资源厅、重庆市国土房管局等。目前，实施这项制度的地方均收到了较好的效果。

四是诉讼。目前，财产权保护已经成为社会关注的热点。但是,对财产权的理解却经常被局限在对所有权的确认方面。基于土地的所有权与使用权所产生的权益属于财产权的重要内容,甚至是其主要内容。我国现行《宪法》制定时,并没有从财产权保护的角度来看待土地征收问题,而仅仅将其视为一种行政权力或行政措施。因此,1982年《宪法》仅规定国家为了公共利益的需要,可以依照法律规定对土地实行征收。

土地征收争议解决机制的不完备导致农民告状无门,最终导致土地征收不能由行政问题转为法律问题,直接由行政问题演变为社会问题,甚至是政治问题。实践中,不少被征地者采取冲击政府办公大楼、自杀等非理性的方式解决问题。这其中既表明了老百姓长期以来对行政权力的过分依赖,也体现了政府在争议中回避责任。政府下达征地批复后,将需用地人推向前台,自己"淡入"幕后,扮演一个"仲裁人"的角色,从而回避诉讼中的责任和义务。

地方人民法院根据《土地管理法实施条例》第25条的规定,对当事人因征地补偿标准争议向人民法院提出的诉讼,一般都不予受理或受理后驳回起诉,将批准征收土地的人民政府的裁决作为法院审理征地补偿标准争议案件的前置程序。根据最高人民法院2005年7月29日发布、9月1日实施的《关于审理涉及农村承包争议案件适用法律问题的解释》第1条第3款规定:"集体经济组织成员就用于分配的土地补偿费数额提起民事诉讼的,人民法院不予受理。"《行政复议法》第30条第2款规定:"根据国务院或者省、自治区、直辖市人民政府对行政区划的勘定、调整或者征用土地的决定,省、自治区、直辖市人民政府确认土地、矿藏、水流、森林、山岭、草原、荒地、滩涂、海域等自然资源的所有权或者使用权的行政复议决定为最终裁决。"

综上所述,我国当前土地征收争议解决机制存在以下几个方面的问题:一是仍有部分土地征收争议未能纳入正式的法定的解决办法,如土地征收行为本身的合法性问题既不能进入行政裁决,也不能纳入行政诉讼。二是关于土地征收争议解决办法相对比较分散，如信访、调解是软性的解决办法，不具有强制性；几种解决方式未能连成一体，形成全面的、立体化的救济网络。三是行政裁决的范围过窄，仅限于对征地补偿标准的争议，而且现有规定原则性强，操作性差。四是现行争议解决办法未能充分考虑土地征收争议的特点，如面对的是弱势农民群体，他们整体文化素质不高、经济收入偏低等。

随着我国经济和社会的发展，这种简单、低效、非制度化的争议解决方式无法满足当前日益纷繁复杂的土地征收争议解决的需要。因此，有必要针对我国土地征收争议存在的问题，借鉴国外土地征收争议解决方式中的可行做法，完善我国土地征收争议解决机制，以充分保护被征地农民的合法权益。

第二节　建立系统的土地征收救济体系

一、完善征地争议裁决制度

征地补偿争议的裁决机制最早见于1982年的《国家建设征收土地条例》。《国家建设征收土地条例》是计划经济条件下关于土地征收的一部重要法律。《条例》第25条第4项规定，对批准征收的土地，一方当事人坚持无理要求，拒不签订征地协议的，由土地管理机关裁决。该条规定过于简单，并未明确土地管理机关裁决的内容、效力以及不服裁决的救济措施。1986年的《土地管理法》强调征地的强制性，取消了征地单位与被征地单位签订补偿协议的规定。对被征地单位不服征地补偿标准的，没有规定任何救济措施。1998年《土地管理法》也未对征地补偿争议的救济方面作出任何规定。但修订后的《土地管理法实施条例》第25条确定了一项新的制度，即征地补偿安置争议协调和裁决制度。征地补偿裁决，全称是征地补偿标准争议裁决制度，这是一项由行政机关实施的、旨在解决征地补偿标准争议的制度设计。《国务院关于深化改革严格土地管理的决定》(国发〔2004〕28 号)进一步提出,要加快建立和完善征地补偿安置争议的协调和裁决机制,维护被征地农民和用地者的合法权益。

但目前还没有针对该项制度的实施细则。这一争议裁决制度针对的是征地补偿安置争议,并不包括征地行为本身合法性问题,如是否符合公共利益范畴、是否履行法定程序等。

根据《土地管理法实施条例》的规定,征地补偿裁决的主体是批准征地的机关。而根据《土地管理法》的规定,批准征地的机关是两级,即中央人民政府和省级人民政府,那么毫无疑问,具有裁决权的机关就是国务院和省级政府。但事实上,国务院和省级政府不可能具体从事裁决工作,一般由其工作部门或者办事部门负责具体工作。目前,实践中主要由国土资源主管部门执行具体的裁决工作,而裁决文书的下达一般加盖委托机关的印章。

征地补偿裁决制度主要有以下两个方面的特征:一是争议主体的不平等性。征地补偿裁决的双方中一方为行政机关,即市、县人民政府;另一方为管理相对人,即被征地的农村集体经济组织。双方发生的争议不是平等的民事主体之间的争议,而是管理者与被管理者之间的争议,属于行政争议,争议双方明显处于不平等的地位。二是裁决机关的特定性。征地补偿裁决的主体非常明确——批准征地的机关,即国务院和省级人民政府。

征地补偿裁决的性质可以从与几个相近的具体行政行为相比较中得出。

首先,与行政复议进行比较。行政复议是公民、法人或者其他组织认为行政机关的具体行政行为侵犯其合法权益,依法向行政复议机关申请,由行政复议机关对引起争议的具体行政行为进行审查并作出裁断的行政活动。行政复议与征地补偿裁决制度相比,有很多共性,但也有差别。共性主要体现在以下几个方面:(1)解决的都是行政争议,争议双方的地位不平等。行政复议是行政管理相对人不服行政机关作出的行政行为而要求提起复议，征地补偿裁决是被征地单位不服市、县政府确定的补偿标准。（2）都是由行政机关负责审查，行政复议是上一级行政机关或者原行政机关，而征地补偿裁决是国务院或者省级政府。（3）都是因行政管理相对人申请才启动，不需要双方合意。两者的差别主要体现在以下几个方面：（1）作用和审查层级有区别。行政复议采取的是上一级复议和原机关复议，而上下级机关之间关系比较密切，因此行政复议的作用体现在内部纠错上，是行政体制内的审查机制，是内部监督行为，而不是中立的第三方，行政复议的行政处理色彩浓厚。而征地补偿裁决的审查机关与被申请裁决机关一般相差一至两个级别，不属于直接的领导与被领导和监督与被监督的关系，裁决机关相对比较中立，裁决的作用主要体现在处理争议，具有准司法的性质。（2）在是否适用调解方面也不一致。行政复议强调的是纠错的功能，不适用调解。而征地补偿裁决以解决争议为目的，不仅在裁决前要求双方进行协商，在裁决时也可以进行调解，对于调解无效的才行使裁决权。

因此，相对于行政复议而言，征地补偿裁决具有相对的独立性、准司法性，注重双方协商解决。

其次，与行政裁决比较。行政裁决是行政机关依据法律的授权，对平等民事主体之间发生的与行政管理密切相关的特定民事争议居间作出裁决的准司法行为。据此，行政裁决与征地补偿裁决制度的相同点主要体现在以下几个方面：（1）都是行政机关居中裁决；行政裁决的争议双方是平等的民事主体，因此行政机关能够基本做到居中裁决，征地补偿虽然争议双方中有一方属于行政机关，但因为层级相差较远，也应能够做到居中裁决。（2）都属于准司法行为。行政裁决决定具有法律效力，如果当事人没有进行复议或者诉讼，就发生法律效力，当事人必须遵守。征地补偿裁决制度也一样，法律法规中虽然没有明确裁决的效力，但一般来说行政裁决机关的裁决决定不能被复议，但可以被起诉。（3）都适用调解。行政裁决的目的也是化解争议，因此可以进行调解。不同点主要有两个方面：一是行政裁决解决的是民事争议；二是行政裁决行为本身是一个具体行政行为，可以被复议。

再次，与行政裁判相比较。行政裁判是指在行政机关内部设置专门机构，同时解决特定的行政争议和民事争议的行为。

从以上比较中可以看出，征地补偿裁决是以第三方的身份居中裁决行政争议或民事争议，具有准司法性，应属于行政法学中的行政裁判。

在我国，法院作为保障公民合法权益的最后一道屏障，如果没有专门的机构负责征地争议的处理，统统将争议上交到法院。而法院缺乏处理土地争议方面的专业特长，如遇地类和年产值的确定、计算征地补偿标准等专业技术方面问题则必须依靠行政机关，从某种程度上说，这可能会有损公正。如果处理不好，还有可能激化矛盾。

如果被征地农民对补偿有不同意见，起诉至法院，法院一般不予受理。被征地农民只好采取上访的方式寻求解决。导致很多争议不能得到及时解决，而且会越积越多。

鉴于此，建议建立专业、独立的土地征收争议解决机构——土地裁判机构，类似于劳动争议仲裁和人事争议仲裁。现阶段可以将这些裁判机构设在省级国土资源部门内，长远看可以变成独立的不受行政部门领导的独立机构，但其裁判具有法律效力。否则，裁决是由国务院和省政府作出的，他们都属于行政机关，在批准征地时都对征地报件进行了审批，其中的补偿安置方案是征地报件的必备部分。当出现争议时，还由他们来裁决，就可能出现既当"运动员"又做"裁判员"的状况，使裁决的公正性难以体现，被征地人对此也有疑问。土地裁判机构的运作类似仲裁委员会，由对垒双方各选出若干名裁判员。这些机构既可以受理民事争议也可以受理行政争议。

首先，众所周知，法院的诉讼程序精细、耗时而且费用高昂，其优点正是其缺陷,因为其目标就是提供最高标准的正义。但社会管理服务的目标是提供与高效管理相一致的最佳产品。不仅是为了申诉人的利益,而且也是为了公众所追求的利益,必须更加专业、快速和低廉地处理争端。在存在对某一特定类型的连续请求时,专业化的管辖更具有优势。①

其次,由于土地征收争议中涉及的弱势群体大多为普通农民,他们通常文化素质不高、经济能力有限,因而对程序简便、迅速、经济等方面要求更高。他们"是一群常常既不熟悉法律程序,又不具有支付代理费财力的当事人,他们焦虑,不善言辞,过分敬畏,对官僚体制不信任和对法律形式缺乏耐心……需要一个热情接纳他们并使其感到舒心的裁判所氛围和程序"。②

再次,裁决的争议既有民事争议,如权属争议,也有行政争议,如区县政府对土地征收补偿标准的确定,这其中既有事实问题,也有法律问题,又有补偿问题,融行政、民事争议于一炉,这样不仅省事、省费用,而且这两类争议常常纠缠在一起,有时的确很难划清界限。而这正是行政裁判的用武之地:将二者统一于一个专门机构解决,符合处理案件的规律,有利于解决争议,维护社会安定。这也是我国行政司法的发展方向。③ 因此,应建立独立的土地裁判机构以满足上述要求。

市场经济的发展,打破了过去国家利益、集体利益和个人利益高度一致的状况,利益主体之间的冲突日益加剧,目前现有的争议解决机制、机构明显不足,在一定程度上影响了社会的和谐稳定。

按照英国裁判所的设计要求,任何裁判所都是由议会法授权成立的,我国的土地征收补偿争议裁决制度是基于全国人大常委会制

---

① [英]卡罗尔·哈洛理查德·罗林斯:《法律与行政》下卷,杨伟东,李凌波,石红心,晏坤译,商务印书馆,2004年,第852页。
② 同①,第732页。
③ 应松年:《行政法学新论》,中国方正出版社,2004年,第329页。

定的《土地管理法实施条例》而建立的,应该算是依法成立的。

为了确保土地裁判机构制度的有效行使,当前征地补偿裁决机制还应明确以下几个问题:

首先是征地裁决和征地强制之间的关系。《土地管理法实施条例》第45条"违反土地管理法律、法规规定阻挠国家建设征收土地的,由县级以上人民政府土地行政主管部门责令交出土地;拒不交出土地的,申请人民法院强制执行"的规定。被征地农村集体、农民因对征地补偿标准不满意,而不同意交出土地的情况下(这也是目前最多的情形),应该是先进行协调、裁决而后再申请强制执行,还是裁决和强制同时执行,即协调、裁决是否是强制执行的前提条件。

从兼顾公共利益和农民利益的角度出发,原则上裁决和申请强制执行同时进行,不影响土地征收程序的继续进行。但被征地农民为了避免因征收程序继续进行可能产生不可弥补的损失或造成生活生产困难的,可以请求裁决机关裁定暂时停止征收程序。

其次是征地裁决相关人之间的关系。《土地管理法实施条例》第25条规定没有明确"申请征地裁决的主体"应该是谁,一般理解为征地双方都可以,即征地单位和被征地农村集体(农民)都可以申请征地裁决。

关于有资格申请征地补偿安置争议裁决的主体,《土地管理法实施条例》中只提到了被征地的集体经济组织。问题是在实践中存在被征地的集体经济组织的负责人因种种原因不同意提起裁决,而被征地农民对征地补偿意见很大,这种情况下,被征地农民是否可以集体联名的形式提起申请。这不仅仅是土地管理就能解决的问题,实际上也是乡村自治管理的问题。目前尚缺乏良好的、能够保护每个农民个体利益的乡村自治管理方式。从保护权利的角度出发,这种情况下应允许被征地农民以集体联名的形式提起申请。法律规定农村集体经济组织的最高权力机构是村民会议或村民代表大会,但并非常设机构,而由他们选出的常设机构不能很好地代表他们的利益,甚至会侵犯他们的土地权利,在集体土地产权个体化之前,应允许大多数村民联合起来直接行使他们的权利。

此外,既然被征地的集体经济组织可以申请裁决,那么作为引发征地争议的另一方,即组织实施征地的市县人民政府及其土地行政主管部门,是否有权利向批准征地的人民政府申请裁决? 一种意见认为,《土地管理法实施条例》第 25 条第 2 款没有限制只有被征地单位和个人才有权利提出裁决申请,作为争议的另一方,市县人民政府及其土地行政主管部门也有权利作为申请人向批准征地的人民政府申请裁决。否则,实践中将因被征地单位和个人不行使申请裁决权,而使争议迟迟得不到解决,征地进展受到影响。另一种意见认为,征地补偿安置方案本身由土地行政主管部门会同有关部门拟订,经公告听取农民意见后,由区市县人民政府批准,土地行政主管部门实施。土地行政主管部门和区市县人民政府没理由对自己拟订、批准的补偿安置方案自己去否定、去怀疑、去要求上级解决争议。征地裁决案件中,只有被征地集体经济组织、农村村民或其他权利人才具有申请人的主体资格。笔者认为,征地协调、裁决机制设立的初衷,是为了救济处于相对弱势地位的被征地单位和个人,市、县人民政府或其土地行政主管部门不宜成为裁决的申请人。

再次是征地裁决的范围。按照《土地管理法实施条例》规定,裁决的范围是补偿标准争议,并不包括土地征收行为本身的合法性。建议应参照国外做法,本着有权利就有救济的原则,将土地征收行为的合法性,即是否属于公共利益的目的或是否符合法定程序等,纳入裁决的范围。

最后是征地裁决和协调的关系。各省市都已经将征地协调作为征地裁决的前置条件,但要求不尽相同。根据《土地管理法实施条例》,协调程序是裁决的前置程序,其本意在于实现未经裁决即能解决争议。由于法律规定含糊,缺乏制度化机制,往往是被征地的农村集体经济组织和村民及时向有关人民政府提出了协调申请,但相关政府却不置可否,不予以协调,也不出具有关协调意见,制约裁决机制的启动。因此,应明确规定协调的期限,如超过期限则视为协调不了,裁决机关即可依法裁决。为了减少被征地农民申请协调的难度,建议由裁决机关对不能出具地方人民政府的书面协调意见的裁决申请,在发受理通知书之前,先向相关的市、县人民政府发送限期协调通知书,逾期协调不成的,再依法裁决。对虽已协调但未达成一致意见,被征地单位和个人申请裁决的,在受理前,向相关的市、县人民政府再次发出限期协调通知书。

二、完善行政监察制度

　　行政监察制度作为行政救济的非正式方式,在我国却有着较长的历史和重要的地位,也是争议的替代性解决机制内容的一部分。不仅为法院提供了一个非正式和无偿的替代者,而且他们还具有其他优点,其中包括仲裁、和解及调节个人与庞大的制度间的权力平衡点的自由。① 这些制度代表了一种争议市场的大众结果,是使用者可能不去法院的选择。此外,我们的司法制度负担过于繁重。进入法院和裁判所除了受到知识限制外,还受到金钱和程序因素的严重束缚。随着国家权力的扩张产生了更多不公正的机会,低标准的程序提供了一种低廉、易进入和更为恰当的解决争议的方法。② 在法律依据上,信访有《信访条例》,行政监察有《行政监察法》;在机构设置上,信访有各级政府信访局或信访办,行政监察有中央的监察部和地方监察局;在案件受理上,信访和行政监察的受理条件都要宽于行政复议、行政诉讼的条件。对于土地征收中被征地的农民来说,行政裁决、监察为他们提供了比法院

---

　　① ［英］卡罗尔·哈洛理查德·罗林斯:《法律与行政》下卷,杨伟东,李凌波,石红心,晏坤译,商务印书馆,2004 年,第 751 页。
　　② 同①,第 754 页。

"更为简单、更为快捷、更为低廉和更易接近的正义"。①

瑞典是世界上最早设立议会行政监察专员的国家。瑞典的议会设有4名行政监察专员，其余工作人员的一半为法律工作者。其监察条件是不能向法院提起诉讼的案件。议会行政监察专员行使检察权的方式有3种：每年30个工作日的视察、调查和处理申诉案件，其中公民请求政府赔偿的申诉必须在2年内以书面形式提出；对案件的处理方式有建议、提出批评和以检察官的身份对必须承担刑事或惩戒责任的行政机关及其政府官员提起控诉。同时行政专员还可以向议会报告情况或借助新闻舆论的力量对有关部门施加压力。②

在所有国家里，行政监察专员无不积极地对现行法律、法令提出修正建议，这是推进善良和公平管理所必需的，也是有益于人民的。在行政监察专员制度中，"程序无例外地采用纠问制。申诉人所必须做的一切就是提出申诉，其无需聘请费用高昂的律师，无需搜集证据，无需证明存在一个争端。监察专员接管了对调查的控制"。施瓦茨和韦德在1972年称议会监察专员最惊人的特点就是，缺少法律工作人员的同时，以极大的彻底性和公正性处理了大量实质性案件。议会行政监察专员掌握作出争议决定所依据的所有信息，背后有议会专门委员会相当大的权力作支撑，因此其主要角色应是独立的、不受干涉的调查员，有权确认不良行政，提出改良程序建议，并就建议的实施与行政机构协商。行政监察专员制度因其具有向管理者提供信息以便其提高服务的预防功能而被誉为"王冠上的珍珠"。③通过个案的处理，消除民怨，改善市民与政府的关系。通过调查和建议，防微杜渐，促使行政机关改善管理，

---

① ［英］卡罗尔·哈洛理查德·罗林斯：《法律与行政》下卷，杨伟东，李凌波，石红心，晏坤译，商务印书馆，2004年，第733页。

② 胡建淼：《比较行政法》，法律出版社，1998年，第473－475页。

③ 同①，第756页。

提高管理和服务水平。

日本未建立申诉专员制度,其苦情处理制度与我国信访制度相类似。近年来,日本要求引入民政专员制度的呼声一直高涨。有专家认为,在错综复杂、呈多样化的现代社会里,民政专员制度作为对既存的行政统制、行政救济的补充,将引人注目。①

应该注意的是,一般对于有权提起行政裁判或法院诉讼的案件,行政监察专员一般不作调查,不予干预。在北欧国家,如行政监察专员采取了行动,该案也不会被诉至法院;1967年英国议会专员法增加规定,如果申诉人在特殊情况下得到了令他满意的权利或补救办法不愿诉诸法院时,专员也得进行调查。通常他们只调查当事人的投诉是否成立而不对争议作是非判断,只提出解决问题的建议而不作决定,只调查行政决定和建议,不调查个人的行动,与内部惩戒无关,只过问对外部个人有影响的决定。②

我国的行政监察制度也是适应当前"司法单轨制的危机和行政救济途径的多样化"③这一时代背景的需要而建立和发展的。根据我国《行政监察法》的规定,我国的行政监察制度监察的对象和条件主要是行政机关及其工作人员遵守法律和行政命令以及违反行政纪律的情况,实践中则主要关注于违反行政纪律方面;对违反法律的人员可以作出监察决定或提出监察建议,可以直接对监察对象作出行政处分;其案件来源主要是接受举报,对于举报并非必须作出处理,同时也没有告知处理结果的要求。

由于违法征收土地大多涉及政府违法,一则因征地本身系因公共利益需要,政府工程较多,二则征地项目需要各级政府和具体管理部门的层层审核和批准,涉及行政机关工作人员或公务员较

---

① [日]室井力:《日本现代行政法》,吴微译,中国政法大学出版社,1995年,第214页。

② 龚祥瑞:《比较宪法与行政法》,法律出版社,2003年,第492页。

③ 林莉红:《现代申诉制度与失当行政行为救济》,《行政法学论丛》第5卷,法律出版社,2002年,第526页。

多。而查处政府官员违章违法正是行政监察制度的专长。在近几年来的土地违法违规检查中,监察部门一直都是共同参与部门,甚至参与日常征地审批。① 需要给予关注的是,对于国土部门也就是对于土地征收而言,在监察方面还有土地督察这一专门独立机构。

2006 年 7 月,国务院要求建立国家土地督察制度,授权国土资源部代表国务院对各省、区、市以及计划单列市人民政府土地利用和管理情况进行监督检查。在国土资源部设立国家土地总督察办公室,同时向地方派驻 9 个国家土地督察局,分别负责其辖区内的土地监察职能。设立督察制度的原因在于:许多地方政府过度刺激 GDP 快速增长冲动,忽视了对耕地及环境的保护,各种土地违法事件不断涌现,甚至严重泛滥。与此相适应的是,土地市场秩序遭到严重破坏,房地产市场价格不断飙升,各类争议中涉及土地问题不断增多。其中很重要的原因之一就是地方政府非主动性干预及政策执行发生偏移现象,从而使国家政策效果大打折扣,而其中的关键就是缺乏监察制度。

他们将围绕土地管理的中心任务,重点督察省级和计划单列市人民政府耕地保护责任目标的落实情况;执行中央宏观调控政策,严把土地闸门、严控建设用地总量的工作情况;工业用地出让最低价标准执行情况。具体督察手段主要包括国家赋予土地督察的三道令牌:"提出纠正意见"、"提出整改意见"、"责令限期整改和暂停用地审批"。在听取汇报和督察的主要活动中,始终坚持督察对象是省、市政府领导,坚持由省、市长直接汇报工作情况,与省、市长面对面交换意见。因为国家土地督察局只对中央政府负责。对某些无视中央政策、无视法律的问题,可以绕开地方径直呈报中央政府。建立土地监察制度和新型土地监察体制,目的是构

---

① 近年来,北京市监察局一直是北京市历次市政府征地审批联审小组成员。

建新型土地管理与监察的长效机制。随着各大区国家土地监察机构建立,并规范行使职责,与地方政府及土地管理部门建立通报协商机制和定期的土地管理事后检查、监察机制,形成土地管理与监察的事前、事中和事后新型管理机制,必将为土地市场的规范化奠定基础。

目前我国土地监察提出的"三道令牌"基本上类似瑞典等国的议会监察专员制度,主要是通过调查和建议实现对包括土地征收在内的土地利用和管理。不同的是,我国的行政监察与土地督察的关注点主要是各级政府官员,监督和纠正政府官员在土地审批中是否违法,这与我国当前土地违法违规案件中政府违法占很大比例的事实相适应,也符合行政监察和土地督察弥补土地裁判与司法救济不足的宗旨。

三、完善司法救济

行政裁判制度的缺陷也正是其优点,法院的任务是实现高标准的公正。[①] 司法的独立性和公正性更能获得老百姓的信赖和认同。尽管行政监察、行政裁判等救济途径发挥了不小的作用,但不能取代司法救济,因为司法是维护公正的最后一道屏障,而且这些行政救济措施还有赖于司法强制执行。因此,理论上各种土地征收争议都能向法院提起诉讼,以保护被征地人的合法权益。

目前,被征地人认为对土地征收行为本身不合法或不合理的,不得向法院起诉。这不符合国际惯例,也不利于保护被征地农民的土地权利及其权益。因此,建议对于土地征收行为是否符合公共利益、是否符合法定程序等问题,应都可以向法院提起诉讼。

现行的行政诉讼法规定只能告具体行政行为,不能告抽象行政行为,即补偿没有达到政府所规定的补偿价的时候可以告,但如

---

① [英]威廉·韦德:《行政法》,徐炳,等译,中国大百科全书出版社,1997年,第621页。

果政府规定的补偿价本身不合理的却不能告，这大大限制了诉讼条件。只要规定本身不合理，确实侵犯了土地或房屋的权利，每一个人的权利都应该得到保护。

对于因征地补偿金额引发的争议，因补偿金的金额只在征地申请人和被申请人之间发生，与其把作出征收决定的政府作为被告提起确认无效诉讼，还不如把获得土地使用权人作为被告，以征收无效为前提，直接判决被告支付补偿费。所以可以通过当事人诉讼的方式来解决，即直接以征地申请人或申请人直接作为原告或被告，对征收委员会作出的征收裁决进行的复审诉讼。①

---

① 王名扬：《外国行政诉讼制度》，人民法院出版社，1991年，第252－253页。